物联网环境下的管理理论与方法研究丛书

城市大数据挖掘与应用

吴俊杰　王静远　胡晓倩　林　浩　著

科学出版社

北　京

内 容 简 介

智慧城市是5G和人工智能（artificial intelligence，AI）等前沿科技密集应用的新兴领域，也是我国实现可持续发展的重大战略选择。城市大数据的分析与应用是构建智慧城市的关键技术。城市大数据不仅具有典型的海量、异构和高价值密度的特点，还具有独特的时空感知特征和社会感知特征，这为数据建模带来了全新的挑战，但也为构建从微观到宏观的智慧城市应用带来了前所未有的机遇。本书系统地介绍了城市大数据的概念及其核心建模方法，并以作者及其所带领的科研团队近年来的研究成果为例，围绕智能预测与规律探索两类典型智慧城市应用场景，详细地阐述了国内外在该领域的前沿热点和发展趋势。本书共分7章，内容包括城市大数据概述，基于城市大数据的城市人口管理、交通管理与位置服务等微观问题，以及基于城市大数据的城市规划管理、经济发展、战略选择等宏观问题。

本书可为智慧城市、大数据与人工智能、管理科学与工程、计算机科学等相关专业的研究生以及科研和工程技术人员等提供参考，也可作为数据挖掘、大数据、地理信息系统等课程案例教学的教材或教辅材料。

图书在版编目（CIP）数据

城市大数据挖掘与应用 / 吴俊杰等著. —北京：科学出版社，2020.12

（物联网环境下的管理理论与方法研究丛书）

ISBN 978-7-03-067038-0

Ⅰ. ①城… Ⅱ. ①吴… Ⅲ. ①数据处理-应用-现代化城市-城市建设-研究 Ⅳ. ①F292-39

中国版本图书馆 CIP 数据核字（2020）第 241243 号

责任编辑：马 跃/责任校对：贾娜娜

责任印制：张 伟/封面设计：无极书装

科学出版社出版

北京东黄城根北街 16 号

邮政编码：100717

http://www.sciencep.com

北京虎彩文化传播有限公司印刷

科学出版社发行 各地新华书店经销

*

2020 年 12 月第 一 版 开本：720 × 1000 B5

2021 年 4 月第 二 次印刷 印张：15 1/2

字数：310 000

定价：186.00 元

（如有印装质量问题，我社负责调换）

物联网环境下的管理理论与方法研究丛书
编委会成员名单

国家自然科学基金重点项目群
“物联网环境下的管理理论与方法”

专家指导组

盛昭瀚	教　授	南京大学
徐伟宣	研究员	中国科学院科技政策与管理科学研究所
陈晓红	院　士	湖南工商大学
华中生	教　授	浙江大学
赵晓波	教　授	清华大学

组　长：盛昭瀚　　教　授

项目专家组

胡　斌	教　授	华中科技大学
吴俊杰	教　授	北京航空航天大学
胡祥培	教　授	大连理工大学
蒋　炜	教　授	上海交通大学
马永开	教　授	电子科技大学

组　长：胡祥培　　教　授

前　言

在城市信息化浪潮与数据科学崛起的共同推动下，智慧城市开始在全球范围内成为未来城市发展的新理念与新实践。智慧城市作为我国实现可持续发展的重大战略选择，也是实现城市经济效益和资源效率双提升的重要引擎。随着大数据、物联网、人工智能等新一代信息技术的发展和应用，我国智慧城市建设逐步向以数据驱动为核心特征的新型智慧城市阶段迈进，城市大数据成为构建新型智慧城市的核心投入要素，针对城市大数据的挖掘与应用成为推动新型智慧城市发展的重要力量。如果我们把目光放到全球，构建智慧城市的紧迫感会更加强烈——城市仅占地球陆地面积的 3%左右，但是其聚集的人口、经济、社会活动等要素却超过了整个人类社会的 1/2！这意味着城市已经是人类生活的“第一空间”，如果能够全面解决城市安全运行问题、提升城市的管理服务水平，就是造福了全球 1/2 以上的人口。这就不难理解为什么城市大数据的挖掘与应用在近年来得到了众多科学家和产业界的广泛关注，并迅速上升为国际前沿科学问题，推动了智慧城市成为具有万亿美元规模的庞大市场。

城市大数据作为大数据的一种，其自身具有一般大数据的海量、异构、实时的特点。常见的城市大数据包括了路网和兴趣点等描述城市场景的大数据，路况和人流等描述城市动态的大数据，以及全球定位系统（global positioning system，GPS）轨迹、手机信令（mobile signaling）等描述市民行为的大数据。如何实现这些海量、异构数据的泛在感知、存储计算和融合建模，是我们面临的挑战之一。然而，城市大数据区别于一般大数据的核心特征在于其时空感知特征和社会感知特征。前者来源于数据中包含的与空间和时间相关的坐标，蕴含了城市个体和群体在空间分布和时间节律上的丰富模式。后者则来源于数据中刻画的人类活动信息，如出行轨迹、位置、微博留言、消费评论等，蕴含了城市实体的丰富的语义信息。因此，对城市大数据的时空感知特征和社会感知特征的联合挖掘与应用，是我们在城市大数据领域面临的独特挑战，同时也为构建从微观到宏观的智慧城市应用带来了前所未有的机遇——尽管数据安全和数据共享仍然是令人头疼的孪生问题。

作者及其所带领的科研团队于 2015 年开始对城市大数据开展建模与应用研究，陆续承担了国家自然科学基金委员会和科技部的多个重点专项课题，研究成果主要发表于 KDD 和 TKDE 等数据挖掘领域的顶会和顶刊上，并在北京、深圳、无锡等地的智慧城市建设中获得了落地应用，取得了较为显著的成果。本书中，作者将多年研究经验以及具有代表性的研究成果做了系统性的整理后呈献给读者，一来希望能够为智慧城市、大数据与人工智能等相关专业的科研和工程技术人员等提供有益参考，二来希望在这个充满创新的领域起到抛砖引玉之效。特别地，由于城市大数据挖掘与应用属于典型的学科交叉创新方向，需要来自城市经济学、管理科学、系统科学、信息科学等跨学科的学者共同协作开展研究，本书在进行内容选择时也充分考虑并突出了这一点。

本书围绕微观预测与宏观探索这两类典型的智慧城市应用场景，系统地介绍了城市大数据的概念及其核心建模方法。国内外在该领域的前沿热点、关键技术和发展趋势也在书中得到了较为充分的介绍。全书共分 7 章，其中第 1 章是概述，第 2～4 章是微观智能预测，第 5～7 章是宏观规律探索，研究数据涉及了浮动车 GPS、手机信令、Wi-Fi 信号、微博等极富代表性的城市大数据，构建的模型涵盖了深度神经网络、张量分解、复杂网络分析等城市大数据挖掘前沿方法，力图为读者更好地呈现这个领域的研究特点和独特魅力。各章内容概述如下。

第 1 章从现代城市发展面临的难题出发，提出城市大数据驱动的城市治理新范式，并对城市大数据构成、城市大数据挖掘核心方法和主要应用场景进行全面的介绍，帮助读者建立一个全局视图。

第 2 章面向城市人口管理问题，以用户个人层面的手机信令数据作为主要数据集，提出适于半监督集成学习的跨域卷积神经网络模型，以对城市居民的“当地人/外来人口”身份进行识别，在无锡应用中得到了媲美人口普查的效果。

第 3 章面向城市交通管理问题，以出租车 GPS 数据作为主要数据集，构建适于路段交通速度预测的带误差的反馈循环卷积神经网络模型，并在北京环路上验证了模型的高精度，进一步通过融合敏感度分析和 PageRank 算法的方法识别出了导致拥堵的关键路段。

第 4 章面向城市位置服务需求，提出一种基于端到端学习的神经网络模型，对从 Wi-Fi 信号数据中提取的离散移动轨迹序列和多元信号强度序列进行联合建模，最终实现对用户序贯访问位置的精确预测。

第 5 章面向城市规划管理问题，利用出租车 GPS 数据和城市兴趣点数据建立随时间演化的城市交通网络，并通过构建受限的张量分解模型得到北京市的空间聚类、交通时间模式和时空结构，并据此提出针对北京市城市规划的建议。

第 6 章面向区域经济一体化难题，以春运作为全国劳动力迁移的自然实验，基于全量微博定位数据，研究劳动力在城市间迁移流动的模式及迁移流量预测模型，并据此揭示特大城市在带动区域发展方面的失效现象并给出政策建议。

第 7 章面向城市战略选择难题，通过全量微博数据构建信息和人口流动的双层城市间网络，证明了信息资源与人力资源在城市发展中具有高度正相关关系，实现了对城市跨层资源聚集能力的评价，提出了城市经济发展定位的政策建议。

本书由吴俊杰教授、王静远副教授负责主要的构思和撰写工作。参加撰写工作的主要作者还有胡晓倩博士（第 6、7 章）和林浩博士（第 4 章）。硕士研究生常雨田、付思权、付莹莹、户中方、贾焕庭、李英汉、林鑫、刘小菱、倪梦丽、曲金铭（按姓氏拼音排列）等参与了本书各章节的内容审核与校订工作。在本书的撰写过程中，大连理工大学的胡祥培教授、北京航空航天大学的吕卫锋教授、京东集团副总裁郑宇博士等提出了许多宝贵意见，并给予了大力支持和帮助。科学出版社在编辑出版过程中也给予了许多帮助，在此一并表示衷心感谢。

最后还要感谢国家重点研发计划重点专项课题“城市要素知识萃取与迁移学习”（项目编号：2019YFB2101804）、国家自然科学基金重点项目“基于移动群智感知的物联网大数据挖掘与应用”（项目编号：71531001）、国家杰出青年科学基金项目“社会化媒体大数据挖掘与应用”（项目编号：71725002）、面上项目“以多源城市数据为支撑的城市计算研究”（项目编号：61572059）、科技部创新工作专项“基于群智理论的创新方法新系统研究与应用示范”（项目编号：2019IM020100）对本书出版的支持。北京航空航天大学大数据科学与脑机智能高精尖创新中心、城市运行应急保障模拟技术北京市重点实验室、数据智能研究中心（www.diggg.cn）、智慧城市课题组（www.bigscity.com）、先进计算机应用技术教育部工程研究中心也为本书的撰写提供了重要支持。

由于本书引用的参考文献众多，未能一一列出，在此向原作者致谢。由于作者的学术水平和视野所限，书中难免存在不妥和疏漏之处，恳请广大读者批评指正。

吴俊杰
2020 年 11 月 28 日

目　　录

第1章 城市大数据

作为全书的第1章，本章针对城市大数据的概念、类型、特点、建模方法及其在城市治理中的应用场景进行概述，帮助读者对城市大数据建立初步了解和全局视图。本章各节的主要内容如下。1.1 节分析现代城市发展中面临的难题，即随着城市人口、功能和规模的不断扩大，城市系统的运行稳定性降低，城市安全风险不断增大，以及由此带来的城市病等挑战性问题。针对此问题，1.2 节提出城市大数据驱动的城市治理新范式，对城市信息化由 1.0 阶段进入 2.0 阶段的演化逻辑进行阐述，并指出城市信息化 2.0 能够衔接城市的宏观规划和微观管理，进而有效破解现代城市发展面临的难题。1.3 节介绍城市大数据的核心特点，并从城市场景、城市动态和市民行为等方面出发，介绍多种类型的城市大数据。1.4 节从城市动态的数据感知、智能预测、规律认知、仿真决策及城市智能系统体系架构等方面出发，介绍城市大数据挖掘的应用场景，并对每一类应用场景所需要的数据挖掘核心技术进行综述。1.5 节对本书其余章节的安排进行简要介绍。

1.1 城市治理与城市大数据

1.1.1 现代城市发展面临的难题

城市也叫城市聚落，是非农业产业和非农业人口集聚形成的较大居民点。世界银行的统计数据显示，早在 2009 年，全世界居住在城市的人口数量已经超过了全球总人口的 50%，该数字到 2019 年底则进一步扩大到 55.7%[1]。在我国，经过近 30 年的城镇化发展，我国的城镇人口在 2011 年首次超过了农业人口，达到了历史性的 50.5%。在 2019 年底，我国的城镇人口占比已经达到了

60.3%[1]，远超全球平均水平。芝加哥全球事务委员会主席伊沃·达尔德（Ivo Daalder）在为英国《金融时报》的撰文中提到："21 世纪最重要的特色是城市的崛起。全世界可能还在纠结于'中国世纪'是否将取代'美国世纪'。但真正的取代不是发生在国家之间——而是发生在它们的城市中心。"城市聚集了整个人类社会 1/2 以上的人口、经济、社会活动等要素，其面积却仅占地球陆地面积的 3%左右[2]，这样的不均衡性极大地凸显了城市在人类社会中所处的特殊地位。随着全球经济的不断发展，可以预见，城市的这一特殊地位与不均衡性还将不断地加强和扩大。可以毫不夸张地讲，城市构成了人类生活的"第一空间"，如图 1.1 所示。因此，开展对于城市运行与发展规律的研究，对于理解人类社会的运行机理、改善人们的生活水平有着非常重要的意义。即便仅从数量上看，如果能够解决城市发展中面临的问题、提升城市治理水平，就能够造福全球 1/2 以上的人口。

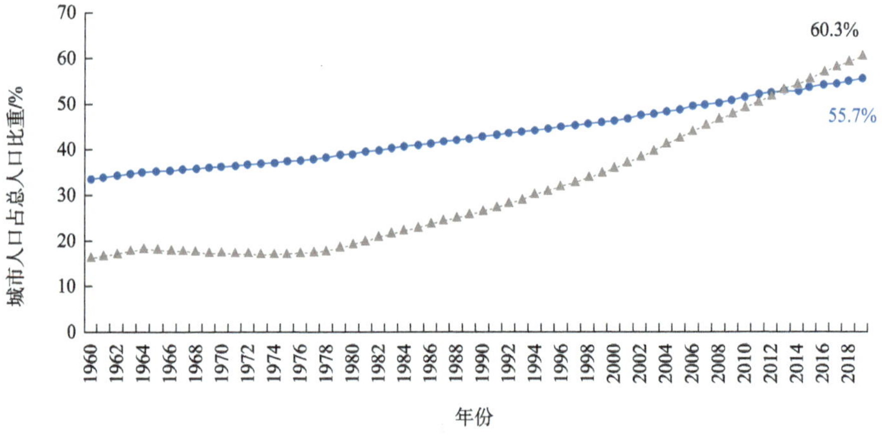

图 1.1　全球及中国城市人口占比的变化趋势

数据来源：世界银行[1]

城市的快速发展与膨胀在推动人类社会发展的同时，也带来了诸多挑战性问题，产生了交通拥堵、空气污染、资源紧缺、人口拥挤、城市贫困等大城市病。与此同时，随着我国城市化进程的推进，城市人口、功能和规模不断扩大，城市系统日益复杂，城市的系统运行稳定性越来越差，安全风险不断增大，一些重特大安全事故在一些城市甚至大型城市相继发生，如"8·12 天津滨海新区爆炸事故"[3]和"12·31 上海外滩踩踏事件"[4]等。此次波及全球的新型冠状病毒疫情也是在城市区域内集中爆发，并以城市为节点向全球扩散的。这些问题都造成了城市发展的一个悖论：为了充分发挥城市的规模效应和资源集聚效应，大型城市不断地吸收和聚集人口、资金、能源等资源，其目的是实现一个更加高效运行的城市社会运行体系；但是，当城市吸收了过多的资源之后，其本身却变成了一个非常庞大的病态系统，其发展方向与其发展初衷和目标渐行渐远。考虑到城市作为人类生活"第一空间"的这样一个重要的角色，那么城市病，尤其是由城市病所带来的城市安全问题，可以说为当代人类社会发展埋下了难以克服的危机。美国社会心理学家亚伯拉罕·马斯洛（Abraham Harold Maslow）将人类的需求分为五个层次，分别是生存需求、安全需求、社交需求、尊重需求和自我实现需求，也就是著名的"马斯洛需求层次论"[5]。从城市发展的过程来看，大型城市较好地满足了人们的生存、社交等需求，但是在基本的安全需求层面出现了断层。这就好比将高大的建筑建设在了没有牢固地基的沙滩上一样，是无法实现人们预期的尊重、自我实现等更高层次的目标的。

1.1.2　破解城市发展难题所依赖的路径

想要破解城市发展所面临的上述难题，传统上采用两种不同的途径：一是从城市规划的角度进行宏观管理；二是通过城市运行管理手段进行微观管理。首先是通过城市规划的途径来完成对城市发展难题的破解，即对城市空间、人口、交通、经济发展等方面进行完善的顶层设计，使得城市能够按照非常合理的时间、空间布局进行发展。这种技术途径的优势是能够从全局着眼来实现对城市的治理，但是其假设前提是城市规划者能够较为长远地预见城市发展的总体趋势，这一点对于城市规划者的能力要求非常高。除此之外，城市是一个不断动态演化的巨型系统，任何具有远见卓识的规划在时间的考验下都会和设计目标之间存在一定程度的偏差，尤其是在当前全球城市化发展速度高度变化的情况下，早期的规划往往很难适应不断变化的城市运行现状。以我国为例，早期的城市规划往往跟不上城市的发展，尤其是对于人口的规划估计通常会远远落后于实际涌入的新增人口；然而近两年我们又发现，随着城市化红利的耗尽、新增人口速度的放缓，城市收缩问题逐步浮现，我们的城市规划又会出现高估人口规模的问题。此外，总体来说城市规划是一种较为宏观的城市治理手段，随着城市系统越来越复杂，仅依赖宏观规划手段来进行治理是难以满足要求的。因此，在用好城市规划手段破解城市发展难题的同时，还需要使用各种微观的管理手段来弥补规划存在的漏洞以形成闭环，如图 1.2 所示。

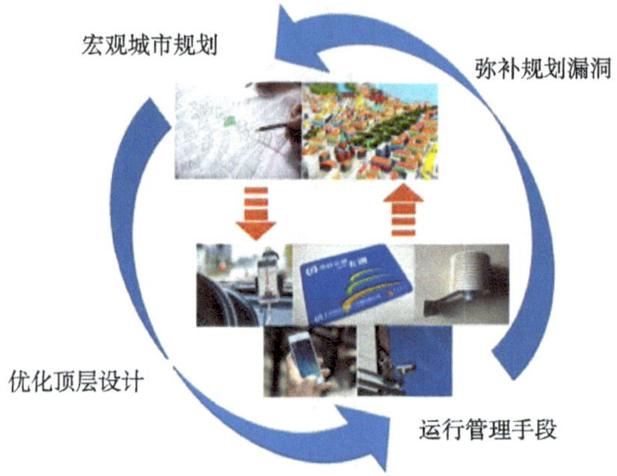

图 1.2　城市规划管理图

微观城市管理主要是指城市行政治理和城市行业管理的相关手段。随着信息化技术的不断发展，城市的各项管理措施和城市信息化的发展过程也在不断地融合。在城市的感知层面，城市信息化技术通过物联网、传感器等媒介，极大地增强了城市管理者对于城市每一个角落运行状态的信息收集能力。在业务层面，各式各样的管理信息系统将民生、教育、医疗、交通、城管等线下的业务过程迁移到线上，实现了便捷的城市信息化服务。在服务应用层面，以 4G/5G 移动通信网络为基础的移动互联网极大地拓展了城市信息系统的服务能力，将城市信息服务通过无所不在的移动终端和 App 投送到每一位市民的身边。总体而言，物联网、移动互联网、传感器和信息系统的普及，为城市治理提供了前所未有的便捷工具，使得城市运行的效率有了极大的提高，也从微观层面有效地补充和修补了宏观城市规划在城市治理方面的不足。

但是，微观城市管理存在的不足也是显而易见的，那就是其难以突破宏观城市规划所设定的顶层设计框架。在城市的宏观规划出现偏差时，微观治理只能起到缓解和小修小补的作用。例如，当一座城市出现人口过度聚集而导致的资源危机时，微观城市管理的精细化操作可以更加高效地利用现有的资源，缓解资源枯竭的进程；但是在总体大方向上，却很难改变危机不断恶化的趋势。在这里，我们很容易发现，宏观城市规划和微观城市管理之间时间尺度上的不同步，导致出现了一个裂痕：两者之间缺乏一种应有的联系，这一方面导致宏观城市规划的框架制约了微观城市管理的有效性，另一方面微观城市管理所遇到的问题并不能非常有效地体现在宏观城市规划上。在 1.2 节中，我们将对如何弥合这一裂痕提出城市大数据视角的解决方案。

1.2　城市大数据驱动的城市治理新范式

图 1.3 给出了以城市大数据驱动的城市治理新范式的框架。如图 1.3 所示，我们将城市信息化的发展历程划分为了两个阶段。在第一阶段中，城市信息化的任务是将城市治理的业务从物理空间转移到信息空间，我们将该阶段称为城市信息化 1.0。

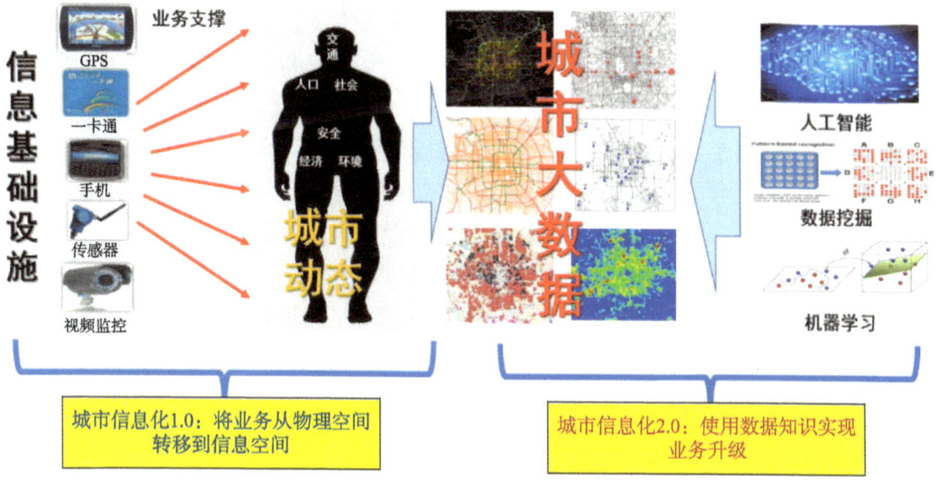

图 1.3　从城市信息化 1.0 到城市信息化 2.0 的演化逻辑

在城市信息化 1.0 阶段，为了能够将城市管理的各项业务以信息化的形式进行重塑，人们在城市中进行了三个方面的重要基础设施建设。第一方面是城市感知的基础设施建设。人们通过在城市中部署监控摄像头、传感器、射频识别（radio frequency identification，RFID）、GPS 终端等方式获取城市中的各项动态，并且通过移动终端、终端软件等方式将各类市民服务信息进行电子化。这方面的基础设施建设为城市管理业务提供了从物理空间向信息空间转移的数据入口。第二方面的基础设施建设是城市各部门的管理信息系统。在过去的 20 年中，我国城市的各个管理服务部门都在推动政务信息化的建设，各企事业单位对于内部事务的管理也都基本实现了信息化。这种业务信息化基础设施的建设将城市管理的流程细节从物理空间转移到了信息空间。第三方面的基础设施建设就是基于移动互联网的物联网终端的普及，智能手机几乎取代了各种类型的终端系统，将每一个人都接入到了信息空间中。至此，城市环境中最重要的主体——人，也几乎全量地接入到了信息空间中，城市服务的最终结果也因此能被以信息化的形式投送到终端用户。通过上述三个方面的信息基础设施建设，在城市信息化 1.0 的浪潮中，城市管理服务从输入到处理再到输出的整个流程都被从物理空间转移到了信息空间，城市管理、服务、运行的各个阶段都完成了数字化的转型。

当物理空间的业务被信息化之后，事情就在悄然间产生了变化。与物理空间“物质守恒”的逻辑不同，信息空间遵循着“凡走过必留下痕迹”的逻辑，信息世界对于字节记录和交换的成本远低于物理世界对于物质保存和交换的成本。人们在城市中部署的无数个信息基础设施开始不眠不休地记录城市运行发展的每一个细节，海量的信息因此被存储下来并堆积成了包含时间、地点、人物、事件、过程等重要信息的“城市大数据”。城市大数据记录了城市的交通、人口、社会、环境、安全等方方面面的信息，无所不包、细致入微；而城市大数据的收集过程又并非主动和刻意的，这个过程就像对城市拍摄了 X 光片一样，是一种非常低成本的非介入式探查。此外，由于这些城市大数据来源于城市运行管理的各个业务系统，所以其收集的数据与城市业务也是紧密联系的，换言之，城市大数据很少包含与实际业务需求各不为礼的信息，其数据价值密度远高于一般意义上的大数据。

但是，在传统的城市信息化 1.0 体系中，城市大数据的收集只是城市信息系统运行的副产品而已，在业务完成之后除存档备查之外并没有太多的额外价值。整个信息化过程是围绕着业务逻辑展开的，而非围绕数据展开，这意味着数据库中的“增、删、查、改”是对于数据的主要操作。但是，当城市大数据积累到一定规模时，城市信息化就会进入第二阶段，其任务是使用数据知识实现业务升级。在该阶段下，人们将建设另一种类型的信息系统，即以数据挖掘、机器学习、人工智能等数据分析技术为核心，以从城市大数据中萃取知识为目的，以提升城市系统的管理和规划水平为最终目标的城市大数据智能系统。我们将建设城市大数据智能系统的城市信息化过程称为城市信息化 2.0。在城市信息化 2.0 当中，数据成为整个信息系统的核心要素，对数据的分析及从中提取知识是信息系统的核心任务。信息系统服务的对象也不再局限于一个个市民或者业务操作人员个体，而是包括政府、企业、个人在内的城市全要素活动主体。城市信息化 2.0 所能提供的服务也包括面向政府的宏观城市规划、面向企业和机构的城市商务智能以及面向市民的各类智慧化城市服务等。

值得注意的是，城市信息化 2.0 的输入是微观城市管理的数据产出，而城市信息化 2.0 的输出却同时面向个体用户以及宏观城市规划和决策的制定者。因此，城市信息化 2.0 成为一个衔接破解城市病难题两大途径（宏观城市规划和微观城市管理）的纽带，我们在 1.1.2 节中所提到宏观城市规划和微观城市管理之间的裂痕也因此得以弥合。具体而言，一方面，微观城市管理过程中所产生的城市大数据为宏观城市规划的改进提供了丰富的信息；另一方面，宏观城市规划的改进又能从根本上提升微观城市管理的效能，为微观城市管理提升城市运行效率提供更为广阔的空间。两者相互促进的演化逻辑，为城市系统发展演化的智能迭代提供了可能，也为破解现代城市发展所面临的困境提供了技术层面的解决方案，为弥合城市系统中的马斯洛需求层次金字塔中的断层创造了新的可能。

1.3　城市大数据的类型和特点

1.3.1　城市大数据的核心特征

城市大数据作为大数据的一种，其自身也具有一般大数据的 4V 基本特征，即数量（volume）、多样性（variety）、速度（velocity）、真实性（veracity）。除此之外，城市大数据还有一些自身独特的特点。城市大数据的一个首要特点是其时空特性，也就是数据的属性当中通常会包含空间和时间相关的坐标。在新闻学中，一则新闻通常会具有 5 个 W 要素，即何时（When）、何地（Where）、何事（What）、何因（Why）、何人（Who），而在城市大数据中 When 和 Where 这两个 W 是非常重要的。城市大数据的这种时空特性主要是由城市场景的时空规模所决定的。城市是一个空间规模比较适中的场景：既不会太大，使得城市个体无法跨越巨大的空间距离而产生相互作用，也不会太小，使得个体在空间距离上的差距显得不再重要。在时间尺度上也是如此：城市生活具有很强的节律性，一天二十四小时的上下班潮汐、一周七天的工作周期、一年中固定的假期和季节变化对于人们在城市中的活动行为都有着非常重要的影响。因此，时空标签成为城市大数据最主要的特性。幸运的是，城市场景中获取时空坐标并不困难。正是由于城市场景中时空坐标的重要性，现有的城市信息系统都很注意收集数据的时空坐标信息，如我们常见的 GPS 轨迹、城市中的兴趣点（point of interest，POI）、线上到线下（online to offline，O2O）服务数据等都在数据中自带时空坐标标签。

由于数据中时空特性的存在，城市大数据似乎也可以被认为是地理数据的一种，是一种聚焦于城市场景的地理数据。但时空特性并不是城市大数据唯一的属性，其和气象、资源、遥感等具有时空属性的传统地理数据之间存在显著差别，那就是数据中包含了丰富的社会感知信息，即具备社会感知特性。在城市大数据中，我们将数据收集的场景集中在了人类活动行为最为密集的城市中，所研究的目标也是如何通过数据分析调整人们在城市场景中的活动行为，因此就需要更多地收集城市中与人有关的信息。在传统的地理研究中，最高效的数据收集手段是遥感（remote sensing）技术[6]。但是在城市场景中，遥感手段是无法实现对于人类社会活动行为的收集的，为此人们提出了社会感知（social sensing）的概念。北京大学的 Liu 等在《美国地理学会会刊》（*Annals of the Association of American Geographers*，AAAG）上发表了长文综述[7]，阐述了社会感知的地理研究思想。城市大数据之所以具备社会感知特性，是因为其收集过程是以城市中人的活动作为最主要的信息收集目标的，如出行轨迹、位置、微博留言、餐馆点评等。因此，城市大数据的语义信息远高于一般地理信息数据。城市大数据的这一特性和社会计算中常用到的社交网络数据有很大的相似性，因此可以认为城市大数据是地理大数据和社会大数据的一个交集，其兼具地理大数据的时空属性和社会大数据的社会感知属性。

下面我们会对常见的几类城市大数据及其特点进行介绍。这些常见的城市大数据包括描述城市场景的数据、描述城市动态的数据以及描述市民行为的数据等。

1.3.2 描述城市场景的数据

描述城市场景的数据是指对城市的客观地理环境进行描述的数据，其特点和传统的地理数据有很多相似之处。比较典型的城市场景数据包括如下几种。

1. 地图数据

地图是描述城市空间场景的最基本的数据，绝大多数城市大数据分析都需要使用地图，其提供了城市大数据地理坐标的基本参考系。地图数据的形式通常是矢量图或是 shapefile 的形式。目前最有名的开源地图数据是 OpenStreetMap（OSM）地图[8]。

2. 路网数据

路网数据是指城市当中的交通道路网络信息，其包括了道路的地理位置、连接关系、道路等级、通行方向等信息。路网数据本质上是地图数据的组成部分，但是在很多与交通相关的城市应用中，路网数据的重要性会高于地图中的其他信息，因此经常被单独使用。

3. 兴趣点数据

兴趣点数据是指城市当中一些具有特别意义的地理位置，如一个商店、一所房屋、一所学校等，其也是电子地图的组成部分。通常情况下，每个兴趣点会包含兴趣点名称、地理位置、兴趣点类型、兴趣点属性等信息。在在线地图中，兴趣点是地图搜索引擎的主要搜索对象。在许多与城市服务相关的服务中，兴趣点数据是独立于地图单独使用的。

4. 街景数据

街景数据是电子地图提供公司通过专用的摄像车辆线下采集的城市街道图片数据，其最早由谷歌公司的谷歌地图产品推出，并逐步在其他在线地图产品中普及。与一般的地图数据相比，街景提供了关于城市街道、建筑、POI 的影像信息，并且能够对城市中的绿化、路边设置、建筑风格等难以在地图上直接表述的信息进行表达。但是其缺陷是数据属于非结构化数据，需要通过专门计算机视觉和图片处理技术进行处理才能够被使用。

5. 卫星遥感数据

卫星遥感数据是大规模地理信息收集的传统方式。城市的高空遥感卫星影像数据也从另外的一个角度提供了关于城市的可视性信息。然而在城市街景数据日益普及之后，通过卫星遥感手段获得地面图片数据对于城市场景各种应用的价值减小了许多。不过，夜间灯光等一些具有独特性质的卫星遥感数据在城市场景中也经常被用到，如识别城市建成区面积等应用。

6. 三维高程数据

高程数据是指数字高程模型（digital elevation model，DEM），是通过有限的地形高程数据实现对地面地形的数字化模拟（即地形表面形态的数字化表达）。在非城市环境中，高程数据是指野外山川地形的三维模型，而在城市中，高程数据就转变为了城市当中建筑的三维模型。高程数据作为已经结构化的、比较好的城市实景数据，在使用上比街景数据和卫星遥感数据更容易处理。

除上述六种数据之外，也还有很多其他类型的数据可以描述城市的场景，而这些数据的共同特点是总体上更新频率比较低，主要描述城市中的街道、建筑等静态基础设施，对于城市场景中人的活动行为则没有进行描述。尽管如此，这些数据仍为我们构建了城市中人们活动的基本场景，是城市大数据分析的基础材料。

1.3.3　描述城市动态的数据

描述城市动态的数据是指描述城市中人群活动所引起的状态动态变化的数

据。与描述城市场景的数据不同，该类数据包含了大量和人有关的信息。常见的用于描述城市动态的数据包括如下几种。

1. 街道路况数据

街道路况数据是指实时计算的道路速度数据。获得路况数据的方法有很多，通常是通过装备有GPS终端的车辆在驶过某一个路段时对行驶速度进行记录而采集获得的。路况数据可以是连续的交通速度值，也可以是分级的拥堵指数（如畅通、拥堵、非常拥堵等）。在城市应用中，路况数据一般会和路网数据共同使用。

2. 人群密度数据

人群密度数据是指城市中某一个区域中人口的数量或者相对分布比例数据。这里所说的一个区域既可以是按照行政区划进行划分的地区，也可以是按照街道、建筑分割的地块，甚至可以是按照规则图形（如栅格、六边形等）划分的区域。人口密度可以是总量人口数量，也可以是某一种特殊类型的人口（或交通工具）数量，如某一个 App 的用户、出租车的数量等。人群密度数据通常由手机运营商或者是 App 服务提供商收集得到。

3. 人群流量数据

人群流量数据是指城市中某一个区域到另一个区域的人口（或交通工具）流入和流出数量数据，也可以是某一个固定时间段内经过某一个区域的人口数量数据。这里的城市区域也可以是一条街道，也就是道路交通的流量数据。值得注意的是，道路交通流量数据的收集难度比街道路况数据的收集难度要大很多。因为街道路况数据只需要对道路上行驶的一部分车辆的速度进行采样就能够获得，但是道路交通流量数据需要对道路上所有车辆的数量进行计数。人群流量数据通常也需要手机运营商或者是 App 服务提供商才能够进行大规模全量收集。道路交通流量数据则可以采用固定的流量传感器进行收集，或者使用流量预测算法从采样数据中获得[9]。

4. 需求消费数据

需求消费数据是指城市中某一个区域对某一种服务或者资源的需求或者消费量的数据，如区域中的用电、用水等数据，一个地点对于网约车的请求数据，在线消费数据等。这类数据的收集渠道通常是服务或者资源的提供商。需求消费数据反映了人们在城市区域中经济社会活动某一个方面的情况。

从上述几种数据中可以看出，描述城市动态的数据更新的频率要远高于描述城市场景的数据，其反映了城市当中人们活动行为的群体情况。如果从市民个体的角度来看，城市动态数据依然是城市场景的一部分。换言之，描述城市场景的数据从静态的角度构建了城市场景，描述城市动态的数据从动态的角度构建了城市场景，而城市中的每一名市民的行为是以城市场景为上下文的个体活动行为。

1.3.4　描述市民行为的数据

描述市民行为的数据是指以城市中市民个体为单位、详细记录市民线上线下各种行为具体过程的数据。与描述城市动态的数据不同，描述市民行为的数据是以个体为单位进行记录的，而描述城市动态的数据是从群体的角度以空间单元为单位进行记录的。

1. 个体轨迹数据

个体轨迹数据最常用到的是市民行为数据，其主要通过安装在智能手机、车辆等设备上的卫星定位装置（如 GPS、北斗卫星导航系统等）进行收集。个体轨迹数据的表现形式是一系列带有时间戳的空间地理位置坐标序列，有的情况下还会带有对序列中点的状态的描述（如步行/乘车），以及个体本身的属性描述（如轨迹产生者的个人情况描述等）。个体轨迹数据可以以人为主体进行收集，如运动手环记录的跑步轨迹，也可以以交通工具为主体进行收集，如网约车的载客轨迹、共享单车的使用轨迹等，其本质都是反映人类活动。

2. 智能卡数据

智能卡数据通常是指公交一卡通、电子地铁票等公共交通系统的 RFID 卡刷卡记录，广义上也包括门禁卡的刷卡记录、食堂饭卡的使用记录等。结合刷卡地点的地理坐标，这类数据也能反映出个人的位置信息，但是这类数据只反映了市民在特定的交通工具或者场所中的停留记录，且这些记录通常不是连续的和高频的。以公交一卡通数据为例，其通常是记录乘客上车和下车地点，这样更容易构建用户出行的起讫（original-destination，OD）关系矩阵，以优化城市公交系统，但对于乘车途中的轨迹则缺乏记录。

3. 手机信令数据

手机信令数据是指手机用户在发生通话、发信息或移动位置等事件时，被运营商的通信基站捕获并记录的用户位置信息数据。由于手机信令数据的来源不是精准的卫星定位，因此它只能精确到用户所在的移动蜂窝小区。在几乎人手一部手机的当代社会中，手机信令数据几乎是唯一能够收集城市中近乎全量人口位置信息的数据源。不过手机信令数据的采样率依赖于用户使用电话的频率，因此采样率是不均匀的。此外，手机信令数据只能精确到移动蜂窝小区的定位精度，也限制了使用手机信令数据分析用户乘坐交通工具等具体行为的可能性。

4. LBS 数据

基于位置的服务（location based services，LBS）数据是指各类 LBS 应用所收集到的用户位置与服务信息，如位置微博、O2O 服务、餐馆点评等。LBS 数据的特点是其除了包括用户的位置信息，还会包含丰富的用户生成内容（user generated content，UGC），如对景点的留影、对餐馆的点评等。这些 UGC 包含了丰富的语义信息，是帮助我们理解城市中市民情感、偏好、舆论等社会信息的有力工具。不过，由于用户使用某一类 LBS 应用的频率是有限的，因此能收集到的用户轨迹的采样率也是非常低的。

5. 市政服务数据

市政服务数据是指市民在使用城市的公共服务设施时或者是办理相关市政服务业务时，在城市各政务部门的信息系统中保留的数据。这类数据的特点是包含了大量高价值密度的用户行为信息，但缺陷是类型繁多、格式也很难统一。此外，在这类数据中，地理位置信息的重要性大为下降，因为人们到市政服务大厅办事的时间、市政服务大厅的位置并不是市政服务数据中的关键信息。

6. 视频监控数据

视频监控数据是指在城市公共区域中部署的视频监控设备所拍摄下来的影像记录。所谓百闻不如一见，视频监控数据中包含的信息是最为丰富的，可以记录某一地点某一时间某一具体事件发生的全过程。但是，其缺点是视频数据是非结构化的，需要专门的计算机视觉和图像处理技术进行加工后才能够使用，而且高清视频的数据量非常大，存储和处理的成本也非常高。此外，由于视频监控设备的位置通常是固定的，因此构建对某一目标的监控序列需要联合多个监控设备，这通常并非易事。

从上述介绍可以看出，描述城市中市民行为的数据是一种细粒度的城市大数据，反映了个体在城市时空上下文中所做出的具体行为。也正是由于该类数据包含了大量与个体有关的隐私性敏感信息，关于这类数据使用的安全性和伦理性问题也长期备受关注。

1.4　城市大数据的应用场景与关键技术

在本节中，我们对城市大数据挖掘方法在城市管理决策中的主要应用场景进行介绍。为此，我们将城市大数据挖掘的任务划分为四个层次，分别是数据感知、智能预测、规律认知和仿真决策。在每个层次中，数据所发挥的作用以及针对数据分析结果的应用方式均有所不同。其中，数据感知关注底层数据的处理，智能预测关注对未来趋势的预测，规律认知关注对城市运行规律的发掘，仿真决策关注对于决策可能产生效果的研判。

1.4.1　城市动态的数据感知

在城市动态的数据感知层面，城市大数据用于感知城市中个体或者群体活动的客观事实，为城市管理、服务和决策提供可靠的感知数据来源。典型的城市大数据感知应用包括如下几种。

1. 个体特征推断

应用场景：通过在城市中部署的各类信息系统来收集城市大数据，但信息系统部署的目的是满足服务生产部门自身的业务需求，并非为了收集城市大数据供挖掘分析使用。因此，经常会出现城市应用最关心的信息并没有被收集到。例如，我们可以用 GPS 终端收集一个人的出行轨迹，但是无法获得一个人在出行时乘坐的交通方式等。因此，根据用户的部分信息推断未知的用户属性特征，是城市大数据感知应用中常见的任务。

关键技术：在个体特征推断方面，各类有监督学习模型是城市动态数据感知所使用的关键技术。例如，在用户属性推断的过程中，互联网公司通过构造丰富的用户画像来实现对于用户特征的表征；对于用户画像中一些未知的标签或者缺失的部分，可以使用有监督学习模型进行推断[10]。在城市大数据当中，用户属性很重要的一部分是用户的时空位置或轨迹信息[11]。对于线性回归、支持向量机（support vector machines，SVM）、随机森林（random forests，RF）等非表征学习类的有监督学习模型，引入用户时空位置信息的主要方法是构造更加丰富的时空位置特征，并将新构造的特征输入到有监督学习模型当中。对于具有表征学习功能的深度学习模型，可以将轨迹和位置数据输入到循环神经网络（recurrent neural network，RNN）、长短期记忆（long short-term memory，LSTM）网络等序列模型当中，自动提取时空表征特征[12]。使用有监督学习方法进行个体特征推断时，需要提前掌握一部分个体的标签作为监督。然而，在一些个体特征推断应用场景中，这些标签并不容易获得，因此也会使用无监督模型来估计未知的个体特征。例如，出租车轨迹处理中的一个经典任务就是推断车上是否有乘客，由于出租车的状态简单，是否有乘客时行驶行为差别较大，因此将车辆轨迹作为可观测状态，将是否有用户作为隐状态，使用隐式马尔可夫模型（hidden Markov model，HMM）就能够获得非常好的推断效果[13]。

2. 群体特征汇总

应用场景：在城市大数据的分类中，我们将城市大数据分为描述城市动态的数据和描述个体行为的数据。但是，在大多数情况下，城市大数据是以个体为单位进行收集的。因此，要想获得对于群体特征的描述画像，需要对个体行为数据进行汇总，以获得群体的动态特征描述数据。例如，将网约车的行驶轨迹数据汇集成为路网的交通数据等。

关键技术：群体特征汇总所需要的核心技术是数据降噪、修复、匹配等技术。从群体特征的角度去看，个体行为数据是充满噪声和随机性的“原始数据”。因此对于个体数据中的噪声信号进行剔除、对于低质量的轨迹数据进行修复，是将个体特征汇总成为群体特征前必不可少的预处理工作。数据降噪工作所采用的核心技术主要是一些时空相关的异常检测方法。通常，一些简单的、规则性的异常检测方法就可以消除数据中的绝大部分噪声[14]。对于一些复杂的、具有语义的噪声，如交通事故、异常出行等，可以通过构造对于噪声具有表达能力的特征来进行识别和过滤。典型的特征构造方法包括简单物理特征提取（如采用交通速度来检查交通事故或拥堵[15]）、手工构造特征（如考虑时空相似性作为个体的特征）[16]以及深度学习以获得表征学习特征[17]等。数据修复技术既包括对于个体轨迹的修复技术，如低采样率的上采样方法[18]，也包括对于群体数据缺失部分的推断修复技术[9]。此外，个体行为数据在汇总成为群体数据时，也需要和城市场景数据进行融合，一个典型的应用就是轨迹数据的路网匹配。对于高质量的轨迹数据，可以直接采用 HMM 完成匹配任务[19]，而对于低采样率的轨迹数据，则需要采用 ST-Matching 等基于动态规划的匹配方法完成匹配任务[20]。

3. 多源数据融合

应用场景：城市大数据的收集分属于不同的城市信息系统，每个城市信息系统往往只能从一个侧面完成城市动态的部分采样。例如，城市中一个地区的人流量可以通过网约车轨迹数据、共享单车轨迹数据、手机信令数据、LBS 数据等不同的数据源分别从不同的角度进行收集。每种数据源只能收集到全量人流的一个子集，不同数据源之间通过融合、校正、补充，才能够获得一个较为完善的人流量数据描述。因此，基于多源数据融合的城市大数据群智感知是城市大数据应用中另一种常见的任务。

关键技术：城市多源数据融合的方式与城市大数据的应用模式有着密切的联系。对于数据应用类型比较清晰的城市应用，可采用分步骤的数据融合方法，即应用的每一步使用不同来源的城市大数据[21]。对于预测和推断类的城市应用，如果需要使用多种数据来源对城市中的要素进行整合，那么最直接的方法就是不考虑数据集之间的差异，对不同来源的数据进行拼接，形成一个更大的特征向量，例如，将轨迹数据、POI 数据、路网数据以及社交媒体数据拼接在一起，预测地产的潜在投资价值[22]；此外，也可以基于深度神经网络（deep neural network，DNN）从不同来源的数据中学习统一的、更高级的表征，例如，用自编码器来捕捉音频和视频数据中的高级表征[23]。对于可解释性需求较强的城市应用，就需要采用基于语义的数据融合方法，不仅要掌握数据的数值特征，更需要理解每个数据背后的含义以及数据之间的关系。就融合方法而言，针对同一个主体，可以对不同来源的数据进行多视角融合[24]，例如，从时间、空间两个视角来评估每个样本的协同训练等[25, 26]。在城市场景中，一些城市规划管理专家的知识可以被当作先验知识来进行数据融合。例如，对于有明确目标函数的有监督模型，可以使用正则项融合方法[27]，将先验知识作为正则项的一部分；对于生成式概率图模型，则可以使用先验知识作为生成过程的先验分布[28]。

1.4.2　城市动态的智能预测

在城市动态的智能预测层面，城市大数据用于训练机器学习模型和人工智能模型，进而提供城市动态预测，为把握城市中期或短期的发展态势提供参考依据。典型的城市智能预测应用包括如下几种。

1. 群体状态预测

应用场景：城市群体状态预测的目标是对于城市整体的动态特性进行预测。典型的城市群体状态预测应用包括交通流量预测、交通速度预测等。从问题抽象的角度来看，城市群体状态预测可以被视作一个时间序列预测问题。如何利用城市场景中要素状态的时空相关性是该类应用重点关注的问题。例如，人流量预测需要充分利用周边地区的人口流动变化信息，交通速度预测需要充分利用城市路网的连接关系等。

关键技术：城市群体状态预测包含传统的机器学习方法和深度学习方法。经典的交通流量预测和交通速度预测采用自回归整合移动平均（autoregressive integrated moving average，ARIMA）模型等时间序列预测模型，一些经典的有监督学习模型，如线性回归、随机森林等，也常被应用于交通、人流等城市场景预测，但是这些方法难以对城市的时空上下文信息进行建模[29]。近两年，深度学习方法逐步被应用于路段交通预测，根据应用场景所能够获得的数据结构不同，所使用的深度学习模型也不尽相同。例如，对于只能够获得群体状态时间序列信息的场景，通常使用 LSTM 等递归神经网络模型对城市群体状态的时间特性进行建模[30]；对于能够获得较为规整的城市时空上下文的场景，如城市网格等，可以使用卷积神经网络（convolutional neural networks，CNN）对时空局部性进行建模[31]；对于能够获得城市交通网络结构或者 OD 等城市区域联系结构的场景，则可以使用图卷积网络对道路交通的网络结构信息进行建模[32]；而对于城市群体状态有影响的一些辅助信息，如 POI、天气状况等，则通常使用全连接神经网络进行描述嵌入式表征。在实际的群体状态预测模型中，为了深入挖掘城市时空大数据中的各种相关关系，上述多种模型会被综合使用，这也充分发挥了深度神经网络模型结构灵活的特性[33]。

2. 个体行为预测

应用场景：城市个体行为预测的目标是对于城市当中个体的未来行为做出预测。典型的城市个体行为预测应用包括出行路线预测、POI 访问序列预测等。城市中个体行为受到城市时空上下文的影响，因此如何将城市动态数据构成的时空上下文语义引入个体行为预测模型中，是该类应用重点关注的技术问题。

关键技术：个体出行预测所涉及的关键技术包括出行路径推荐技术、出行时间预测技术、出行轨迹预测技术等。在出行路径推荐方面，传统工作通常使用 A^*、Dijkstra 等启发式搜索算法，进行最短或最快路径搜索与推荐。在近期研究中，研究人员也开始将 A^*等搜索算法同深度学习模型相结合，提出了神经网络 A^*搜索算法，实现了个性化的出行路径推荐[34]。在出行时间预测方面，经典算法采用马尔可夫链对交通出行时间进行建模预测[35]。近两年，深度方法也逐步被应用到个体出行时间预测领域，主要类型包括分段预测方法和端到端预测方法两类。其中，分段预测方法更加关注对于出行链影响要素的建模[36]，具有较好的可解释性，但是对路口等待时间等未纳入模型的因素的影响较为敏感；端到端预测方法则着眼于构建通过原始轨迹数据直接建模出行行为的一体化网络模型[37]，其模型的预测准确性较高，但缺乏解释性。个体出行的未来位置预测，即出行轨迹预测，也是个体行为预测的重要内容，传统的预测方法也倾向于使用马尔可夫链来进行位置预测。在深度学习模型出现后，DeepMove[38]等模型取得了明显优于传统马尔可夫链的性能，其特点是能够对个体的历史偏好、当前状态、上下文信息等多源异构信息进行融合建模，因此具有较好的场景表达能力和行为预测能力。

1.4.3　城市动态的规律认知

在城市动态的规律认知层面，城市大数据用于发现和解释城市运行的基本规律，对城市动态的预测给出合理的解释，为调整城市结构性问题的决策提供参考依据。典型的城市规律认知应用包括如下几种。

1. 个体行为模式挖掘

应用场景：模式是规律的一种重要表现形式。对于个体而言，复杂的个体行为经常是被一些隐藏因素所左右的。例如，出租车的出行轨迹数据可以分为载客、空驶两种状态，而驾驶员驾驶行为的不同往往是由这两种数据中看不到的隐藏状态决定的。通过对个体行为数据的模式挖掘，发现影响个体行为的决定性因素，是认知城市动态运行规律的关键步骤，也是城市大数据挖掘在规律认知方面的典型问题。

关键技术：从个体行为时空数据集中挖掘潜在的模式是认知个体行为动态规律的基础。典型的个体行为模式挖掘方法主要有三类。一是基于频率的模式挖掘方法，这类方法主要通过对数据集中频繁出现的序列进行统计和筛选，进而得到模式。例如，Giannotti 等提出了针对时空轨迹数据的频繁模式挖掘方法[39]。Han 等提出了基于频繁模式树的 FP-growth 算法[40]。Wang 等使用改进的 Apriori（先验）算法实现了针对危险品车辆运输的危险模式挖掘[41]。这类方法的特点是直接根据规则性的共现特点来挖掘城市中个体行为的模式。二是基于生成式模型的模式挖掘方法。例如，Mathew 等使用隐式马尔可夫状态模型实现了轨迹挖掘和预测[42]。Shi 等使用主题模型在出发地点到目的地点数据集上研究了城市交通的动态演化模式[43]。这类方法能够建模城市中个体活动的生成过程，因此具有很好的可解释性。三是基于深度学习的模式挖掘方法，这类方法主要使用深度神经网络进行表征提取，并进行进一步分析。例如，Wang 等提出了一种半监督的跨域深度学习模型，实现了城市居民异地属性识别[44]。Wu 等提出了实例感知的表征学习方法，用于在线多目标追踪和关联模式挖掘等[45]。这类方法的优势是对于非线性的行为模式具有较好的建模能力。

2. 群体行为模式挖掘

应用场景：对于城市整体而言，其状态变化的时空过程也存在隐藏的模式。这种群体上的行为模式称为城市的时空结构。例如，城市结构在空间上的组团特征、在时间上的节律特征等。通过对城市大数据的挖掘，发现城市群体行为的决定性因素，揭示一座城市在时空上的结构特性，是从宏观上理解城市运行、制定合理城市规划的关键问题。

关键技术：与个体行为模式挖掘类似，群体行为模式挖掘同样离不开各类模式挖掘方法的支撑。基于张量分解（如标准分解/并行因子（canonical decomposition /parallel factors，CP）分解[46]、Tucker 分解[47]）的模式挖掘方法是群体行为模式挖掘的典型方法，如基于 CP 分解的城市光谱技术[48]、基于 Tucker 分解的城市空间组团特征和时间节律分析[49]等。基于概率图的模型也被广泛应用于群体行为模式挖掘中。例如，Hasan 和 Ukkusuri 使用主题模型对社交媒体签到数据进行分析，得到了城市各区域的活动模式[50]。除此之外，通过结合人群活动数据和其他领域知识，基于概率图的模式挖掘模型还被用于进行城市区域功能推断[28, 51]、区域健康水平推测[52]、城市文化模式分析[53]等。近年来，基于深度表征学习的模式挖掘方法是群体行为建模的一种热门方法。例如，Wu 等提出了基于图卷积网络的层次化路网表征模型，该模型将路网表示为“功能区”“结构区域”和“路段”三级结构，并通过网络结构和人口活动模式重建任务，使节点能够准确表征功能和结构特性[54]。

3. 可解释的城市预测

应用场景：1.4.2 节中的城市动态智能预测能够给出对于城市未来状态的预测结果，但是预测结果产生的依据是什么？有哪些因素会对预测结果产生影响？这些问题在城市规划和管理的过程中往往比预测结果更重要。只有知道了影响城市未来状态的关键因素，决策者才能够真正通过政策调整与管理措施调整以优化城市状态。因此，解释城市预测的结果、发现影响城市预测的关键因素，也是城市动态规律认知的关键问题。尤其是在基于神经网络的深度学习预测技术被应用于城市预测之后，如何在获得精准城市预测结果的同时，实现对预测模型的解释，也是学术界关心的前沿热点问题。

关键技术：该类应用的支撑技术就是各类机器学习模型，尤其是深度学习模型，因此对于这类模型的解释即是获得可解释城市预测的关键问题。根据解释发生的时间，机器学习模型的可解释性通常分为内在解释和事后解释。内在解释旨在构建一个可以自我解释的模型，来帮助人们理解该模型背后的总体逻辑和内部的工作机制[55]。如决策树模型，它的每一个决策背后都对应了一个决策序列，而这个决策序列就是模型决策的依据；如果把决策树模型的每一个节点写成一条 if-else 规则，我们就很容易理解模型内部的工作机制。事后解释则需要创建第二个模型来提供对现有模型的解释，如不可知模型的局部可解释（local interpretable model-agnostic explanations，LIME）[56]、沙普利可加性解释（Shapley additive explanations，SHAP）[57]和 Anchor（锚点）[58]方法都基于一个假设，即如果给定输入，则其邻域内的预测结果能够被可解释的白盒模型近似，然后这些方法通过识别输入中的每个特征对预测结果所做的贡献进行解释。随着城市计算的兴起，这些可解释性方法也逐步被应用到了时空数据当中，以为城市管理提供丰富的数据知识，如发掘城市交通中的拥堵源头[59]、发掘建模道路之间的影响关系[31]等。

1.4.4　城市动态的仿真决策

在城市动态的规律认知层面，城市大数据用于建立城市动态的仿真模型。与城市预测模型不同，城市仿真模型需要对城市运行状态做出“反事实的”（counterfactual）仿真，也就是给出“如果采用了某措施之后，城市可能会发生哪些变化”，通过预演的方式为城市规划和决策提供支撑。无论宏观的场景仿真还是微观的行为仿真，其仿真过程的本质都是在预测模型的基础上给出政策调控的假设，并把假设作为模型输入以对未来情况进行预测。与预测不同的是，仿真场景给出的模型设置往往是历史数据中没有出现过的假设性设置。因此，如何确保假设性设置下模型运行预测的合理性，是将预测模型用于仿真场景所面临的核心挑战问题。典型的城市仿真决策应用包括如下几种。

1. 宏观场景仿真

应用场景：城市宏观场景仿真是指在城市场景预测模型的基础上，通过调整模型的输入和相关参数设置，获得在一些假定条件下城市发展结果的预测。其中，被调整的模型输入和相关参数设置是由城市政策的改变引起的。要实现城市宏观场景仿真，需要在城市场景预测模型的基础上进一步解决两个问题，首先是实现对宏观政策措施强度的定量化表示，其次是在建立长周期预测模型时考虑引入反映政策影响的参数。

关键技术：城市宏观场景仿真所需要的关键技术是对于城市场景的描述建模技术，目前比较成熟的技术是城市交通仿真[60]。在该领域已经形成了从模型到软件的成熟产品体系。基于虚拟现实技术的小型场景仿真在城市应急场景中也有较为广泛的应用[61]。在城市宏观场景的仿真方面，数据智能技术主要依托于一些宏观场景的预测模型，如城市环境[62]、交通规划[63]、能源消耗[64]、重大活动[65]等。

城市宏观场景仿真也是训练强化学习模型的有力工具，目前在基于强化学习智能信号灯控制方面已经有了一定规模的研究和应用[66]。

2. 微观行为仿真

应用场景：城市微观行为仿真是指以个体行为预测模型为基础，通过设定城市场景来获得个体在给定城市场景中的行为预测。个体微观行为的仿真也是建立在预测模型基础上的。例如，使用手机信令数据对人与人的接触行为进行建模，然后结合 Agent 模型来仿真传染病在人群中的传播过程。要实现城市微观行为的仿真，一方面需要很好地从数据中对个体行为的关键参数进行建模，另一方面需要将城市管理措施转化为和个体模型参数相关联的城市场景。

关键技术：对于城市微观行为仿真，根据应用场景不同，常使用两类不同的仿真模型，即元胞自动机（cellular automata，CA）模型和基于个体代理的模型（agent-based model，ABM）[67]。CA 模型适用于对固定实体（如城市街区）的发展情况进行建模。该类模型将所研究区域划分为固定的细胞网格，每个网格都是一个自动机实体，并能够与其他细胞网格进行交互[67]。例如，Malecki 将图论与元胞自动机结合，建立了基于关系邻域的图元胞自动机，并将其应用于城市交通网络建模中[68]。Yeh 和 Li 将区域发展密度引入基于元胞自动机的城市规划模型中，并对不同密度梯度下的城市发展模式进行了仿真和比较[69]。Mitsova 等开发了基于马尔可夫链的城市土地覆盖变化元胞自动机模型，将环境保护纳入区域规模的城市增长预测中，为整合了环境敏感地区保护的城市规划提供决策支持[70]。ABM 常应用于对具备空间移动性的实体（如城市居民）的活动行为进行建模[67]。由于模型中的个体均具有空间移动性，如何合理地对个体流动性进行建模是该类模型的重要挑战。在近期研究中，Feng 等使用基于自注意力机制的生成对抗网络对个体之间的接触行为进行建模，然后结合 Agent 模型来仿真 COVID-19 在人群中传播的过程[71]。D’orazio 等通过对真实事件中监控视频进行分析，构建了地震场景下基于个体的行人疏散仿真模型，实现了城市规模的地震风险评估和避难路径选择[72]。

1.4.5 城市智能信息系统体系架构

在以数据为核心的城市信息化 2.0 系统当中，上述几个方面的城市大数据挖掘应用将会汇总为一种新型的城市信息系统，我们称为以数据为中心的城市智能信息系统，或称为城市大数据智能系统。图 1.4 给出了城市智能信息系统的体系架构，总体而言其由四个层次构成。

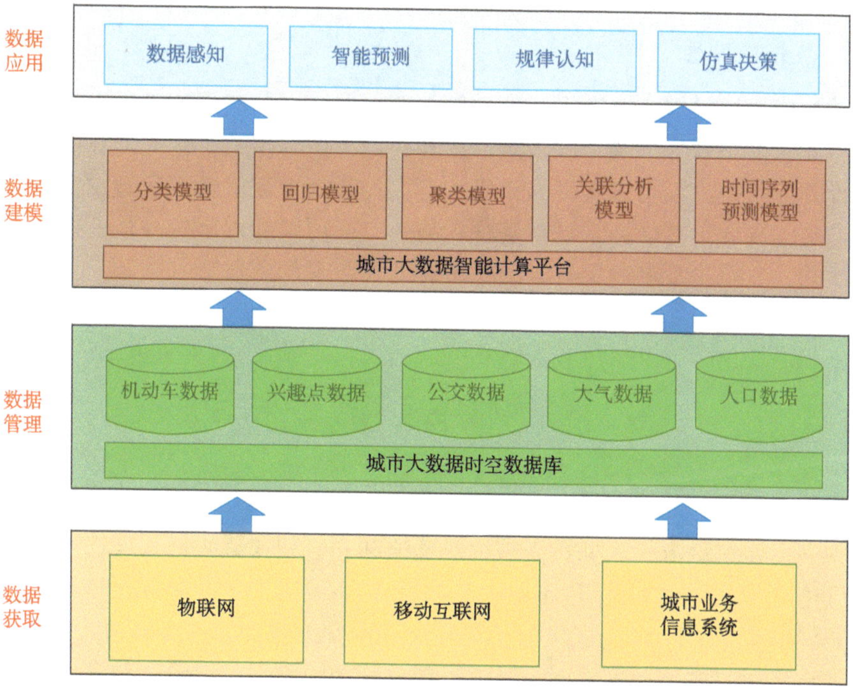

图 1.4　以数据为中心的城市智能信息系统架构

1. 数据获取层

在城市智能信息系统的底层是数据获取层，其通过物联网、移动互联网、接入城市业务信息系统等方式，将物理世界的城市动态接入城市智能信息系统中，形成城市大数据。这一层是城市物理世界到城市智能信息系统虚拟世界的界面，完成城市大数据的收集工作。

2. 数据管理层

在数据获取层之上是城市大数据的管理层。该层通过数据治理、数据库等技术，对城市大数据进行初步的清洗和预处理，并以合理的形式进行存储管理。由于城市大数据具有显著的时空特性，因此以时空坐标作为组织手段的时空数据库，是数据管理层进行城市大数据管理和存储的主要工具。

3. 数据建模层

在数据管理层之上是城市大数据的建模层，该层次使用分类、回归、聚类、关联分析等模型，对城市大数据进行建模分析。数据建模层一方面要提供城市大数据挖掘模型供上层调用，另一方面要提供能够支撑数据挖掘模型运行的智能计算平台，为城市大数据的各类应用提供计算能力的支撑。

4. 数据应用层

数据应用层是城市大数据智能计算的产出层，在前三层的基础上提供城市大数据感知、城市智能预测、城市规律认知、城市仿真决策等智能计算应用。这些智能计算应用一方面可以帮助城市管理者更加清晰地理解城市运行的实时动态，使他们更加高效地开展微观城市管理；另一方面可以为城市的决策者提供全面的城市认知，支撑决策者制定科学的城市规划和宏观管理政策。

1.5　本书章节安排

本书主要对城市大数据在微观智能预测和宏观规律认知两大层面下各类场景中的应用方法进行系统介绍。其中，第 2～4 章主要对微观智能预测场景下的城市规划及管理问题进行讨论，囊括了城市人口、交通和位置服务等方面；第 5～7 章主要对宏观规律认知场景下的城市规划及管理问题进行讨论，包含城市规划管理、经济发展和战略选择等方面。我们希望这些章节的设置能够让读者尽可能从两类典型应用场景中感受到城市大数据挖掘的魅力和特点。后续章节的主要内容概述如下。

第 2 章基于无锡市手机信令数据对城市居民的行为特征进行研究分析。该章首先回顾手机信令数据在城市人口管理中的相关研究，并介绍在手机信令数据相关研究中经常涉及的概念，如职住分析、OD 提取等。接下来提出一种基于深度学习方法的手机用户身份识别模型——跨域卷积神经网络模型，该模型能够对城市中手机用户的“当地人/外来人口”身份进行识别。同时，该章实现了对手机用户地理位置信息和通信行为信息的跨域知识融合，并提出半监督的深度学习模型训练方法，实现对无标签数据的知识提取。在模型识别结果的基础上，还对无锡的城市人口结构进行分析，发现外来人口在居住和工作方面的一些独特特征。最后，对不同身份手机用户的通勤距离、活动半径等出行特征进行对比分析，通过对用户各个时段的关键位置进行聚类分析，将用户划分为具有不同生活模式的七种人群并进行详细分析。

第 3 章基于北京市真实的交通速度数据对城市交通中的路段速度预测与拥堵溯源问题进行研究。该章首先回顾传统的交通预测方法，之后介绍两个较新的深度神经网络模型，即卷积神经网络模型和循环神经网络模型，并指出目前的交通预测方法存在准确性不高、发生突发状况时预测效果差等问题。针对以上问题，提出误差反馈循环卷积神经网络模型，该模型引入了误差反馈循环层，能从预测误差中学到本质规律，从而提高预测精度，并解决了由一些突发事件（如早高峰或交通事故）所带来的交通预测挑战。此外，该章研究如何使用深度学习可解释性方法，来建立模型与路段间影响力的关系、评价路段的重要性等，并对北京市交通拥堵源进行探索分析。

第 4 章着重研究多噪声 Wi-Fi 物联网环境下用户的复杂移动行为模式。该章旨在突破现有研究无法很好地利用移动轨迹和信号强度信息进行联合建模的难题，实现移动行为建模并应用于用户访问位置预测，从而为商场商铺优化布局、卖场营销活动设计、用户位置服务等应用场景提供重要的移动智能服务。具体而言，该章分别构建移动轨迹序列和信号强度序列，并提出一种基于端到端的神经网络模型——轨迹与信号序列联合（trajectory and signal sequence，TSIS）模型，对其进行联合建模，进而学习每个用户会话的联合嵌入式表示；同时，利用门控图神经网络对移动轨迹数据中的复杂序列转移模式进行准确刻画。基于真实 Wi-Fi 数据的实验证明 TSIS 模型具有优越的预测能力并可刻画用户的复杂空间序列转移模式。

第 5 章针对城市大数据多源异构的特点，在回顾基于矩阵的数据挖掘方法及其相关应用后，提出使用张量对城市大数据进行建模并挖掘其中隐含模式的思想。该思想旨在突破城市大数据多源异构性、稀疏性的挑战，研究城市时空动态模式挖掘问题，从随时间演化的城市交通网络中挖掘城市时空结构。具体而言，该章将随时间演化的交通网络构建为一个三阶张量，并提出正则化非负张量分解的模型，通过同时优化城市交通数据和城市上下文数据，来挖掘城市中的空间聚类、交通时间模式和时空结构。该章采用上述方法在一个来自北京市的大规模数据集上做了大量实验，证明了所提方法的有效性。进一步的张量分析还给出直观的城市时空结构，证实挖掘出的时空结构对城市规划等问题有着重要的指导意义。

第 6 章将春运视作一个自然冲击实验——推动劳动力在短时间内于工作地和家乡之间流动，研究全国范围内的劳动力迁移问题及其对区域经济发展的影响。具体而言，为了解中国劳动力在城市间迁移流动的模式，该章通过分析劳动力迁移决策中追求收益和规避成本之间的权衡关系，建立城市间劳动力迁移流量预测模型。进一步，研究揭示劳动力的迁移模式，充分探讨这些模式中蕴含的经济影响，如劳动力市场的过滤效应和核心城市的集聚效应，这对理解中国城市在区域发展中扮演的不同角色有很大帮助。此外，该章还基于迁移模式构建城市评价指标，揭示特大城市在区域带动发展方面的失效现象，为促进区域经济一体化发展提供政策建议。

第 7 章旨在系统地探索多层城市网络，以理解复杂城市系统的运行规律，并为制定城市规划和区域发展的政策提供依据。具体而言，该章通过收集社交媒体上的记录来构建多元的城市间网络。该网络具体由两层构成，分别代表城市间信息的流动和人口的流动。通过对该双层网络的拓扑结构特征进行分析，该章证实了信息资源与人力资源在城市间流动的结构之间存在高度的正相关关系，进一步的量化分析结果则说明人口流动对信息流动具有很好的增强性。该章还基于网络的结构特征评价城市对于两种资源的联合利用能力以及城市的跨层资源聚集能力，从而提出城市经济发展规划与定位的相关启示，可支持宏观政策制定。

参 考 文 献

[1]Word Bank. Urban population （% of total population）[EB/OL]. https://data.worldbank.org/indicator/SP.URB.TOTL.IN.ZS[2020-09-15].

[2]Imhoff M L，Bounoua L，Defries R，et al. The consequences of urban land transformation on net primary productivity in the United States[J]. Remote Sensing of Environment，2004，89（4）：434-443.

[3]国务院天津港“8·12”瑞海公司危险品仓库特别重大火灾爆炸事故调查组. 天津港“8·12”瑞海公司危险品仓库特别重大火灾爆炸事故调查报告 [EB/OL]. https://www.mem.gov.cn/gk/sgcc/tbzdsgdcbg/2016/201602/P020190415543917598002.pdf[2020-08-30].

[4]“12·31”外滩陈毅广场拥挤踩踏事件联合调查组.“12·31”外滩陈毅广场拥挤踩踏事件调查报告[EB/OL]. http://politics.people.com.cn/n/2015/0121/c1001-26424342.html[2020-09-02].

[5]Maslow A H. A theory of human motivation[J]. Psychological Review，1943，50（4）：370-396.

[6]Mundia C N，Aniya M. Analysis of land use/cover changes and urban expansion of Nairobi city using remote sensing and GIS[J]. International Journal of Remote Sensing，2005，26（13）：2831-2849.

[7]Liu Y，Liu X，Gao S，et al. Social sensing：A new approach to understanding our socioeconomic environments[J]. Annals of the Association of American Geographers，2015，105（3）：512-530.

[8] Haklay M，Weber P. OpenStreetMap: User-generated street maps[J]. IEEE Pervasive Computing，2008，7（4）：12-18.

[9]Hu J，Guo C，Yang B，et al. Stochastic weight completion for road networks using graph convolutional networks[C]. 2019 IEEE 35th International Conference on Data Engineering （ICDE），Macau，2019：1274-1285.

[10]Yuan F，He X，Karatzoglou A，et al. Parameter-efficient transfer from sequential behaviors for user modeling and recommendation[C]. SIGIR '20：The 43rd International ACM SIGIR Conference on Research and Development in Information Retrieval，Xi’an，2020：1469-1478.

[11]Zhong Y，Yuan N J，Zhong W，et al. You are where you go：Inferring demographic attributes from location check-ins[C]. Proceedings of the Eighth ACM International Conference on Web Search

and Data Mining，Shanghai，2015：295-304.

[12]Jean N，Wang S，Samar A，et al. Tile2Vec：Unsupervised representation learning for spatially distributed data[C]. Proceedings of the Thirty-Third AAAI Conference on Artificial Intelligence，Honolulu，2019，33：3967-3974.

[13]Zhu Y，Zheng Y，Zhang L，et al. Inferring taxi status using GPS trajectories[J]. arXiv，2012，1205（4378）.

[14]Zhang M，Li T，Yu Y，et al. Urban anomaly analytics：Description，detection and prediction[J]. IEEE Transactions on Big Data，2020，99：1.

[15]Wang Y，Xu J，Xu M，et al. A feature-based method for traffic anomaly detection[C]. Proceedings of the 2nd ACM SIGSPATIAL Workshop on Smart Cities and Urban Analytics，Burlingame，2016：1-8.

[16]Zhang H，Zheng Y，Yu Y. Detecting urban anomalies using multiple spatio-temporal data sources[J]. Proceedings of the ACM on Interactive，Mobile，Wearable Ubiquitous Technologies，2018，2（1）：1-18.

[17]Teng X，Lin Y R，Wen X. Anomaly detection in dynamic networks using multi-view time-series hypersphere learning[C]. Proceedings of the 2017 ACM on Conference on Information and Knowledge Management，Singapore，2017：827-836.

[18]Wang J，Wu N，Lu X，et al. Deep trajectory recovery with fine-grained calibration using Kalman filter[J]. IEEE Transactions on Knowledge Data Engineering，2019，（99）：1.

[19]Newson P，Krumm J. Hidden Markov map matching through noise and sparseness[C]. Proceedings of the 17th ACM SIGSPATIAL International Conference on Advances in Geographic Information Systems，Seattle，2009：336-343.

[20]Lou Y，Zhang C，Zheng Y，et al. Map-matching for low-sampling-rate GPS trajectories[C]. Proceedings of the 17th ACM SIGSPATIAL International Conference on Advances in Geographic Information Systems，Seattle，2009：352-361.

[21]Zheng Y，Liu Y，Yuan J，et al. Urban computing with taxicabs[C]. Proceedings of the 13th International Conference on Ubiquitous Computing，Beijing，2011：89.

[22]Fu Y，Ge Y，Zheng Y，et al. Sparse real estate ranking with online user reviews and offline moving behaviors[C]. 2014 IEEE International Conference on Data Mining，Shenzhen，2014：120-129.

[23]Ngiam J，Khosla A，Kim M，et al. Multimodal deep learning[C]. Proceedings of the 28th International Conference on Machine Learning（ICML），Bellevue，2011.

[24]Xu C，Tao D，Xu C. A survey on multi-view learning[J]. arXiv，2013，1304（5634）.

[25]Blum A，Mitchell T. Combining labeled and unlabeled data with co-training[C]. Proceedings of the Eleventh Annual Conference on Computational Learning Theory，Madison，1998：92-100.

[26]Gönen M，Alpaydın E. Multiple kernel learning algorithms[J]. The Journal of Machine Learning Research，2011，12：2211-2268.

[27]Goldberg D，Nichols D，Oki B M，et al. Using collaborative filtering to weave an information tapestry[J]. Communications of the ACM，1992，35（12）：61-70.

[28]Yuan J，Zheng Y，Xie X. Discovering regions of different functions in a city using human mobility and POIs[C]. Proceedings of the 18th ACM SIGKDD International Conference on Knowledge Discovery and Data Mining，Beijing，2012：186-194.

[29]Vlahogianni E I，Karlaftis M G，Golias J C. Short-term traffic forecasting：Where we are and where we're going[J]. Transportation Research Part C：Emerging Technologies，2014，43：3-19.

[30]Du S，Li T，Gong X，et al. A hybrid method for traffic flow forecasting using multimodal deep learning[J]. arXiv，2018，1803（02099）.

[31]Wang J，Gu Q，Wu J，et al. Traffic speed prediction and congestion source exploration：A deep learning method[C]. 2016 IEEE 16th International Conference on Data Mining （ICDM），Barcelona，2016：499-508.

[32]Geng X，Li Y，Wang L，et al. Spatiotemporal multi-graph convolution network for ride-hailing demand forecasting[C]. Proceedings of the Thirty-Third AAAI Conference on Artificial Intelligence，Honolulu，2019：3656-3663.

[33]Miglani A，Kumar N. Deep learning models for traffic flow prediction in autonomous vehicles：A review，solutions，and challenges[J]. Vehicular Communications，2019，20：100184.1-100184.136.

[34]Wang J，Wu N，Zhao W X，et al. Empowering A^* search algorithms with neural networks for personalized route recommendation[C]. Proceedings of the 25th ACM SIGKDD International Conference on Knowledge Discovery and Data Mining，New York，2019：539-547.

[35]Yao Q F，Li C F，Ma H L，et al. Novel network traffic forecasting algorithm based on grey model and Markov chain[J]. Journal of Zhejiang University，2007，34（4）：396-400.

[36]Wang D，Zhang J，Cao W，et al. When will you arrive? Estimating travel time based on deep neural networks[C]. Proceedings of the Thirty-Second AAAI Conference on Artificial Intelligence，New Orleans，2018：1-8.

[37]Jindal I，Chen X，Nokleby M，et al. A unified neural network approach for estimating travel time and distance for a taxi trip[J]. arXiv，2017，1710（04350）.

[38]Feng J，Li Y，Zhang C，et al. DeepMove：Predicting human mobility with attentional recurrent networks[C]. Proceedings of the 2018 World Wide Web Conference，Lyon，2018：1459-1468.

[39]Giannotti F，Nanni M，Pinelli F，et al. Trajectory pattern mining[C]. Proceedings of the 13th ACM SIGKDD International Conference on Knowledge Discovery and Data Mining，San Jose，2007：330-339.

[40]Han J，Pei J，Yin Y. Mining frequent patterns without candidate generation[J]. ACM Sigmod Record，2000，29（2）：1-12.

[41]Wang J，Chen C，Wu J，et al. No longer sleeping with a bomb：A duet system for protecting urban safety from dangerous goods[C]. Proceedings of the 23rd ACM SIGKDD International Conference on Knowledge Discovery and Data Mining，Halifax，2017：1673-1681.

[42]Mathew W，Raposo R，Martins B. Predicting future locations with hidden Markov models[C]. Proceedings of the 2012 ACM Conference on Ubiquitous Computing，New York，2012：911-918.

[43]Shi X，Lv F，Seng D，et al. Exploring the evolutionary patterns of urban activity areas based on

origin-destination data[J]. IEEE Access，2019，7：20416-20431.
[44]Wang J, He X, Wang Z, et al. CD-CNN: A partially supervised cross-domain deep learning model for urban resident recognition[C]. Proceedings of the 32nd AAAI Conference on Artificial Intelligence (AAAI'18)，Louisiana，2018：192-199.
[45]Wu H，Hu Y，Wang K，et al. Instance-aware representation learning and association for online multi-person tracking[J]. Pattern Recognition，2019，94：25-34.
[46]Kiers H A. Towards a standardized notation and terminology in multiway analysis[J]. Journal of Chemometrics：A Journal of the Chemometrics Society，2000，14（3）：105-122.
[47]Tucker L R. Some mathematical notes on three-mode factor analysis[J]. Psychometrika，1966，31（3）：279-311.
[48]Fan Z，Song X，Shibasaki R. CitySpectrum：a non-negative tensor factorization approach[C]. Proceedings of the 2014 ACM International Joint Conference on Pervasive and Ubiquitous Computing，Seattle，2014：213-223.
[49]Wang J，Wu J，Wang Z，et al. Understanding urban dynamics via context-aware tensor factorization with neighboring regularization[J]. IEEE Transactions on Knowledge Data Engineering，2019，32（11）：2269-2283.
[50]Hasan S，Ukkusuri S V. Urban activity pattern classification using topic models from online geo-location data[J]. Transportation Research Part C：Emerging Technologies，2014，44：363-381.
[51]Yuan N J，Zheng Y，Xie X，et al. Discovering urban functional zones using latent activity trajectories[J]. IEEE Transactions on Knowledge Data Engineering，2014，27（3）：712-725.
[52]Wang Y，Zhou X，Mascolo C，et al. Predicting the spatio-temporal evolution of chronic diseases in population with human mobility data[C]. Proceedings of the 27th International Joint Conference on Artificial Intelligence，Stockholm，2018：3578-3584.
[53]Zhou X，Noulas A，Mascolo C，et al. Discovering latent patterns of urban cultural interactions in WeChat for modern city planning[C]. Proceedings of the 24th ACM SIGKDD International Conference on Knowledge Discovery and Data Mining，London，2018：1069-1078.
[54]Wu N, Zhao X W, Wang J, et al. Learning effective road network representation with hierarchical graph neural networks[C]. Proceedings of the 26th ACM SIGKDD International Conference on Knowledge Discovery and Data Mining，Virtual Event，2020：6-14.
[55]Guidotti R，Monreale A，Ruggieri S，et al. A survey of methods for explaining black box models[J]. ACM Computing Surveys，2018，51（5）：1-42.
[56]Ribeiro M T，Singh S，Guestrin C. "Why should I trust you？" Explaining the predictions of any classifier[C]. Proceedings of the 22nd ACM SIGKDD International Conference on Knowledge Discovery and Data Mining，New York，2016：1135-1144.
[57]Lundberg S M，Lee S I. A unified approach to interpreting model predictions[C]. Proceedings of the 31st International Conference on Neural Information Processing Systems，Long Beach，2017：4765-4774.
[58]Ribeiro M T，Singh S，Guestrin C. Anchors：High-precision model-agnostic explanations[C].

Proceedings of the Thirty-Second AAAI Conference on Artificial Intelligence，New Orleans，2018：1527-1535.

[59]Wang J，Wang X，Li C，et al. Deep fuzzy cognitive maps for interpretable multivariate time series prediction[J]. IEEE Transactions on Fuzzy Systems，2020，（99）：1.

[60]Chao Q，Bi H，Li W，et al. A survey on visual traffic simulation：Models，evaluations，and applications in autonomous driving[J]. Computer Graphics Forum，2020，39（1）：287-308.

[61]Lv Z，Yin T，Zhang X，et al. Virtual reality smart city based on WebVRGIS[J]. IEEE Internet of Things Journal，2016，3（6）：1015-1024.

[62]Zheng Y，Liu F，Hsieh H P. U-air：When urban air quality inference meets big data[C]. Proceedings of the 19th ACM SIGKDD International Conference on Knowledge Discovery and Data Mining，Chicago，2013：1436-1444.

[63]Hong L，Zheng Y，Yung D，et al. Detecting urban black holes based on human mobility data[C]. Proceedings of the 23rd SIGSPATIAL International Conference on Advances in Geographic Information Systems，Seattle，2015：1-10.

[64]Shang J，Zheng Y，Tong W，et al. Inferring gas consumption and pollution emission of vehicles throughout a city[C]. Proceedings of the 20th ACM SIGKDD International Conference on Knowledge Discovery and Data Mining，New York，2014：1027-1036.

[65]Hoang M X，Zheng Y，Singh A K. FCCF：Forecasting citywide crowd flows based on big data[C]. Proceedings of the 24th ACM SIGSPATIAL International Conference on Advances in Geographic Information Systems，New York，2016：1-10.

[66]Wei H，Zheng G，Yao H，et al. IntelliLight：A reinforcement learning approach for intelligent traffic light control[C]. Proceedings of the 24th ACM SIGKDD International Conference on Knowledge Discovery and Data Mining，London，2018：2496-2505.

[67]Clarke K C. Cellular automata and agent-based models[M]//Manfred M F，Peter N. Handbook of Regional Science. Berlin：Springer，2014：1217-1233.

[68]Małecki K. Graph cellular automata with relation-based neighbourhoods of cells for complex systems modelling：A case of traffic simulation[J]. Symmetry，2017，9（12）：322.

[69]Yeh A G O，Li X. A cellular automata model to simulate development density for urban planning[J]. Environment Planning B：Planning Design，2002，29（3）：431-450.

[70]Mitsova D，Shuster W，Wang X. A cellular automata model of land cover change to integrate urban growth with open space conservation[J]. Landscape Urban Planning，2011，99（2）：141-153.

[71]Feng J，Yang Z，Xu F，et al. Learning to simulate human mobility[C]. Proceedings of the 26th ACM SIGKDD International Conference on Knowledge Discovery and Data Mining，New York，2020：3426-3433.

[72]D'orazio M，Spalazzi L，Quagliarini E，et al. Agent-based model for earthquake pedestrians' evacuation in urban outdoor scenarios：Behavioural patterns definition and evacuation paths choice[J]. Safety Science，2014，62：450-465.

第 2 章　面向城市人口管理的手机用户身份识别与分析

人口管理是现代城市管理的重要组成部分，对于城市人口的身份信息采集，如年龄、职业、户籍等，是人口管理的重要内容。传统的城市人口管理通常基于问卷调查、群体层面的统计数据等低采样率、部分样本的小样本数据进行，只能实现粗粒度、低频率的静态分析，难以满足现代城市对快节奏人口变化的管理需求。在现代城市中，手机已经成为一种几乎人手必备的通信工具，移动通信网络在为市民提供便利通信服务的同时，也被动地收集了近乎全量的市民位置和行为数据。越来越多的研究开始使用手机数据来开展人口管理方面的工作，如城市人口普查、城市职住分析等。但是，手机数据在收集之初并非为了城市人口管理而准备，这导致一些重要的城市人口身份信息并不能被直接获得。如何根据手机数据所包含的市民位置、通信行为等信息，推断手机用户的身份，成为利用手机数据进行城市人口管理的关键问题。在本章中，我们采用用户个人层面的手机信令数据作为主要数据集，设计一种基于深度学习方法的手机用户身份识别模型——跨域卷积神经网络（cross domain-convolutional neural network，CD-CNN）模型。该模型能够利用居民职住特点识别出城市中手机用户的身份是当地人还是外来人口。同时，本章实现了对手机用户地理位置信息和通信行为信息的跨域知识融合，并提出一种半监督的深度学习模型训练方法，实现了对无标签数据的知识提取。

本章基于无锡 500 万名用户手机信令数据集的实验验证了 CD-CNN 模型性能的优越性。CD-CNN 在用户个人层面取得了超过 75%的识别准确率；在群体层面取得了误差小于 5%的普查准确率。在模型识别结果的基础上，本章以无锡为例进行城市人口结构分析，发现了无锡居民在居住和工作方面的一些独特特征。CD-CNN 模型可以为类似的具有异构、高维度和标签不完整等特性的跨域数据融合应用场景提供了有价值的参考。最后，本章对不同身份手机用户的通勤距离、活动半径等出行特征进行对比分析。本章通过对用户各个时段关键位置进行聚类分析，得到具有不同生活模式的七种用户群体并对这七种模式进行详细分析。

2.1 本章引言

近几十年来我国经济持续高速增长、大城市持续扩张，为人们提供了广泛的就业机会，这也吸引了大量人口涌入大城市寻求更高质量的生活。世界银行的报告显示，过去二十年，城市人口的比例从 44%上升到 55.7%以上，这意味着大约有 5.4 亿人从农村迁移到城市。在城市化浪潮的推动下，国内外大量的学者为分析和处理外来人口引发的社会问题做出了巨大的努力，各地的地方政府也都为实现合理且人性化的外来人口管理付出了巨大的努力。但是，在地方政府开展城市外来人口管理的过程中，始终面临一个难以克服的问题，就是对于外来人口情况掌握不清。尤其是对于一些新兴的工商业城市来说，城市人口流动性大、外来人口数量多，城市外来人口有多少、居住在哪里、工作在哪里，这些信息很难被地方政府完整掌握。而信息的缺失也给城市外来人口的服务和管理带来了重重困难。

传统的城市外来人口普查基于问卷调查等采样方法，即通过对部分市民进行抽样调查来实现对于用户身份、职住特点的普查。虽然该方法的确可以获取用户的身份和行为特征等信息，但同时也存在着明显的缺陷。首先，调查问卷的方式受限于其采集的样本数量和发起的采样方式，其结果可能会在区域性或其他方面存在一些偏差或者局限。其次，发起调查问卷基本上都是纯人工的行为，这样就会不可避免地耗费巨大的时间成本和人力成本，而且重复性的人力劳动出现错误的概率是远高于机器的。最后，调查问卷的结果受限于填写人的主观因素，容易导致统计结果不准确等问题。

由于上述信息获取方式存在的问题，国内外研究者尝试使用其他来源的数据来代替问卷调查，如公交卡消费数据、出租车活动轨迹数据、手机信令数据等。公交卡消费数据的优点是可以高效地分析用户乘坐地铁和公交时的行为特征；该类数据的缺点在于只能记录地铁或公交的沿路站点轨迹信息，这样的特性使其并不能完全满足多样化的城市居民出行特征挖掘的需求。出租车活动轨迹数据的优点是采样率高、定位误差小；而其缺点是由于出租车分布的不均匀性以及用户个人出行习惯的不同，可能因采样不均而导致实验结果与真实情况相差过大。

随着现代通信技术的发展和人们生活水平的普遍提高，手机已经逐渐成为人们日常生活中的必需品，手机数据也被动地记录下了丰富的用户行为特征信息，如用户的历史定位信息、用户的历史通话记录信息等，并因此被应用到了很多不同的领域，如发现城市中人流密度大的关键地理位置信息，发现人口流动的空间特征，协助人口普查，协助进行城市职住空间分析等。手机信令数据最大的优势是其人口覆盖全面，能够提供近乎全量的城市人口信息。但是，在手机数据用于外来人口管理等业务时，也会面临信息收集不完善、用户身份信息不明确等问题，例如，在大多数情况下我们并不知道某个手机用户是不是外来人口。

针对这一问题，本章提出了一种面向城市管理的手机用户身份识别方法，其核心思想是使用深度学习模型配合少量的标注样本来识别城市中全量手机用户的“当地人/外来人口”标签。其主要工作包括如下几项。

（1）为了能够实现对城市市民进行细粒度的人口管理分析，本章采用运营商在无锡的500万名用户的手机信令数据作为主要数据集，并采用少量调查问卷数据作为有标签数据，提出对手机用户通信行为信息特征和地理位置信息特征的提取、处理方法，通过可视化的方法证明所提取特征的有效性。

（2）本章设计了一种基于深度学习方法的手机用户身份识别模型——CD-CNN模型，该模型能够对城市中手机用户的“当地人/外来人口”身份进行识别。同时，本章设计的CD-CNN模型对手机用户地理位置信息和通信行为信息实现了跨域知识融合，并利用一种半监督的深度学习模型训练方法对CD-CNN模型进行训练，实现了对无标签数据的知识提取。CD-CNN模型为具有异构、高维度和标签不完整等特性的原始数据的跨域数据融合场景提供了有价值的参考。

（3）在模型识别结果的基础上，本章进一步对无锡的城市人口结构进行分析，发现无锡外来人口在居住和工作方面的一些独特特征。除此之外，对不同身份手机用户的通勤距离、活动半径等出行特征进行分析对比，发现当地人与外来人口之间的明显差别，并通过与热力图作对比进一步证明分析结果的正确性。最后，利用t-分布随机近邻嵌入（t-distributed stochastic neighbor embedding，t-SNE）算法和K-均值（K-means）算法对用户不同时段的关键位置进行降维聚类分析，将无锡手机用户按照不同生活模式划分成了七种人群。

2.2　相关工作

近年来手机信令数据以其收集成本低、覆盖面积广的优点，吸引了一大批研究学者的关注。手机信令数据中包含了大量用户的历史定位信息、用户的历史通话记录信息等用户特征信息。手机信令数据已被运用在很多不同的领域，如挖掘手机用户在旅途中可能的行动轨迹，发现城市中具有较高人流密度的关键地理位置信息，挖掘外来人口流动过程在空间上的特性，在人口普查的数据收集阶段提供较高准确率的居民身份特征信息，还原、分析用户通勤路径，提取交通 OD 信息，对城市职住空间进行分析等。下面对典型相关研究进行简单介绍。

Zilske 和 Nagel[1]提出了通过链路流量计数的数据融合方法从手机信令数据集中挖掘得到用户全天出行链的方法。该方法针对每个单独的手机用户出行轨迹构建与观察结果一致的多个出行链，然后使用链路流量计数来校准位于最终集合中的每个链的概率向量。即使面对一个偏差比较严重的手机信令数据集以及匿名样本标签，也可以重新构建出一段时间内的真实流量结果。

Chen 等[2]通过生成具有两个独立的外部数据集的模拟手机信令数据集，反映了从真实世界手机数据集中观察到的移动轨迹的时间和空间模式，并挖掘出了在真实世界中被频繁访问的位置的信息。这是验证研究的一个非常重要的方面，这些被动生成的数据集几乎没有提供访问的实际位置的信息。这个研究结果对相关研究人员和从业人员来说是非常有价值的，能够满足他们使用手机数据集并验证其算法和模型的需求。

Ahas 等[3]介绍了一种使用被动移动定位数据挖掘用户关键地理位置信息，如居住地和工作地的模型。被动移动定位数据是手机用户进行呼叫活动时与移动运营商设立的手机基站通信数据，其被自动存储在移动服务提供商的存储器中。这个数据源在监测人口的地理位置和流动性方面有很好的潜力，因为手机的普及，可以在全球范围内使用类似的标准化数据。作者利用爱沙尼亚最大的移动服务提供商 EMT（Eesti Mobiiltelefon）收集的 12 个月数据对服务提供商覆盖的超过 50 万名匿名受访者进行了测试。建模结果与人口登记数据的比较结果表明，该模型能够相对较好地描述人口的地理位置分布情况，因此可以用于地理和城市研究。

Isaacman 等[4]提出了基于聚类和回归的新技术，用于分析匿名蜂窝网络数据以识别手机用户的关键位置，如居住地和工作地。针对位置信息在时间上的稀疏性和在空间上的稀疏性，他们提出了一种新的算法来识别重要位置并在所有手机用户（包括低通话率用户）上测试该算法，实验结果表明算法在 88%的志愿者用户上的估计误差不超过 3mi（1mi≈1.609km）。此外，在定位用户的居住地和工作地之后，实现了误差在 1mi 内的通勤距离估计。

Williams 等[5]讨论了现有基于移动电话的移动性测量问题，并提出了解决这些问题的测量移动性的新方法。该研究在保持相对独立的社会特征的前提下，还同时保证了人类移动的空间性以及在不同地理区域和时间上的可比性。

Csáji 等[6]探索了如何从大型手机信令数据集中提取各种人类行为特征之间的关系。他们对来自葡萄牙的包含 100 000 个匿名和随机选择的用户的手机信令数据集进行了分析。结果表明，聚类和主成分分析可以显著降低特征提取过程中的信息损失。手机信令数据中最重要的特征与地理位置信息有关。在聚类方法的帮助下，Csáji 等可以较好地识别用户居住地和工作地位置，并将结果与官方人口普查数据进行对比分析。最后，Csáji 等通过分析用户频繁出现地点的地理分布情况指出，通过重力模型可以很好地解释用户通勤距离。

Ranjan 等[7]调查了居住在旧金山湾区的超过 100 万的蜂窝用户在一个月时间内的各种人体流动度量指标。研究结果表明，虽然语音通话过程能够很好地提取关键位置信息，如居住地和工作地信息，但在某些情况下，当其用于提取个人移动性的整体时空特征时可能会产生较大的偏差。Ranjan 等观察到，在许多情况下，强制抽样过程会在常见的指标上（如文献中经常使用的香农熵和边缘分布）产生更好的性能结果。

Blumenstock 等[8]的研究表明，一个人过去使用手机的历史行为信息可以用来推断他的社会经济地位。此外，他们还证明，通过对大量个体进行社会经济地位的预测可以反过来准确地重构整个国家的财富分布或推断由少数人组成的家庭的资产分配情况。在资源有限的环境中，人口普查和住户调查开展较少，这种方法给出了一种可行的收集居民信息的方法，且相较于传统方法成本更低。

Xiao 等[9]关注如何在利用手机数据中的位置信息的同时，更好地保护用户的隐私。目前基于位置的服务存在着受到灵敏度均匀攻击的潜在危险。Xiao 等提出了（K，L，P）-匿名模型和个人隐私隐藏保护算法，旨在保护每个用户的身份、位置和敏感信息。模型首先按照不同的匿名要求将用户分成不同的组，其次根据灵敏度的要求，向不安全的用户组中插入一些保守用户，最后输出每个组所覆盖的段，以保护用户的位置信息。通过实验验证，该方法在抵御灵敏度攻击时所付出的计算代价很小。

Song 等[10]通过分析手机信令数据中记录的用户位置轨迹信息提出了通勤路径恢复模型，解决了手机信令数据定位误差大、采样率低以及通勤路径多样性等问题，准确地还原了用户的通勤路径。

胡永恺等[11]针对现有研究中对基站覆盖范围假设与实际出入较大的情况，分别根据使用传统方法的交通小区和使用基于蜂窝小区聚类的交通小区两种 OD 提取方法各自的特点与适用条件，改进了出行端点到交通小区的匹配方法。从基于手机信令数据提取的个人出行端点序列中提取了交通小区之间的 OD 量，这也是交通调查分析中的重要工作。

张天然[12]基于手机信令数据提出了分区域的居民通勤距离和就业岗位通勤距离计算方法，通过对比验证了手机信令数据与居民出行调查数据的职住空间和距离分布特征较为吻合。该研究提出了职住通道平衡这一全新概念，并通过分析不同新城的职住空间特征，探讨了新城范围划定对统计分析的影响，最后还发现了新城职住空间较为独立、居民内部就业率较高等。

围绕城市居民行为分析这一主题，除基于手机信令数据的研究分析之外，还有其他基于传统的问卷调查数据以及社交网络数据、签到数据等的研究。对当地人和外来人口行为进行分析是社会学研究领域长期以来的主题之一[13]。大多数现有的工作都是基于调查问卷和统计数据对当地人和外来人口的各种特征，如文化相关特征[14]、民族相关特征[15]以及婚姻相关特征[16]等进行研究。近年来，社交网络数据被引入这一领域，但是大多数研究者，如 Yang 等[17]、Windzio 和 Bicer[18]的研究重点是分析已经具有给定的当地人/外来人口标签的人的行为特征，而用于识别一个人是外来人口还是当地人的数据驱动方法还是很少见。在计算机科学领域，许多社会计算[19]方面的研究都致力于从社交网络行为[20-22]、友谊关系[23, 24]、通信记录[25]等信息中挖掘用户特征。通过调研得知，本章是关于从在线（通信）和离线（位置）人类行为中识别当地人/外来人口概况的较早研究之一。跨领域知识融合是本章解决的核心问题，相关工作包括多模态数据融合[26, 27]和多视角学习[28]。由于深度神经网络具有灵活的模型结构和强大的表示学习能力，因此许多深度学习模型被提出用以提取和融合来自多模态数据集的知识[29]，但是这些研究者并不像本章那样关注维度不平衡问题。典型的多视图学习方法包括协同训练[30, 31]、多核学习[32, 33]、子空间学习[34, 35]等，例如，Chen 等[36]使用协同训练思想来训练用于人体体重识别的深度神经网络模型。由于协同训练模型本身支持半监督学习，因此本章将其纳入整体的知识融合框架，并提出了用于应对类似的具有异构、高维度和标签不完整等特性的原始数据的跨域数据融合场景的 CD-CNN 模型。

2.3 手机信令数据的介绍

2.3.1 数据集介绍

本节中我们将介绍本章采用的数据集以及对数据集所做的过滤、筛选和处理。在本章中主要用到了无锡地区运营商手机用户在 2013 年 12 月 5 日到 12 月 31 日期间产生的手机信令数据。数据由中国三大移动服务运营商提供。需要提到的是，为了保护用户的个人隐私，本实验中所使用的所有数据都是经过匿名化处理的。

在本实验中，整个数据集包含 500 万名左右的用户，且平均每小时就会产生大约 4000 万条信令数据。当手机用户的手机处于开机状态时，会不定时地与附近的某个手机基站发生通信；当手机用户发送、接收短信息或者拨出、接通电话时，也会选择与附近的某个信号比较强的手机基站发生通信。此时与手机发生通信的手机基站就会将此次通信的相关信息记录下来，这些记录就构成了手机信令数据。本实验中用到的手机信令数据格式为设备号、时间戳、手机号前七位、区域号、基站号、标签类型。其中设备号是运营商后台为了保护用户隐私用来唯一标识用户所用到的编号，每个设备号都是一个由 17 位数字组成的匿名身份标志号（identity，ID）；时间戳字段会记录当条通信行为发生的精确时间，该时间会精确到秒；区域号记录了手机基站所在区域在运营商后台的编号；基站号记录了手机基站在运营商后台的编号；标签类型记录了当次通信的类型，如 CALL-ATTACH、CALL-DETACH、LISTEN-ATTACH、LISTEN-DETACH、RECEIVE-MESSAGE、SEND-MESSAGE、SWITCH 等，其中 CALL-ATTACH/CALL-DETACH 表示拨出开始/结束，LISTEN-ATTACH/LISTEN-DETACH 表示接通开始/结束，RECEIVE-MESSAGE/SEND-MESSAGE 表示接收/发送短信息，SWITCH 表示从一个手机基站转换到另一个手机基站。表 2.1 为手机信令数据的示例。

表2.1　手机信令数据示例

设备号	时间戳	手机号前七位	区域号	基站号	标签类型
99070810115182195	2013-12-05 00：01：03	1505819	21143	17028	LU-NORMAL
99070810115182195	2013-12-12 22：53：09	1505819	20803	8847	GPRS-ATTACH
99070810155256027	2013-12-05 10：09：58	1505210	20806	9551	CALL-DETACH
99070810155256027	2013-12-05 14：14：33	1505210	20806	40953	SWITCH

结合区域号和基站号，可以唯一确定与用户发生通信的具体基站，然后进一步得到基站的具体位置即其经纬度信息。利用标签类型字段还可以确定用户当时的活动信息。出于保护用户个人隐私的目的，在本章使用的数据集中没有出现任何关于用户个人信息的数据。

每个用户的手机设备只要处在开机状态下都会与附近距离比较近且通信信号比较强的某个手机基站发生通信，图 2.1 为 2013 年无锡市所有手机基站的分布图，图中的点代表运营商设立在无锡的手机基站。无锡市除本身的中心城区外，还包括代管的两个县级市：宜兴市和江阴市。可以明显从图 2.1 中看出，在无锡市区和代管的两个县级市区域内，手机基站的分布比较密集，而在周围的村庄、城镇区域的分布则比较稀疏，甚至完全没有。

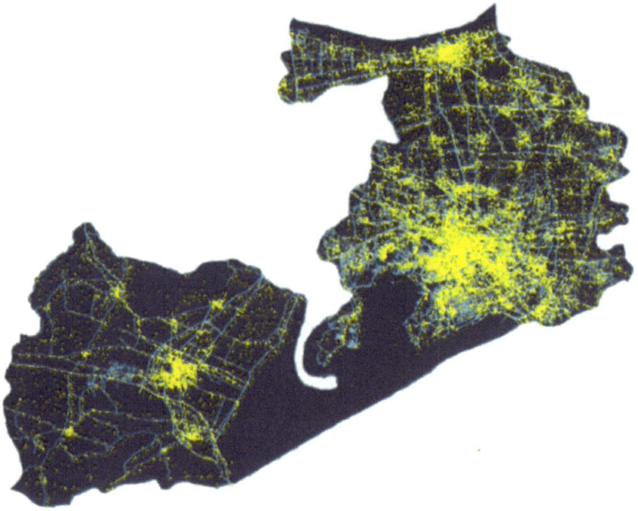

图 2.1　2013 年无锡市手机基站分布图

2.3.2　数据的筛选与加工

1. 选取活跃度较高的高质量用户

本章从运营商得到的原始数据集包含 500 万名用户在 12 月 5 日到 12 月 31 日之间所有的手机信令数据，但是其中不同用户产生的数据的质量是参差不齐的，因此在使用数据之前先对数据进行有效的筛选是非常有必要的。由于相比之下，活跃度较高的用户产生的手机信令数据包含的个人行为特征信息会比较多一些，所以本章倾向于选择活跃度较高并且通信活动比较稳定的用户作为数据集样本。具体的筛选规则是：如果一个用户在数据采集期间每天都拥有 24 条以上的记录，则认为该用户的数据属于高质量样本。经过筛选之后，原始数据集中符合该要求的用户仅占 20%。符合筛选要求的用户之所以占比如此之低，经分析可能是因为有很多用户习惯在晚上休息时关闭自己的手机设备，所以在夜间的活跃度会比较低甚至完全没有。但这并不会影响到本章数据集采样的随机性，因为用户晚上是否会关闭手机设备与用户的行为特征并没有特定的联系。

2. 选取非特定人群用户

原始数据集中包含了无锡市所有运营商用户的手机信令数据，图 2.2 为有用户活跃记录的基站数量的分布图，可以看到大多数用户活跃的基站数量都在 50 ~ 200 个。原始数据集不可避免把某些特定人群囊括进来了，这些特定人群包括电话欺诈者、送货人员、电话客服、出租车司机等。由于这些特定人群的手机信令数据并不能代表用户个人的行为特征，所以对该类数据进行过滤是非常有必要的。据统计，经过该环节的过滤后，符合条件的用户数量大约在 100 万人。

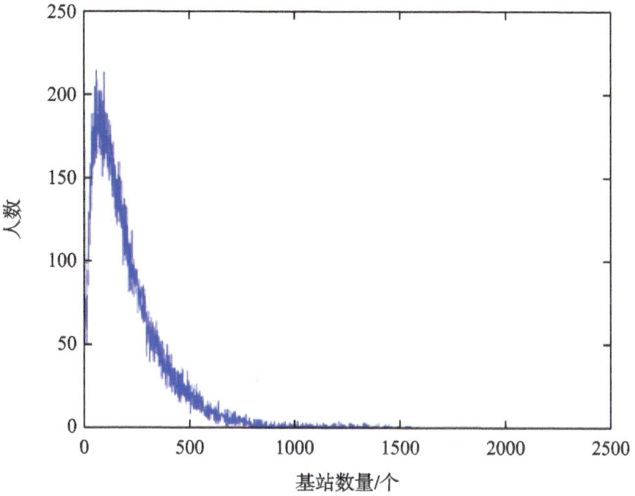

图 2.2　用户活跃基站数分布图

从图 2.3 可以看出，普通用户活跃基站分布比较集中，这也比较符合普通用户日常生活的规律。相比之下，图 2.4 则是疑似出租车司机的活跃基站分布图，很明显可以看到，基站主要沿着几条主干道密集地分布，正常的普通用户是不太可能拥有这样的活动轨迹的，所以本章将类似的用户判定为特殊人群，并将其从数据集中剔除掉。

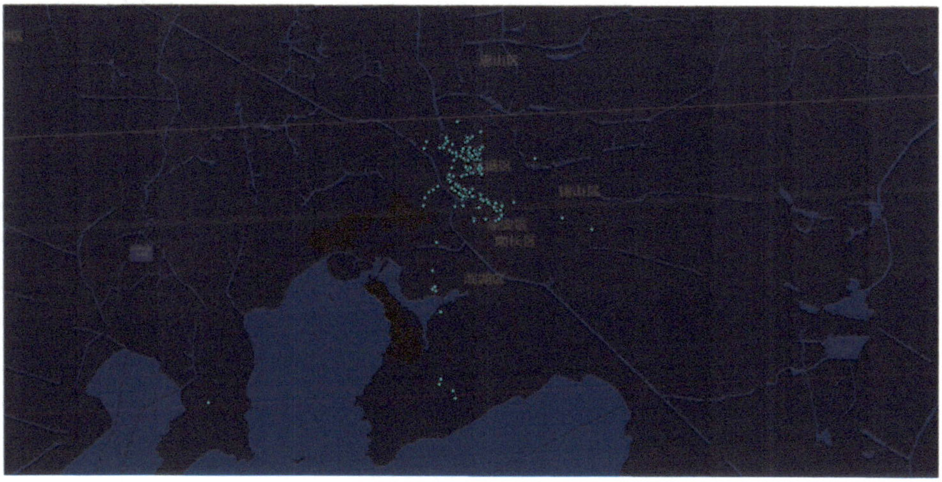

图 2.3　无锡市 2013 年普通用户活跃基站分布图

值得一提的是，上面提到的所有数据都是不带标签的，也就是说，事先是不知道每个用户的真实身份的。因此，为了支持后面提到的半监督深度学习方法，需要使用到另一个有标签数据集，即问卷调查数据集。该数据集是由用户自愿提供手机号码、成长地点和工作场地等信息的用户手机信令数据组成的，自愿提供这些数据的用户为一群随机选择的居民，这一部分用户样本数量大约在 5 万。为了保证采用的数据集中当地人与外来人口的比例为 1∶1，最后使用到的数据集用户样本数量为 3 万。

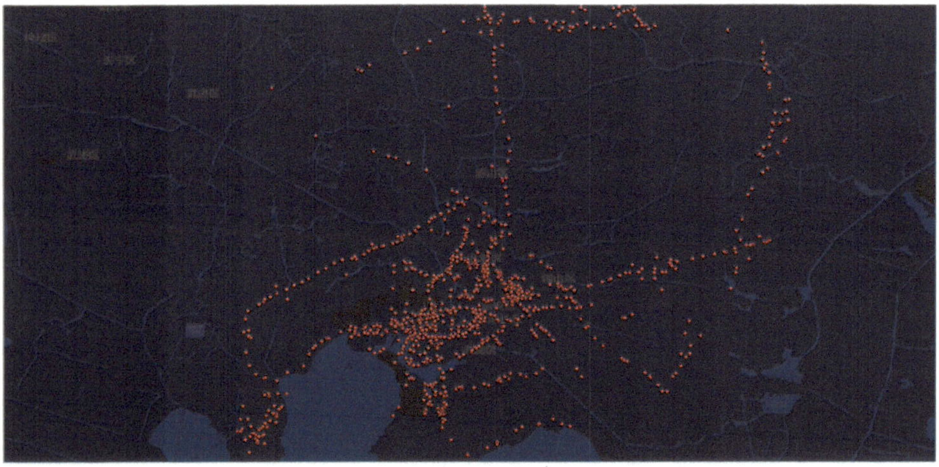

图 2.4　无锡市 2013 年疑似出租车司机活跃基站分布图

2.4　基于跨域信息的手机用户身份识别模型设计

在本节中，我们提出了一种半监督的跨域深度学习模型——CD-CNN 模型，从手机信令数据中挖掘用户行为特征，以问卷调查数据为标签来识别手机用户的身份，即判断用户是当地人还是外来人口。具体而言，CD-CNN 模型先从手机信令数据中提取出地理位置信息域和通信行为信息域的用户行为信息，然后采用两个卷积神经网络分别进行特征学习，利用协同训练引入无标签训练数据，接着用栈式自动编码器对来自两个不同信息域的高低维特征进行维度平衡。此外，CD-CNN 模型采用三步训练算法，其中协同训练步骤对跨域知识的半监督学习具有重要价值。本节将详细介绍 CD-CNN 模型这一半监督的跨域深度学习模型，并详细描述城市居民身份识别的具体流程。

2.4.1　地理位置信息域

居住地和工作地是居民最重要的两个地方，所以研究者可以通过这些地点推断居民的身份。例如，蓝领工人比较有可能在工业园区工作，然后在比较靠近工业园区的居民区居住。而白领当地人则比较可能在市中心的繁华区域工作，然后在接近市中心的当地人居民区居住。因此，可以从手机信令数据中提取每个居民的居住地和工作地信息。

为了证明当地人与外来人口在地理位置信息特征上存在较大区别，我们提取了当地人与外来人口在不同时段的疑似居住地和疑似工作地信息。为此，本章假定用户在早上九点到晚上五点之间待在工作地的可能性比较大；而在晚上十点到早上五点之间待在居住地的可能性比较大。下面将对比两类人群工作地和居住地的分布热力图。图中红色区域代表分布比较密集，黄色区域次之，绿色区域再次之。

图 2.5 为当地人早上九点到晚上五点之间的分布热力图，即当地人工作地分布热力图，可以看出当地人的工作地主要集中在无锡几个繁华商业区域，有少量分布在靠近郊区的地段，极有可能是在机场、高速路工作。

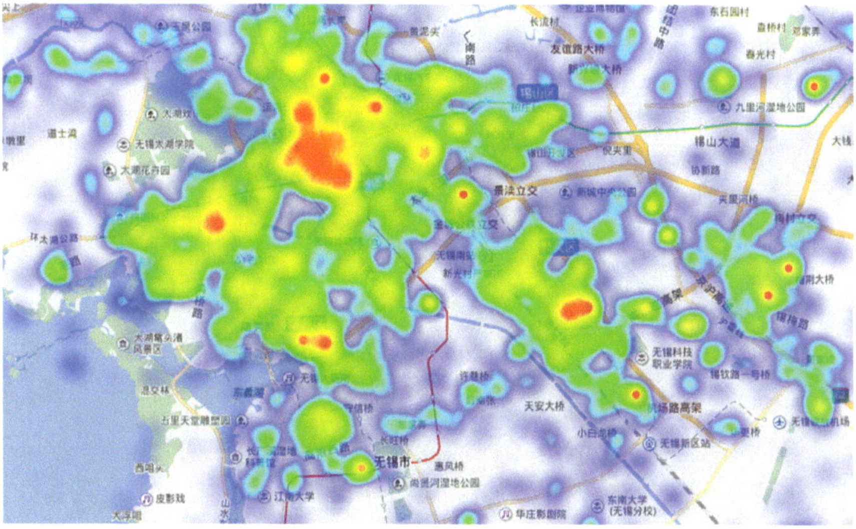

图 2.5　当地人工作地分布热力图

图 2.6 为外来人口工作地分布热力图，即外来人口早上九点到晚上五点之间的人口分布密度。可以看到，除了在无锡市区的两块繁华区域有一些分布，其余基本都分布在无锡的三个高校：江南大学、江苏信息学院和无锡科技职业学院附近。原

因可能是因为外来人口中除了一少部分在市中心繁华地段上班的白领和做生意的个体户，一大部分都是集中在各高校附近做生意的个体户。可以明显看出当地人和外来人口的工作地不同，这也就体现了两类人群在工作时间内地理位置信息特征上的区别。

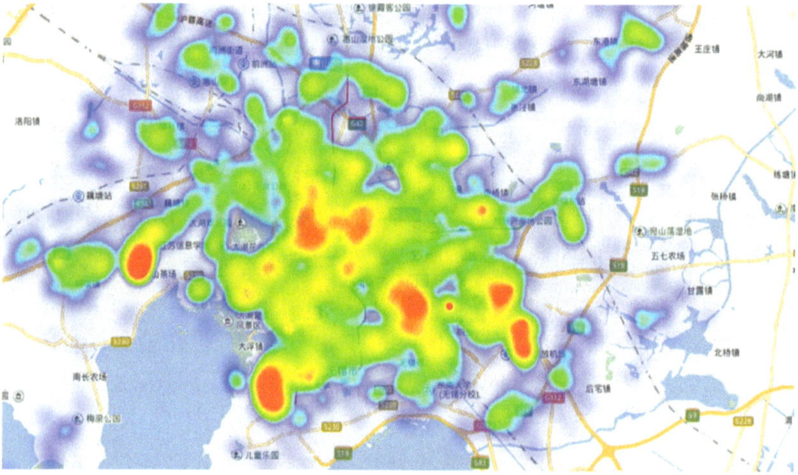

图 2.6　外来人口工作地分布热力图

图 2.7 为当地人在晚上十点到早上五点之间的分布热力图。可以看到，当地人的居住地散布在无锡市内的若干区且没有明显集中于某一区域，符合当地人居住地分布的一般情况。

图 2.7　当地人居住地分布热力图

图 2.8 为外来人口在晚上十点到早上五点之间的分布热力图。可以看到，外来人口的居住地主要集中在无锡市郊，靠近市中心的地段则少有外来人口居住。一般来说，市中心区域的房价房租较高，外来人口更偏向于靠近工作地的郊区居住。

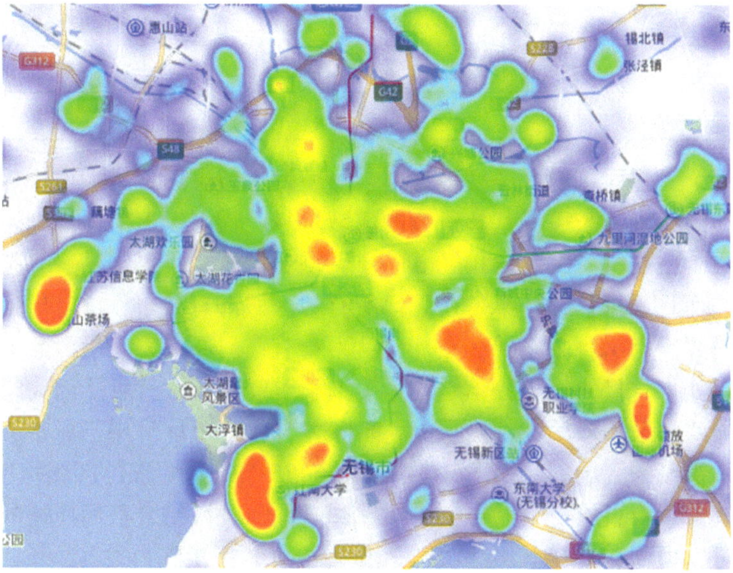

图 2.8　外来人口居住地分布热力图

从上面的分析可以知道，当地人和外来人口在活动的地理位置信息特征上必然是存在比较大的区别的，所以这类特征是可以被当作识别居民身份的有效依据的。为利用该特征，本章对数据进行了一系列的处理。

首先，本章对无锡整个城市所在区域进行了网格化，即将无锡划分成 $i \times j$ 的小方格，经过测试对比显示，小方格的大小为 1000m×1000m 时，整个模型的分类效果最好。其次，将一天按小时划分成 24 个时间片，在每个时间片内，如果在区域 (i,j) 中存在与居民发生通信的手机基站，那么在该时间片期间，将用户在区域 (i,j) 中的记录计数加一。由于原始数据集中的信息只包含每条通信记录发生的基站号和区域号，所以本章先通过形如表 2.2 所示的手机基站-经纬度对应表，将每条记录对应的手机基站转换成相对应的经纬度信息，然后根据如下规则计算手机基站具体处于哪一个区域块。

（1）对于两个空间位置，在纬度相等的情况下：经度每隔 0.000 01°，距离相差约 1m；每隔 0.0001°，距离相差约 10m；每隔 0.001°，距离相差约 100m；每隔 0.01°，距离相差约 1000m；每隔 0.1°，距离相差约 10 000m。

（2）对于两个空间位置，在经度相等的情况下：纬度每隔 0.000 01°，距离相差约 1.1m；每隔 0.0001°，距离相差约 11m；每隔 0.001°，距离相差约 111m；每隔 0.01°，距离相差约 1113m；每隔 0.1°，距离相差约 11 132m。

表2.2　手机基站-经纬度对应表

区域号 LAC	基站号 CELL	经度 LON/（°）	纬度 LAT/（°）
20498	5171	120.439	31.44836
20507	51431	120.6058	31.55143
20512	12429	120.4183	31.53575

结合整个无锡区域内的经度最大值、经度最小值、纬度最大值和纬度最小值就可以轻易地得到每个手机基站所属的区域块号。根据以上所述规则可以将整个无锡划分成 10 120 个 1000m×1000m 的小区域，但是由于无锡的边界是一个不规则的形状，而且手机基站并不是在无锡所有的区域都有分布，这就导致很多划分的小区域内并没有手机基站的存在，也就不会有任何一条手机信令数据产生于该区域。所以如果直接使用划分结果作为模型学习的特征，就可能因为特征矩阵过于稀疏而导致模型学习困难。为此，本章将这 10 120 个区域中不属于无锡或者没有手机基站存在的区域剔除掉了，最后剩下 3475 个符合要求的区域块，然后将矩阵中剩下的元素拉直成一个大小为 3475 维的特征向量，结合前面所述的时间片维度，最终可以得到一个 24×3475 的地理位置信息特征矩阵。

由于城市中手机基站分布不均匀，而且居民活动的区域也具有局部性，所以地理位置信息特征矩阵中的元素之间相差很大，这会大大增加模型学习的难度，所以需要对地理位置信息特征矩阵中的元素进行归一化操作，假定原始特征矩阵中的元素值为 x_i，经过归一化操作之后的特征矩阵元素值为 y_i。归一化操作公式如下：

$$y_i = \frac{\lg(x_i + 1)}{\lg(\text{maxValue} + 1)} \qquad (2.1)$$

其中，x_i 为特征矩阵中的原始元素值；maxValue 为原始特征矩阵中的最大元素值；y_i 为归一化操作之后的特征矩阵元素值，对原始特征矩阵的元素值取对数可以明显减小不同元素值之间的绝对值之差，通过与原始特征矩阵中最大值取比值的方式可以将特征矩阵中的每个元素值等距映射到 0～1。

前面得到的地理位置信息特征矩阵具有几个特点。首先，分布在该矩阵中的不同位置对应的强度具有明显的局部性特征；也就是说，在大多数情况下，一个居民（不管是当地人还是外来人口）的居住地和工作地都是在城市的一个局部范围内。一个居民每天在整个城市的各个区域都存在活跃记录是不太可能的，因此没有必要平等地对待特征矩阵中的每一个元素。其次，这个特征矩阵的维度是非常高的，而且由于不同地区的住宅和工作场所的地理特征是非常多样化的，因此用手工的方法降低地理位置信息特征矩阵的维度是非常困难且低效的。综上所述，考虑到地理位置信息特征矩阵的这两个特点，本章采用卷积神经网络从地理位置信息特征矩阵中提取局部特征。

用来处理地理位置信息特征矩阵的卷积神经网络结构包含一个卷积层和一个池化层。卷积层连接地理位置信息特征矩阵和一系列可训练的滤波器，每个滤波器都是 3×3 的矩阵，卷积层利用这些滤波器对地理位置信息特征矩阵进行锯齿扫描得到卷积神经元矩阵。

池化层随之利用平均值池化来降低卷积神经元矩阵的维度。池化层将卷积神经元矩阵分成 2×2 的不相交区域，并使用每个区域的平均值来代表该区域中的卷积神经元。这样，经过池化层的处理，卷积神经元矩阵的维度降低到了原来的 1/(2×2)。经过池化层之后的输出表示为 p^{L}，它是卷积神经元向量 $\left\{C_1, C_2, \cdots, C_K\right\}$ 经过池化得到的地理位置信息特征向量。

2.4.2　通信行为信息域

在现代社会，手机几乎成为人与其社会关系相互联系的最重要渠道。不同类型的人出于不同的目的，在通信行为上会有巨大的区别。例如，送货人员和电话客服由于工作的原因，每天都会有大量的通话产生；而宅居人员则恰恰相反，由于一直不外出，也没有任何工作的需求，所以几乎不会产生通话。因此手机通信行为可以有效地反映居民的生活方式，为居民身份识别提供重要线索。

从手机信令数据中，本章提取了两种不同类型的用户通信行为特征，即通话行为特征和发信息行为特征。对于一个手机用户，在时间片 t 内，分别计算 e_t 和 s_t 作为该用户在该时间片内通话行为和发信息行为发生的总次数。那么，通信行为特征矩阵可表示为

$$\boldsymbol{U} = \begin{bmatrix} e_1, e_2, \cdots, e_t, \cdots, e_{24} \\ s_1, s_2, \cdots, s_t, \cdots, s_{24} \end{bmatrix}$$

与地理位置信息特征矩阵一样，通信行为特征矩阵中的元素值也存在差距过大容易导致模型学习困难的问题，所以本章也对通信行为特征矩阵中的元素值进行了归一化，归一化操作公式如下：

$$y_t = \frac{x_t}{\mathrm{sumValue}} \tag{2.2}$$

其中，x_t 为特征矩阵中表示时间片 t 内通话量/发信息量的原始元素值；sumValue 为原始特征矩阵中通话量/发信息量的求和值；y_t 为归一化操作之后表示时间片 t 内通话量/发信息量的元素值，即用户在时间片 t 内通话/发信息的概率。

为了证明通信行为特征对识别居民身份的有效性，本章统计对比了两类人通话和发信息的概率分布。图 2.9 为当地人和外来人口在 24 个时间片中通话行为的概率分布对比图，横轴为时间片编号，纵轴为当前时间片内发生通话行为概率的百分值。虚线代表当地人，实线代表外来人口。通过对比可以看出，在凌晨 1 点到上午 9 点之间当地人和外来人口的通话行为概率比较相近，而从上午 9 点开始，一直到下午 6 点，当地人各个时间段发生通话行为的概率都明显要高于同时段的外来人口，但是在下午 6 点之后会发生一个明显的反转，外来人口各个时间段发生通话行为的概率明显要高于同时段的当地人。

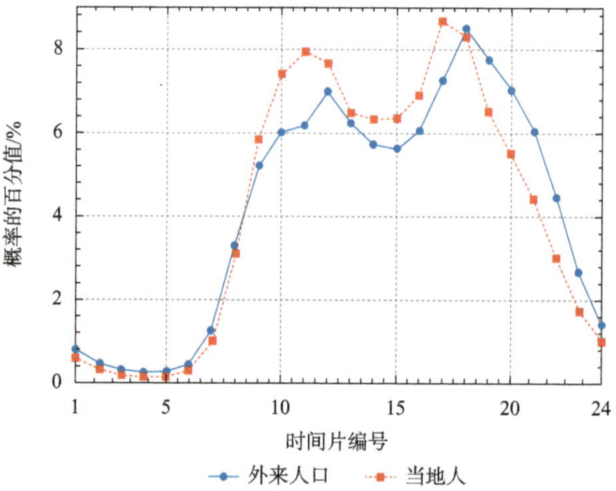

图 2.9　通话行为概率分布对比图

图 2.10 为当地人和外来人口在 24 个时间片中发信息行为的概率分布对比图，横轴为时间片编号，纵轴为当前时间片内发生发信息行为概率的百分值。虚线代表当地人，实线代表外来人口。通过对比可以看出，在凌晨 1 点到上午 9 点之间当地人和外来人口的发信息行为概率比较相近，而从上午 9 点开始，一直到下午 6 点，当地人各个时间段发生发信息行为的概率都明显要高于同时段的外来人口；但是在下午 7 点之后会发生一个明显的反转，外来人口各个时间段发生发信息行为的概率明显要高于同时段的当地人。

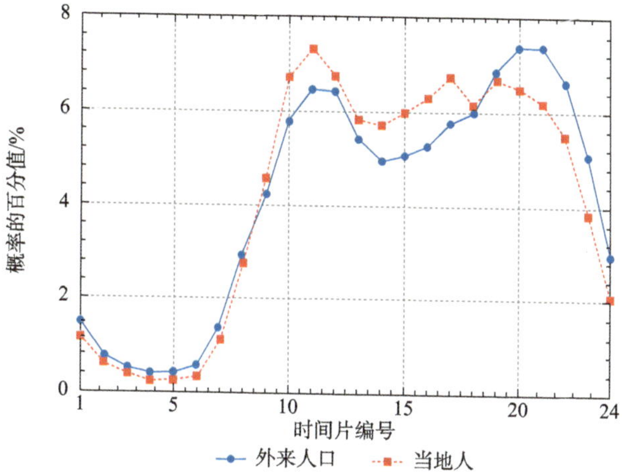

图 2.10　发信息行为概率分布对比图

需要注意的是，通信行为特征矩阵 $\boldsymbol{U}$ 中的元素也是具有局部相关性的，此外，相邻时间片内的通话量和发信息量之间是存在一些相关性的。例如，当用户在时间片 t 内开始通话时，可能持续通话到时间片 t+1 内才结束通话；当用户发信息时也极有可能发生跨时段的连续行为。因此，类似于地理位置信息域，本章也利用卷积神经网络来对通信行为特征矩阵进行建模。通信行为信息域中的卷积层连接了通信行为特征矩阵 $\boldsymbol{U}$ 和一系列可训练的滤波器，其中每个滤波器都是 $2\times m$ 的矩阵。第 k 个可训练滤波器被定义为

$$\boldsymbol{A}_k=\begin{bmatrix}a_1^e,a_2^e,\cdots,a_H^e\\a_1^s,a_2^s,\cdots,a_H^s\end{bmatrix}$$

卷积层利用 $\boldsymbol{A}_k$ 扫描通信行为特征矩阵 $\boldsymbol{U}$ 得到卷积神经元向量 $\boldsymbol{b}_k$。卷积神经元向量的第 n 个元素的计算方式如下：

$$b_n=\sigma\left(v+\sum_{h=1}^{H}a_h^e e_{n+h}+\sum_{h=1}^{H}a_h^s s_{n+h}\right)\tag{2.3}$$

其中，v 指的是第 k 个可训练滤波器的偏置；b_n 指的是卷积神经元向量中的第 n 个元素；a_h^e 指的是第 k 个可训练滤波器中第一行的第 h 个元素；a_h^s 指的是第 k 个可训练滤波器中第二行的第 h 个元素；e_{n+h} 指的是通信行为特征矩阵中代表第 $n+h$ 个时间片内的通话行为发生概率的元素；s_{n+h} 指的是通信行为特征矩阵中代表第 $n+h$ 个时间片内的发信息行为发生概率的元素。

与地理位置信息域类似，本章也采用池化层来降低卷积层产生的卷积神经元向量的维度。池化层的输出是卷积神经元向量 $\{b_1,b_2,\cdots,b_K\}$ 经过池化得到的通信行为特征向量 $\boldsymbol{p}^{\mathrm{C}}$。

2.4.3　维度平衡模块

通过上述地理位置信息域和通信行为信息域中的卷积神经网络，可以从这两种不同的信息域中提取出居民的行为特征。下一步的任务就是将这两个不同信息域的特征融合在一起用于识别居民身份特征，但是由于地理位置信息特征矩阵与通信行为特征矩阵的维度相差过大，经过卷积神经网络处理之后的地理位置信息特征向量和通信行为特征向量的维度差距也很大，那么平衡它们的维度就变得势在必行了。因为如果直接将两个卷积神经网络的输出 $\boldsymbol{p}^{\mathrm{L}}$ 和 $\boldsymbol{p}^{\mathrm{C}}$ 合并作为居民身份识别的特征向量，则极有可能导致低维的通信行为特征向量被高维的地理位置信息特征向量淹没，尤其是在整个网络的误差反向传播阶段。

为了迎接上述挑战，本章将维度平衡子网络加入了 CD-CNN 模型。该子网络使用全连接层组成的栈式自动编码器来调整两个不同域的输出神经元的数量。图 2.11 为 CD-CNN 模型框架示意图。

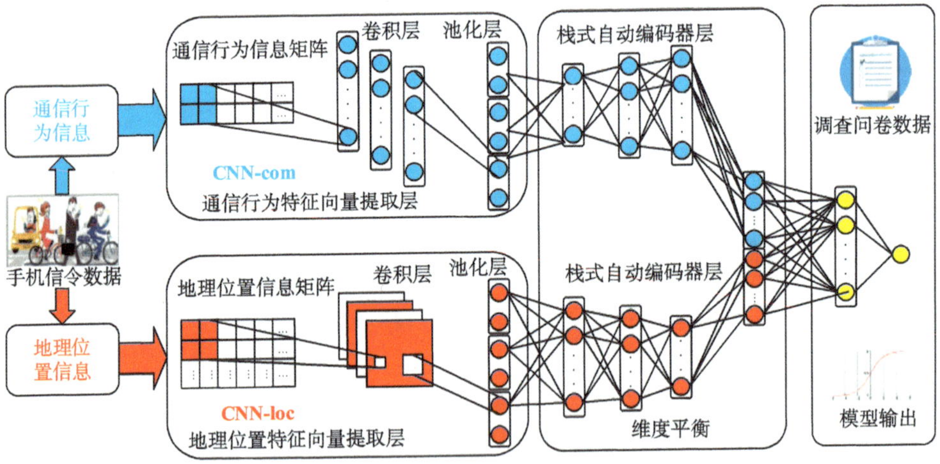

图 2.11　CD-CNN 模型框架示意图

在维度平衡子网络中，与高维的地理位置特征相连接的栈式自动编码器层将其神经元数量逐层减半。相反，与低维的通信行为特征相连接的栈式自动编码器层则将其神经元数量逐层加倍。当两个栈式自动编码器网络的神经元数量减半/加倍到相同的数量级时，将两边的神经元数量设置为相同。通过这种方式，来自两个不同信息域的特征达到了维度上的平衡。地理位置信息域和通信行为信息域通过维度平衡子网络得到的特征向量分别称为 $\boldsymbol{o}^{\mathrm{L}}$ 和 $\boldsymbol{o}^{\mathrm{C}}$ 。

2.4.4　跨域特征融合

通过 CNN 子网络和维度平衡子网络之后可以得到维度比较相近的地理位置信息特征向量和通信行为特征向量，接下来的关键就是将它们融合在一起。在模型输出子网络中，CD-CNN 模型采用全连接的栈式自动编码器层来融合跨域特征，假定分别使用 o_p^{L} 和 o_q^{C} 来表示 $\boldsymbol{o}^{\mathrm{L}}$ 中的第 p 个元素和 $\boldsymbol{o}^{\mathrm{C}}$ 中的第 q 个元素。那么全连接的栈式自动编码器层的第 k 个神经元可以表示为

$$f_k = \sigma\left(z_k + \sum_p a_{pk}^{\mathrm{L}} o_p^{\mathrm{L}} + \sum_q a_{qk}^{\mathrm{C}} o_q^{\mathrm{C}} \right) \tag{2.4}$$

其中，z_k 指的是栈式自动编码器层的第 k 个神经元的偏置；a_{pk}^{L} 和 a_{qk}^{C} 分别指地理位置信息特征向量中第 p 个元素与栈式自动编码器层的第 k 个神经元的连接对应的参数和通信行为特征向量中第 q 个元素与栈式自动编码器层的第 k 个神经元的连接对应的参数。最后，通过一个逻辑回归分类器来训练学习融合后的特征 $f = \left\{ f_1, f_2, \cdots \right\}$，用以识别居民身份特征。

2.4.5　协同训练

在传统的有监督学习中，模型通过对大量有标签样本进行学习，用于给样本打上可靠的标签。这里的“标签”是指实例所对应的输出，对分类问题来说，标签就是实例对应的类别；而对回归问题来说，标签则指的是实例所对应的实值输出。随着现代社会数据收集和存储技术的飞速发展，收集大量的无标签数据已经变得非常容易，而获取大量的有标签数据还较为困难，因为为了获取这些数据的标签可能需要耗费大量的人力、物力。例如，在深度学习技术应用于医学图像分析时，可以从医院中获取大量的医学图像作为训练数据，但如果要得到这些医学图像的标签则往往是不容易实现的。

显然，如果只使用少量的有标签数据来训练模型，一方面会导致训练出来的模型很难拥有强泛化能力；另一方面则是对大量无标签数据样本的极大浪费。因此，如何在保证可靠度的前提下利用大量无标签数据来改善模型学习性能是当前的研究热点。

协同训练（co-training）就是一种现如今广受关注的半监督学习方法，其核心就是利用少量有标签样本，通过两个或多个模型去学习其中包含的特征，用以对

无标签样本进行标注，然后从无标签数据集中挑选结果置信度较高的样本加入有标签数据集。协同训练适用于数据集具有自然划分特征的情况，例如，网页可以通过网页上的文本或超链接上指向网页的文本来描述，但是深度学习领域的传统算法则会忽略这些划分，而将所有的特征集中在一起用于模型的学习。使用协同训练设置的算法可以在每个特征集上训练单独的分类器，并通过组合它们的分类结果来减少分类错误。

图 2.12 为协同训练流程的简单示意图，其具体流程如下。

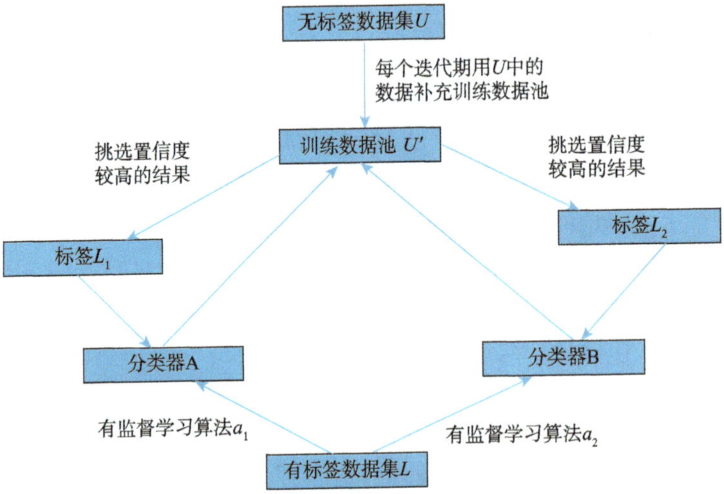

图 2.12　协同训练流程示意图

（1）利用有标签数据集 L 分别根据有监督学习算法 a_1 和有监督学习算法 a_2 训练分类器 A 和分类器 B。

（2）从无标签数据集 U 中拿出一批数据，分别通过分类器 A 和分类器 B 得到对应的标签。设置分类结果置信度阈值 α 和 β 且 $\alpha>\beta$，针对每一个样本实例，如果其通过分类器 A 得到的标签 L_1 的置信度大于 α 而通过分类器 B 得到的标签 L_2 的置信度小于 β，则将标签 L_1 作为该样本的标签并加入分类器 B 的训练数据池中；反之，如果其通过分类器 B 得到的标签 L_2 的置信度大于 α 而通过分类器 A 得到的标签 L_1 的置信度小于 β，则将标签 L_2 作为该样本的标签并加入分类器 A 的训练数据池中。

（3）循环执行步骤（2）中的流程，直至无标签数据集 U 中的数据被用尽，此时训练数据池中已经有相当数量的有标签数据了。

（4）利用训练数据池中的有标签数据对分类器 A 和分类器 B 进行进一步的训练，然后组合多个分类器得到最后的模型。

前面提到的地理位置信息域和通信行为信息域中的卷积神经网络都是假设对标签完整的数据集进行有监督的学习。然而，在面对现实生活中的很多问题时，收集完整的数据标签代价很高。例如，在本章提到的无锡案例中，使用的数据集中只有 3 万名志愿者的调查问卷数据是有标签样本数据。相比之下，收集数百万用户的无标签手机信令数据对移动运营商来说是很容易办到的。因此，如果只利用有标签数据进行训练，会导致无标签数据的巨大浪费。

为了充分利用少量有标签数据和大量的无标签数据，本章提出了一种基于协同训练思想的半监督网络训练算法，称为跨域网络协同训练（cross-domain network co-training，CNC）。CNC 算法包含三个训练步骤：分域预训练、跨域协同训练和有监督调优。

为了方便起见，本章定义一个用于分类的网络模型 $y^{\mathrm{L}}=\mathrm{LN}\left(\theta^{\mathrm{L}},R^{\mathrm{L}}\right)$，这个网络模型中包括 CD-CNN 的地理位置信息域部分即 CNN-loc、针对地理位置信息域的维度平衡部分的栈式自动编码器层和一个逻辑回归函数。其中，y^{L} 表示模型的分类结果，θ^{L} 表示网络中的可训练参数。类似的，包括 CD-CNN 的通信行为信息域部分即 CNN-com、针对通信行为信息域的维度平衡部分的栈式自动编码器层和一个逻辑回归函数的网络模型被定义为 $y^{\mathrm{C}}=\mathrm{CN}\left(\theta^{\mathrm{C}},U^{\mathrm{C}}\right)$。在分域预训练时，CNC 算法利用有标签数据分别训练模型 LN 和 CN，以获得初始化参数 $\theta^{\mathrm{L}}(0)$ 和 $\theta^{\mathrm{C}}(0)$。

由于 LN 和 CN 的最后输出结果都是通过一个逻辑回归函数得到的，所以本章定义：若该逻辑回归函数的输出比较接近 0 或者 1，那么称该样本在当前模型中的预测结果置信度较高；相反，若该逻辑回归函数的输出比较接近 0.5，那么称该样本在当前模型中的预测结果置信度较低。在跨域协同训练步骤中，CNC 算法利用无标签数据以迭代的方式让 LN 和 CN 为彼此的数据打标签。在第 t 轮迭代中，CNC 算法选定一批在 LN 中预测结果置信度较高而在 CN 中预测结果置信度较低的无标签数据。然后用这一批被选定的无标签数据将 CN 中的参数 $\theta^{\mathrm{C}}(t-1)$ 更新为

$$\theta^{\mathrm{C}}(t)=\underset{\theta^{\mathrm{C}}}{\arg\min}\sum_{k}\left(y_{k}^{\mathrm{L}}(t-1)-\mathrm{CN}\left(\theta^{\mathrm{C}},U_{k}^{\mathrm{C}}\right)\right)^{2}+\left\|\theta^{\mathrm{C}}\right\|_{2}^{2} \tag{2.5}$$

其中，$\theta^{\mathrm{C}}(t)$ 表示第 t 轮 CN 中的参数；$y_{k}^{\mathrm{L}}(t-1)=\mathrm{LN}\left(\theta^{\mathrm{L}}(t-1),R_{k}^{\mathrm{L}}\right)$ 表示模型网络 LN 利用第 $t-1$ 轮的参数对样本 k 的预测结果；$\mathrm{CN}\left(\theta^{\mathrm{C}},U_{k}^{\mathrm{C}}\right)$ 表示模型网络 CN 对样本 k 的预测结果；$\left\|\theta^{\mathrm{C}}\right\|_{2}^{2}$ 表示 L2 正则项。

接下来，CNC 算法利用相同的方法来更新网络 LN 中的参数，选定一批在 CN 中预测结果置信度较高而在 LN 中预测结果置信度较低的无标签数据。然后用这一批被选定的无标签数据将 LN 中的参数 $\theta^{\mathrm{L}}(t-1)$ 更新为

$$\theta^{\mathrm{L}}(t)=\underset{\theta^{\mathrm{L}}}{\arg\min}\sum_{k}\left(y_k^{\mathrm{C}}(t)-\mathrm{LN}\left(\theta^{\mathrm{L}},R_k^{\mathrm{L}}\right)\right)^2+\left\|\theta^{\mathrm{L}}\right\|_2^2 \tag{2.6}$$

其中，$\theta^{\mathrm{L}}(t)$ 表示第 t 轮 LN 中的参数；$y_k^{\mathrm{C}}(t)=\mathrm{CN}\left(\theta^{\mathrm{C}}(t),R_k^{\mathrm{C}}\right)$ 表示模型网络 CN 利用第 t 轮的参数对样本 k 的预测结果；$\mathrm{LN}\left(\theta^{\mathrm{L}},R_k^{\mathrm{L}}\right)$ 表示模型网络 LN 对样本 k 的预测结果；$\left\|\theta^{\mathrm{L}}\right\|_2^2$ 表示 L2 正则项。

根据上述的参数更新规则，跨域协同训练部分迭代更新模型网络 CN 中的参数 θ^{C} 和模型网络 LN 中的参数 θ^{L}，直到模型收敛或者所有的无标签数据都被选定。根据文献[37]所述，协同训练中分类器的错误率会达到收敛，而且各个分类器之间的分歧也会越来越小直至消失。

在最后的模型微调优步骤中，CNC 算法再一次利用有标签数据训练模型，即对模型进行有监督调优。本章定义 CD-CNN 模型中的参数集合为

$$\theta=\left\{\theta^{\mathrm{L}},\theta^{\mathrm{C}},\theta^{\mathrm{O}}\right\}$$

其中，θ^{O} 表示输出层的参数，本算法利用上一步跨域协同训练的最终参数 θ^{L} 和 θ^{C} 来初始化该步骤中模型的参数，然后对参数 θ 进行微调：

$$\theta=\underset{\theta}{\arg\min}\sum_{k}\left(\tilde{y}_k-\hat{y}_k\left(U_k^{\mathrm{C}},R_k^{\mathrm{L}},\theta\right)\right)^2+\left\|\theta\right\|_2^2 \tag{2.7}$$

其中，$\tilde{y}_k$ 表示样本 k 的真实标签；$\hat{y}_k$ 表示 CD-CNN 利用参数 θ 预测得到的样本 k 的标签。

CNC 算法的三步训练拥有两个突出的优点：①在 CNC 算法利用无标签数据以迭代的方式让 LN 和 CN 为彼此的数据打标签时可以实现地理位置信息域和通信行为信息域之间的知识转化；②隐藏在数量庞大的无标签数据中的知识被挖掘出来并利用到最后的预测任务中了。

2.5　基于手机信令数据的城市居民行为分析案例

本节主要介绍CD-CNN模型应用在基于无锡真实手机信令数据的用户身份特征分析问题中时的实验设置、采用的评价指标以及实验结果。此外，还将介绍基于手机信令数据对用户出行特征进行分析的结果。

2.5.1 实验设置

在本实验中使用到的数据集均采集自中国东部的一个中型城市——无锡。整个无锡人口大约有 650 万，城市占地面积约 4627km^2。无锡拥有很发达的制造业和各种大型的工业园区，每年都吸引大批的外来人口来到这个城市工作和生活。

如上所述，本实验中无标签的手机信令数据包含 2013 年 12 月 5 日到 12 月 31 日的约 500 万名手机用户的记录，平均每小时就会产生大约 4000 万条信令数据，其中符合筛选条件的有大约 100 万名手机用户的信令数据。有标签的志愿者调查问卷数据包含 3 万名志愿者的信息，其中 50%是当地人，50%是外来人口。因此，组合后的整体数据集包含超过 100 万居民的手机信令数据样本，但其中只有 3 万个有标签样本。由于无锡这个城市的边界是不规则形状，所以本章将由无锡的最大纬度、最小纬度、最大经度和最小经度画成的矩形区域划分为 88×115 = 10 120 个方格形的区域，每个区域的大小为 1000m×1000m。其中包含手机基站的有效区域数量为 3475。

2.5.2 评价指标

为了增加本实验的说服力，本节设置了几种不同的评价指标用来作为与对照实验比较时的标准，这几种评价指标包括精确率、召回率、F1 分数和 AUC，它们能够从不同的角度评价模型的性能。

最为人们所熟知的评价指标是准确率（Accuracy），准确率指的是在整个测试集中，模型分类正确的样本数与总样本数的比值。假设模型预测结果为正的正样本数为 TP，预测结果为正的负样本数为 FP，预测结果为负的正样本数为 FN，预测结果为负的负样本数为 TN。那么准确率的计算公式为

$$\text{Acc}=\frac{\text{TP+TN}}{\text{TP+FP+FN+TN}} \tag{2.8}$$

但是由于准确率太容易受到数据集正负样本不平衡的影响，例如，当数据集中 99%的数据都是正样本时，模型只需要将全部样本分类为正，就可以拥有极高的准确率，但这个模型是毫无意义的，所以本实验并没有使用准确率作为模型性能的评价指标。

精确率（Precision）指的是在整个测试集中模型分类结果为正的正样本数与分类结果为正的总样本数之比，其计算公式为

$$\text{Pre}=\frac{\text{TP}}{\text{TP+FP}} \tag{2.9}$$

召回率（Recall）指的是在整个测试集中模型分类结果为正的正样本数与所有正样本总数之比，其计算公式为

$$\text{Recall}=\frac{\text{TP}}{\text{TP+FN}} \tag{2.10}$$

F1 分数指的是精确率和召回率的调和均值，是为了在评价模型性能时既考虑精确率又考虑召回率，是一种折中的方案，其计算公式为

$$\text{F1分数}=\frac{2\text{TP}}{2\text{TP+FP+FN}} \tag{2.11}$$

AUC 指标源于接受者操作特征（receiver operating characteristic，ROC）曲线，ROC 曲线指的是 TPR（即模型分类结果为正的正样本个数占原数据集中正样本总个数的比例）与 FPR（即模型分类结果为正的负样本个数占原数据集中负样本总个数的比例）之间的变化关系。在二分类问题中，通过枚举分割分类结果的阈值来得到各个阈值下的 ROC 值就可以得到整体的 ROC 曲线。AUC 作为 ROC 曲线在数值上的一个度量，指的是坐标系中处于 ROC 曲线下方部分的面积；模型分类效果越好时，这个值越大，可以很好地评估模型的分类性能。

2.5.3 对照实验

由于在本实验之前，少有类似的基于无锡真实手机信令数据的针对用户身份特征进行识别分析的研究，因此本实验缺少能够直接与 CD-CNN 模型进行性能对比的研究结果。为了评估本章提出的 CD-CNN 模型的分类性能以及模型网络中各个子结构起到的作用，本章设置一系列的对照实验来进行对比，这些对照实验中除了有针对性地验证 CD-CNN 模型中某些子网络的作用，还主要包含了 Wang 等[38]和 Steinberg 等[39]使用到的直接将多个特征向量串联地合并到一个特征向量中的传统数据融合技术。本实验中设置的所有对照实验具体如下。

LN：该对照实验中的模型只使用了地理位置信息域的数据，在模型结构上只包含 CD-CNN 的处理地理位置信息的子网络 $y^{\text{L}}=\text{LN}\left(\theta^{\text{L}},R^{\text{L}}\right)$ 部分，即原模型 CNN 模块中的 CNN-loc 和维度平衡模块的地理位置信息域那部分网络，最后面是一个 Sigmoid 层用来实现分类。

CN：该对照实验中的模型只使用了通信行为信息域的数据，在模型结构上只包含 CD-CNN 的处理通信行为信息的子网络 $y^{\text{C}}=\text{CN}\left(\theta^{\text{C}},U^{\text{C}}\right)$ 部分，即原模型 CNN 模块中的 CNN-com 和维度平衡模块的通信行为信息域那部分网络，最后面

是一个 Sigmoid 层用来实现分类。

NoBal：该对照实验中的模型与原模型相比，移除了 CD-CNN 中的维度平衡子网络，用于评估维度平衡子网络在 CD-CNN 中起到的作用，突出高维数据与低维数据融合时可能发生的高维特征淹没低维特征的问题。

NoCo：该对照实验中的模型只使用了原数据集中的有标签数据部分，由于没有使用到无标签数据，所以无法在模型的跨域协同训练阶段采用协同训练的思想增加有标签数据，该对照实验是为了评估协同训练在 CD-CNN 中的重要性而设置的。

CD-SAE：该对照实验中的模型使用栈式自动编码器结构替换了 CD-CNN 中的卷积神经网络结构，即全程使用栈式自动编码器层来构建模型，用于评估卷积神经网络结构在 CD-CNN 中的重要性。

该实验将 3 万个有标签数据分成了两个部分，其中 25 000 个有标签样本被当作训练集数据在模型分域预训练阶段训练参数，其余样本被当作测试集数据在模型训练完毕后用来测试模型的性能。原数据集中的无标签数据部分则有 50 万个样本在跨域协同训练阶段加入到了有标签数据集中，并在后续的有监督调优阶段扮演有标签数据的角色。在最终的模型超参数选择调优阶段，经过实验对比发现，使用时间跨度为 20 天的信令数据作为数据集并使用有标签样本中的 25 000 个样本作为训练集是最佳的选择。

表 2.3 为各个模型在最优超参数下的最优性能对比。可以看到，只使用用户通信行为信息的模型 CN 的分类精确率达到 0.647，而只使用用户地理位置信息的模型 LN 的分类精确率达到 0.662，要高于 CN，说明了相较之下用户的地理位置信息特征更加能够体现用户的身份特征。移除了维度平衡子网络的模型 NoBal 的分类精确率要高于两者，但与 LN 相差不大，说明低维的通信行为信息特征一定程度上被高维的地理位置信息特征“淹没”了。使用栈式自动编码器层代替卷积神经网络结构的模型 CD-SAE 的分类精确率要明显低于使用卷积神经网络结构的模型 NoCo 和 CD-CNN。最重要的是，本章提出的 CD-CNN 模型在各个性能指标上都有明显的提升。另外，为了选择最优的超参数对模型进行后期调优，本章做了如下一系列的实验。

表2.3　各模型的最优性能对比

模型	Pre	Recall	F1 分数	AUC
CN	0.647	0.644	0.644	0.672
LN	0.662	0.69	0.676	0.691
NoBal	0.681	0.72	0.687	0.732

续表

模型	Pre	Recall	F1 分数	AUC
CD-SAE	0.694	0.728	0.713	0.756
NoCo	0.746	0.753	0.751	0.778
CD-CNN	0.774	0.778	0.775	0.81

1. 不同时间跨度数据集下的对比

本实验用到的原数据集的总时间跨度其实是比较大的，但是考虑到数据量过大容易导致模型训练困难，而且当模型应用于其他问题上时可能面临收集数据困难的问题，本章分别在不同时间跨度的数据集上测试了各个模型的性能并对比了各项评价指标，这样做的目的是确定可以充分利用数据的时间跨度，以节省数据资源。

图 2.13 为各个模型在不同时间跨度数据集下的分类精确率对比图，横轴代表数据集时间跨度/天，纵轴代表模型分类的精确率。图 2.14 为各个模型在不同时间跨度数据集下的分类召回率对比图，横轴代表数据集时间跨度/天，纵轴代表模型分类的召回率。图 2.15 为各个模型在不同时间跨度数据集下的分类 F1 分数对比图，横轴代表数据集时间跨度/天，纵轴代表模型分类的 F1 分数。图 2.16 为各个模型在不同时间跨度数据集下的分类 AUC 对比图，横轴代表数据集时间跨度/天，纵轴代表模型分类的 AUC。可以看到，在各个评价指标下的结果都大同小异，只使用用户通信行为信息的模型 CN 的性能是最差的，只使用用户地理位置信息的模型 LN 和没有维度平衡子网络的模型 NoBal 的性能比较相近但都比模型 CN 要高出一截，使用栈式自动编码器层代替卷积神经网络结构的模型 CD-SAE 性能要再高一些，整体上只使用有标签数据而没有引入协同训练的模型 NoCo 则更高，但是采用协同训练思想且加入无标签数据信息的模型 CD-CNN 的分类性能在其基础上又提升了一些。

需要注意的是，不管在哪个性能指标下 CD-CNN 的分类性能都随着使用数据集的时长增加而提升。这可能是由于时间跨度越大的数据集包含的居民行为信息越丰富，模型也能训练得更加具有鲁棒性。尽管如此，如果不断增加数据集的时间跨度，最终将需要付出无法承受的时间成本和经济成本，实验结果也显示，当数据集的时间跨度大于 15 天时，继续增加时长的收益将微乎其微。所以，本章将数据集的时间跨度定为 20 天。

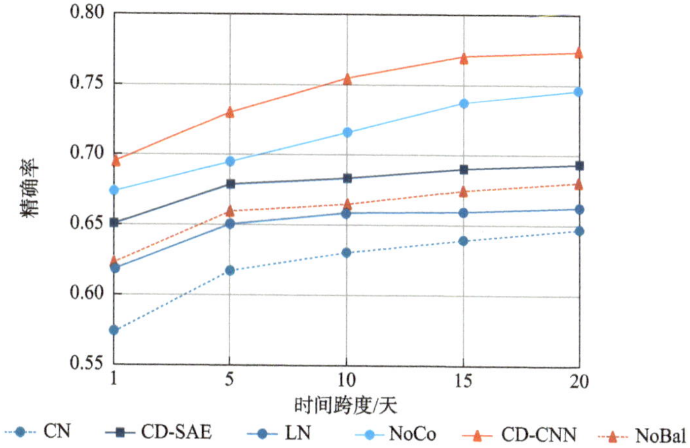

图 2.13　不同时间跨度数据集下的精确率对比图

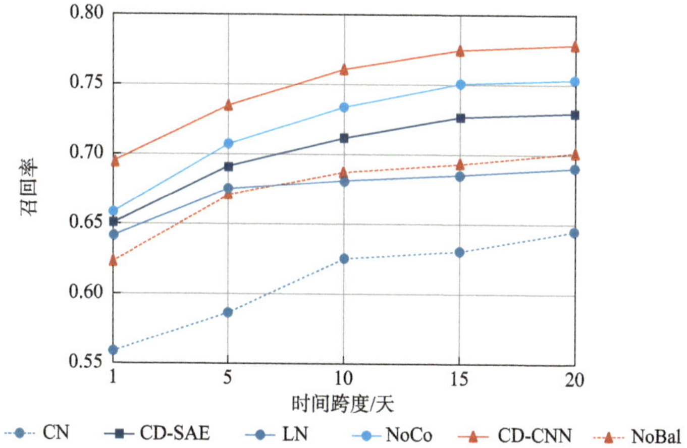

图 2.14　不同时间跨度数据集下的召回率对比图

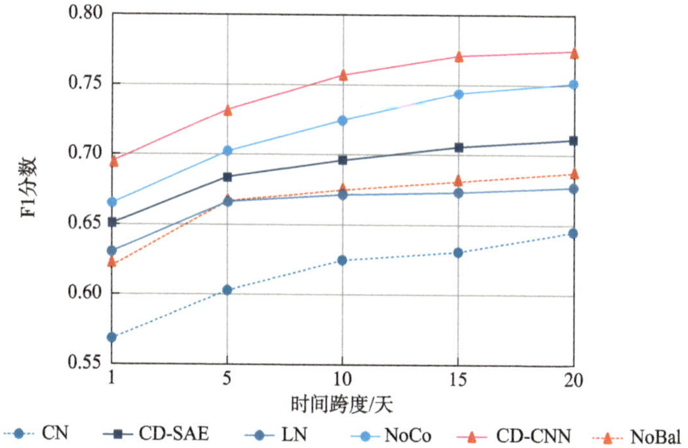

图 2.15　不同时间跨度数据集下的 F1 分数对比图

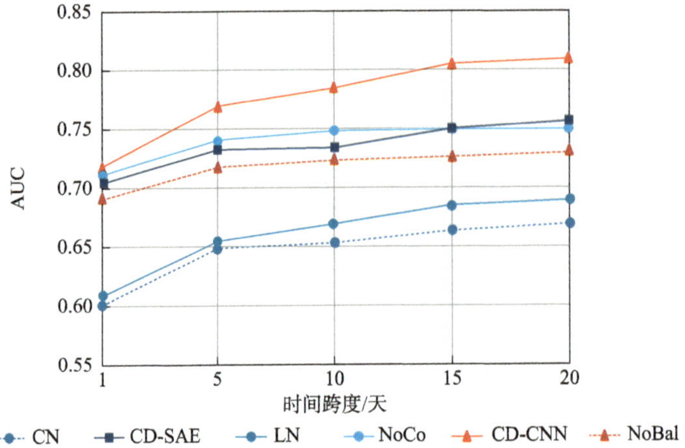

图 2.16　不同时间跨度数据集下的 AUC 对比图

2. 不同数量有标签样本下的对比

本实验用到的原数据集包含 3 万个有标签样本，但是训练集中的有标签样本数量的不同可能导致模型学习特征的完全程度不一样，而且考虑到在现实问题中收集大量有标签样本需要付出巨大的人力、物力成本，所以本章分别在不同数量有标签样本组成的数据集上测试了各个模型的性能并对比了各项评价指标。

图 2.17 为总的数据集中包含不同数量的有标签样本时，训练出来的各个模型的分类精确率对比图，其中横轴为训练集中有标签样本的数量，纵轴为模型分类精确率。图 2.18 为总的数据集中包含不同数量的有标签样本时，训练出来的各个模型的分类召回率对比图，其中横轴为训练集中有标签样本的数量，纵轴为模型分类召回率。

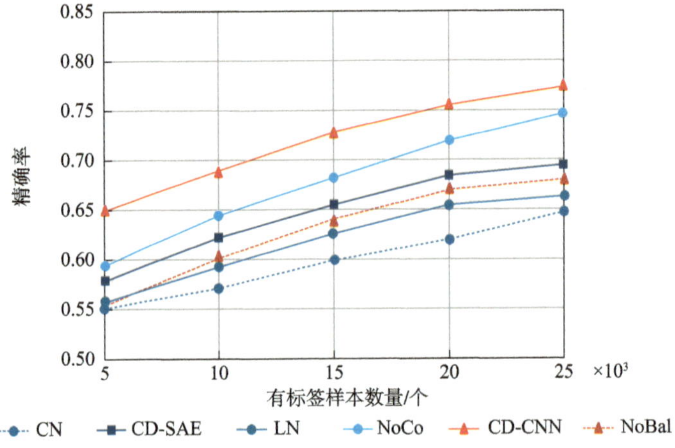

图 2.17　不同数量有标签样本下的精确率对比图

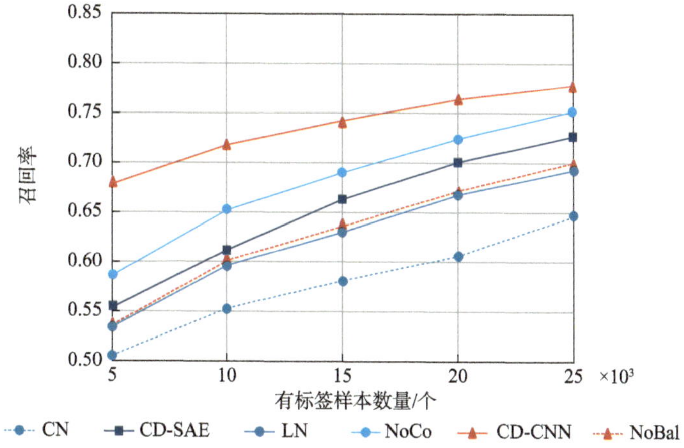

图 2.18　不同数量有标签样本下的召回率对比图

图 2.19 为总的数据集中包含不同数量的有标签样本时，训练出来的各个模型的分类 F1 分数对比图，其中横轴为训练集中有标签样本的数量，纵轴为模型分类 F1 分数。图 2.20 为总的数据集中包含不同数量的有标签样本时，训练出来的各个模型的分类 AUC 对比图，其中横轴为训练集中有标签样本的数量，纵轴为模型分类 AUC。

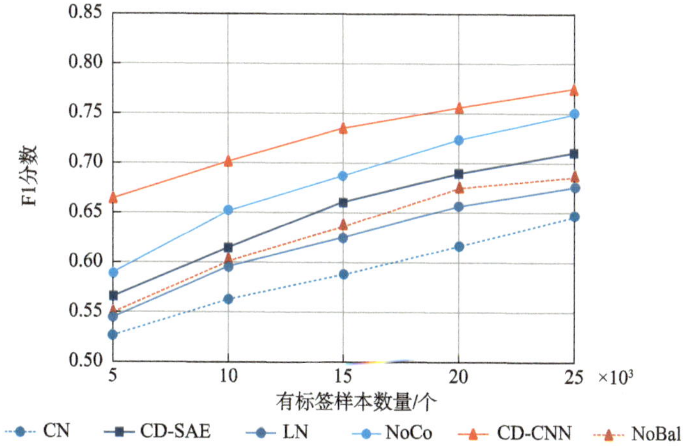

图 2.19　不同数量有标签样本下的 F1 分数对比图

明显可以看到，在各个不同的评价指标下，模型 LN 的分类性能要高于模型 CN，说明地理位置信息特征比通信行为信息特征包含更多能够识别用户身份特征的有用信息。除此之外，缺少维度平衡子网络的模型 NoBal 的性能比模型 LN 略好，说明额外加入了通信行为信息特征之后并没有让模型学习到想象中更多的信息，进一步说明了高维度地理位置信息特征对低维度通信行为信息特征的“淹没”

是真实存在的。

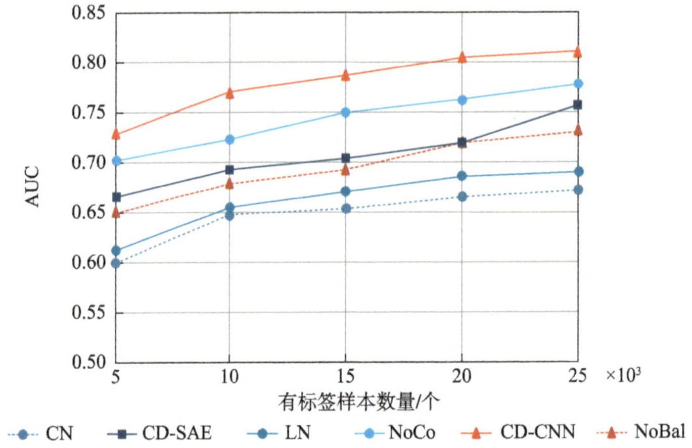

图 2.20　不同数量有标签样本下的 AUC 对比图

除此之外，不管在哪个评价指标下，都可以明显看到不使用无标签数据的模型受使用的有标签数据数量的影响非常显著，而使用无标签数据即采用协同训练思想的模型受到的影响则小很多，这在实际应用中是有重大意义的，因为在很多情况下，数据的价值很大程度上在于其确定的标签，因此，如果能够减少模型训练需要的有标签样本数量必然能够在很大程度上减少数据收集的难度和为其付出的人力、物力成本。

本章利用以上对照实验得到的最优超参数训练得到城市居民身份识别模型，并利用该模型将无锡的 500 万名居民归类为当地人或外来人口。结果显示，无锡有 35%的居民是外来人口，其余的 65%是当地人。然后本章将这一结果与无锡的人口普查数据进行比较，据《无锡统计年鉴 2015》报道，2014 年底，无锡居民中拥有无锡市户口的人口占全市总人口的 28%。此外，在过去的十年中，约有 20 万名外来人口将户籍从其他地方转入无锡，占无锡市总人口的 4%。这一部分外来人口虽然取得了无锡户籍，其经济行为、职住特点仍较大程度地延续其取得户籍之前的模式，因取得户籍而产生行为模式上突变的可能性较低。综合这两方面的统计数据，可以认为无锡的实际外来人口约占无锡总人口的 32%，这与 CD-CNN 模型推断的结果非常接近。由于 CD-CNN 模型能够以及时和经济的方式进行预测，因此它可能成为传统的、不频繁的人口普查的有效补充手段。

2.5.4　用户出行特征分析

本章除对手机用户的身份特征进行分析识别外，还对不同身份手机用户的通勤距离、活动半径等出行特征进行了分析对比。发现当地人不管是最大活动半径还是平均活动半径都要比外来人口大一些；在通勤距离这一指标上，外来人口更多地集中在同一个区间，这一结果也与当地人和外来人口的工作地与居住地分布热力图对比中的结果遥相呼应。

1. 用户通勤距离对比分析

对于城市居民来说，可以通过居住地和工作地这两个重要的地点来推断居民的身份是当地人还是外来人口。例如，外来务工人员比较有可能在工业园区工作，然后在比较靠近工业园区的居民区居住。而当地人白领则比较可能在市中心的繁华区域工作，然后在接近市中心的当地人居民区居住。因此，本章理所当然地认为不同身份人群的通勤距离这一出行特征是存在差异的。

为了对比当地人和外来人口的通勤距离特征，本章从原数据集中的有标签样本中分别随机抽取了 5000 个当地人样本和 5000 个外来人口样本，并将他们的通勤距离-百分比分布进行对比分析。图 2.21 为当地人和外来人口两类人群的通勤距离分布对比图，其中横轴表示通勤距离，纵轴表示通勤距离在该类样本中所占的百分比。可以看到，外来人口除了通勤距离在 6000～8000m 时所占的百分比比当地人高，其他范围样本的占比都要低一些，说明外来人口的工作地和居住地与当地人相比可能要集中一些。

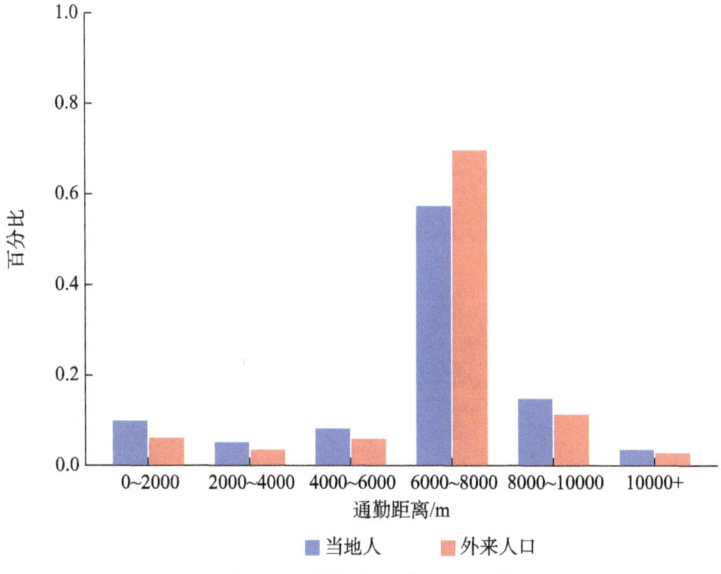

图 2.21　通勤距离分布对比图

为了验证这个猜想，本章将以上结果与两类人群的疑似居住地分布热力图进行了对比分析。图 2.7 和图 2.8 分别为当地人疑似居住地分布热力图和外来人口疑似居住地分布热力图。可以看到，当地人的居住地在无锡市内的几个区内都呈现出了零星的分布，而且并没有出现明显地集中在某一区域的情形，比较符合一般人想象中的当地人的居住地分布情况。而外来人口的居住地则出现了较为明显的聚集，主要集中在无锡市的边缘位置，主要包括江苏信息学院附近、江南大学附近以及无锡硕放机场附近，而在靠近市中心的地段这种聚居的情况就较为少见。这种外来人口居住地集中在无锡市边缘的现象可能是由于接近市中心的房价、房租比较高，所以外来人口更加倾向于在靠近郊区且离工作地较近的地方居住。这可能就是外来人口通勤距离比较集中的原因。

2. *用户热力图分布对比分析*

为了进一步分析当地人和外来人口两类人群的出行特征，本章对两类人群在不同时间段的热力图分布进行了对比分析。具体地说，本章采用了原数据集中所有有标签的数据即 30 000 个用户样本数据，其中包括当地人用户样本和外来人口用户样本各 15 000 个。

图 2.22 为两类人群分别在 21 点、22 点、23 点的热力图分布对比，从中可以发现一个有趣的现象，即在 21 点之后当地人的整体热力图分布不会产生太大的变化了，而反观外来人口则发现直到 23 点，外来人口的整体热力图分布范围还有明显的缩小。之所以会产生这样的差别，可能是因为大部分的无锡当地人在 21 点时已经回到自己的居住地并且不再出门；大部分的外来人口由于在当地没有亲人而倾向于在更晚的时间点回到自己的居住地。

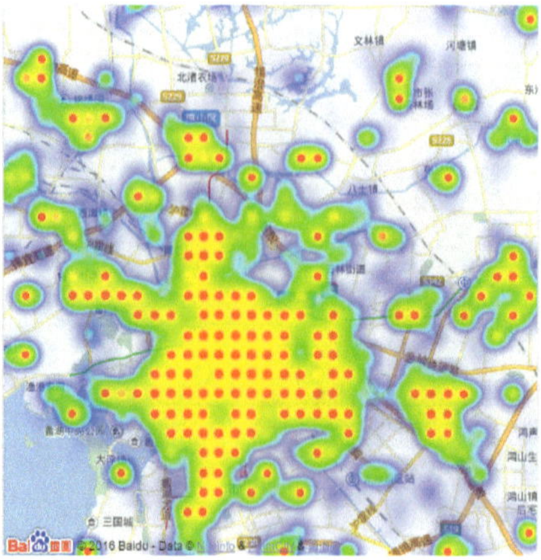

（a）当地人21点

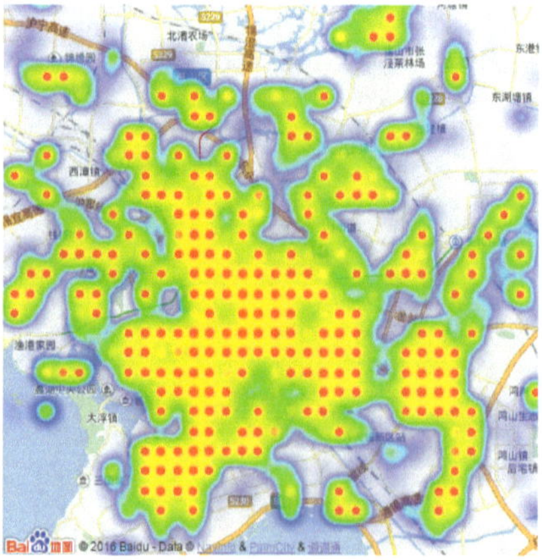

（b）外来人口21点

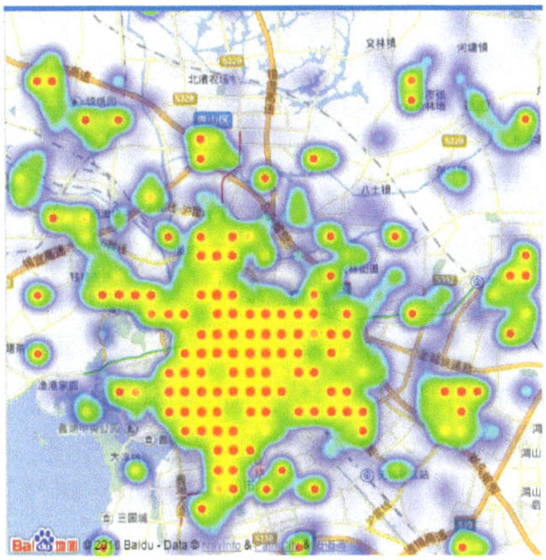

（c）当地人22点

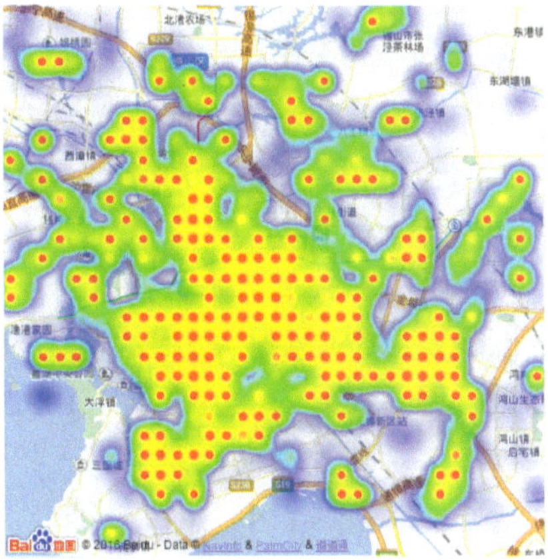

（d）外来人口22点

（e）当地人23点

（f）外来人口23点

图 2.22　当地人与外来人口不同时段热力图分布对比

3. 用户生活模式分析

通过对用户身份特征的分析对比，可以将用户分为当地人和外来人口两大类，接着本章又进一步根据生活模式的不同将用户进行分类、分析。具体地说，为了能够对用户进行聚类分析，本章提取了每个用户在以小时为单位的各个时段内最常到达即活跃度最高的基站作为聚类的依据，并以活跃基站的范围作为用户的活动半径。之所以选择这个特征作为聚类依据是因为生活模式不一样的人经常活动的地点是不一样的，例如，白领上班族经常会出现在一些城市中的核心办公区域；学生和个体户出现在各大高校、小区等附近的概率会比较高；而农民工则更倾向于出现在各大工业园区附近。除此之外，不同生活模式的人在作息时间上也会有比较大的差别。

提取每个用户在每个小时内活跃度最高的基站作为聚类的依据，得到的会是一个维度为 24 的特征向量，这对聚类之后的可视化制造了障碍，所以在聚类操作之前本章先利用 t-SNE 算法对该特征向量进行了降维，将其维度降低到了 2，然后利用 K-均值算法根据降维后的特征向量对用户进行聚类。图 2.23 为利用 K-均值算法对用户进行聚类之后的分布示意图，可以看到，用户被分成了七种不同的类型，下面将对各种类型用户的生活模式进行进一步的分析。

得到聚类结果之后，本章从每类用户中随机抽取了一部分用户作为样本分析其生活模式。具体地说，本章通过对比每一类用户在非工作日和工作日不同时间段的活跃地点以发现用户的大致特点，然后对比不同人群在关键时间段的热力图分布以分析用户大致的生活模式。图 2.24 为不同类型用户生活模式对比图。其中每个类型的两个图分别为该类用户在非工作日和工作日不同时间段最活跃基站的变化图，不同颜色代表了不同的基站，颜色变化越多说明用户移动越多。

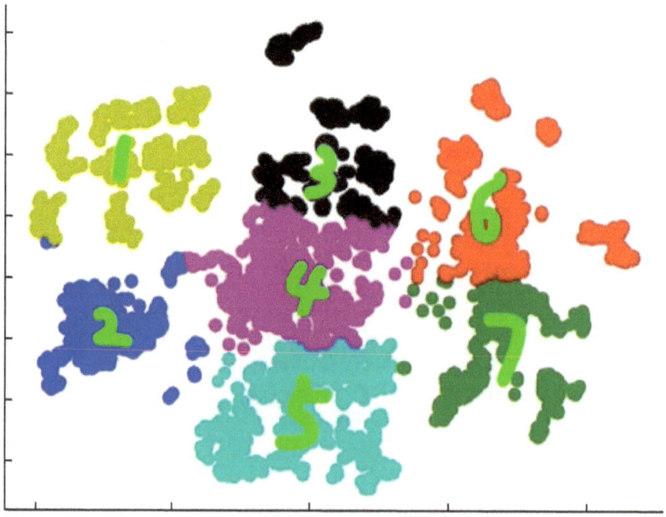

图 2.23　聚类结果示意图

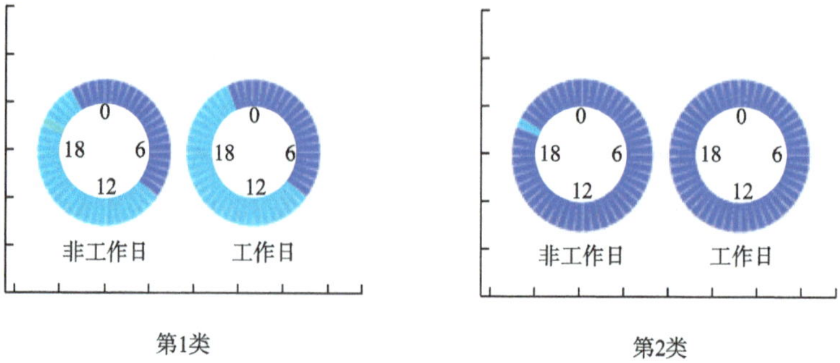

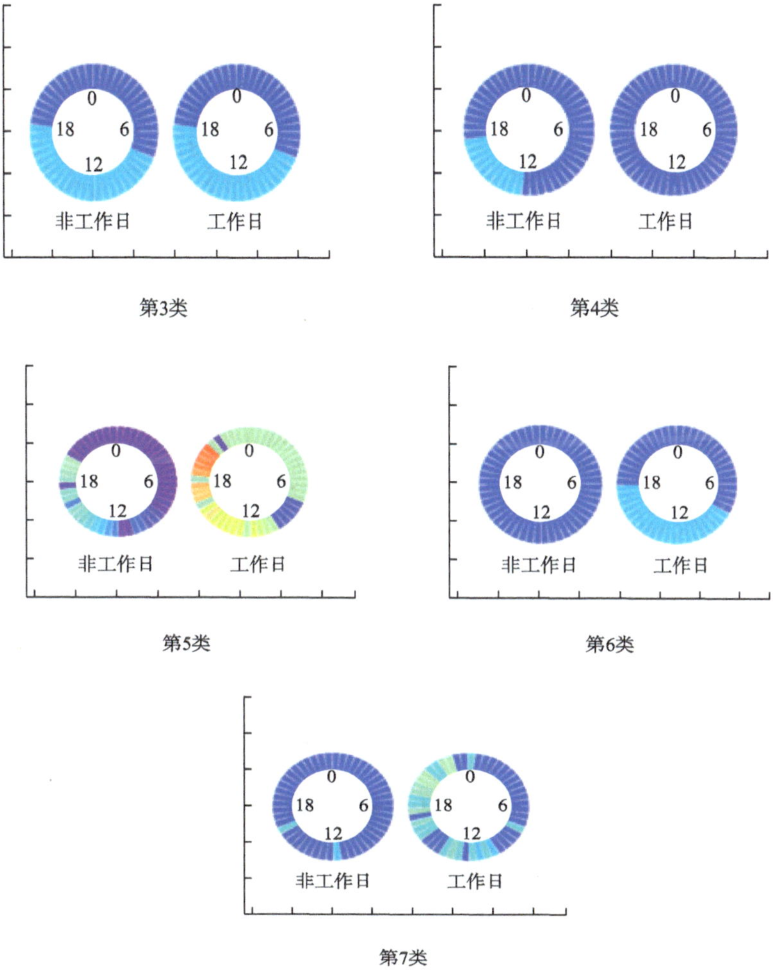

图 2.24　不同类型用户的生活模式对比图

具体而言，属于第 1 类与第 3 类的用户不管是在工作日还是非工作日作息都比较规律，在普遍的工作时间一直待在一个位置且在普遍的休息时间一直待在另一个位置，并且第 1 类用户的下班时间普遍晚于第 3 类用户，这两类用户与在部分商业中心上班的人群在生活模式上比较相近，其中，第 1 类用户大部分是从事周末无休的服务业从业者；属于第 2 类的用户工作日和非工作日区别也不大，基本全天都处在一个基站信号范围内，这类用户与在各大高校上学的学生和附近做生意的个体户在生活模式上比较相近；属于第 4 类的用户与宅居在城市某一角落的宅居人员在生活模式上比较相近；属于第 5 类的用户一直在城市中穿梭，与从事出租车司机这类职业的人在生活模式上比较相近；属于第 6 类的用户在工作日的工作时间和休息时间分别活跃在两个不同的地点，在非工作日则倾向于停留在一个地点，与工作两点一线的白领上班族在生活模式上比较相近。

2.6 本章小结

本章首先对近年来国内外基于手机信令数据的相关应用进行了详细调研，接着基于手机信令数据对用户的身份特征进行了分析，通过提取手机用户在通信行为信息域和地理位置信息域的特征信息识别用户身份特征，并针对此过程中涉及的样本标签缺失的问题提出了 CD-CNN 模型，实现了基于协同训练思想的半监督学习。然后，本章通过在无锡市真实手机信令数据集上与对照实验进行多种评价指标的对比，证明了 CD-CNN 模型性能的优越性以及其中各个子模块存在的必要性。本章的主要工作可以总结为以下几点。

（1）本章设计了一种基于深度学习方法的手机用户身份识别模型——CD-CNN 模型，该模型可利用手机信令数据对城市中手机用户是当地人还是外来人口进行识别。同时，本章还对手机用户地理位置信息和通信行为信息进行了跨域知识融合。为了实现对无标签数据的知识提取，本章采用了一种半监督的深度学习模型训练方法训练 CD-CNN 模型。本章提出的 CD-CNN 模型为类似的具有异构、高维度和标签不完整等特性的跨域数据融合场景提供了有价值的参考。

（2）本章除了对手机用户的身份特征进行分析识别外，还对不同身份手机用户的通勤距离、活动半径等出行特征进行了分析对比。发现了当地人与外来人口之间的明显差别，并通过与热力图作对比进一步证明了分析结果的正确性。最后，通过利用 t-SNE 算法和 K-均值算法对用户不同时段的关键位置进行降维聚类分析，将手机用户划分成了拥有不同生活模式的七种人群，并通过分析找到了其中大部分类型用户可能的现实原型。

参考文献

[1]Zilske M，Nagel K. A Simulation-based approach for constructing all-day travel chains from mobile phone data[J]. Procedia Computer Science，2015，52：468-475.

[2]Chen C，Ling B，Ma J. From traces to trajectories：How well can we guess activity locations from

mobile phone traces? [J]. Transportation Research Part C Emerging Technologies, 2014, 46: 326-337.

[3]Ahas R, Silm S, Jaerv O, et al. Using mobile positioning data to model locations meaningful to users of mobile phones[J]. Journal of Urban Technology, 2010, 17（1）: 3-27.

[4]Isaacman S, Becker R, Cáceres R, et al. Identifying important places in people's lives from cellular network data[C]. International Conference on Pervasive Computing, San Francisco, 2011: 133-151.

[5]Williams N E, Thomas T A, Dunbar M, et al. Measures of human mobility using mobile phone records enhanced with GIS data[J]. PloS One, 2014, 10（7）: e0133630.

[6]Csáji B C, Browet A, Traag V A, et al. Exploring the mobility of mobile phone users[J]. Physica A: Statistical Mechanics and its Applications, 2013, 392（6）: 1459-1473.

[7]Ranjan G, Zang H, Zhang Z L, et al. Are call detail records biased for sampling human mobility? [J]. Acm Sigmobile Mobile Computing & Communications Review, 2012, 16（3）: 33-44.

[8]Blumenstock J, Cadamuro G, On R. Predicting poverty and wealth from mobile phone metadata[J]. Science, 2015, 350（6264）: 1073-1076.

[9]Xiao P, Chen W, Lei W U, et al. Protecting personalized privacy against sensitivity homogeneity attacks over road networks in mobile services[J]. Frontiers of Computer Science, 2016, 10（2）: 370-386.

[10]Song X, Ouyang Y, Du B, et al. Recovering individual's commute routes based on mobile phone data[J]. Mobile Information Systems, 2017, 2017: 1-11.

[11]胡永恺，宋璐，张健，等. 基于手机信令数据的交通 OD 提取方法改进[J]. 交通信息与安全，2015，193（5）：84-90.

[12]张天然. 基于手机信令数据的上海市域职住空间分析[J]. 城市交通，2016，14（1）：15-23.

[13]Castronova E J, Kayser H, Frick J R, et al. Immigrants, natives and social assistance: Comparable take-up under comparable circumstances[J]. International Migration Review, 2001, 35（3）: 726-748.

[14]Sean D H, Frank V T. The religiosity of children of immigrants and natives in England, Germany, and the Netherlands: The role of parents and peers in class[J]. European Sociological Review, 2014, （2）: 194-206.

[15]Rathelot R, Safi M. Local ethnic composition and natives' and immigrants' geographic mobility in France, 1982—1999[J]. American Sociological Review, 2014, 79（1）: 43-64.

[16]Milewski N, Kulu H. Mixed marriages in Germany: A high risk of divorce for Immigrant-Native Couples[J]. European Journal of Population, 2013, 30（1）: 89-113.

[17]Yang Z, Lian D, Yuan N J, et al. Indigenization of urban mobility[J]. Physica A: Statistical Mechanics and its Applications, 2017, 469: 232-243.

[18]Windzio M, Bicer E. Are we just friends? Immigrant integration into high- and low-cost social networks[J]. Rationality & Society, 2013, 25（2）: 123-145.

[19]Parameswaran M, Whinston A B. Social computing: An overview[J]. Communications of the Association for Information Systems, 2007, 19（1）: 37.

[20]Kosinski M，Stillwell D，Graepel T. Private traits and attributes are predictable from digital records of human behavior[J]. Proceedings of the National Academy of Sciences of the United States of America，2013，110（15）：5802-5805.

[21]Pennacchiotti M，Popescu A M. Democrats，republicans and starbucks afficionados：User classification in twitter[C].Proceedings of the 17th ACM SIGKDD International Conference on Knowledge Discovery and Data Mining，San Diego，2011：430-438.

[22]Rao D，Yarowsky D，Shreevats A，et al. Classifying latent user attributes in twitter[C].Proceedings of the 2nd International Workshop on Search and Mining User-generated Contents，Toronto，2010：37-44.

[23]Mislove A，Viswanath B，Gummadi K P，et al. You are who you know：Inferring user profiles in online social networks[C].Proceedings of the Third ACM International Conference on Web Search and Data Mining，New York，2010：251-260.

[24]Zheleva E，Getoor L. To join or not to join：The illusion of privacy in social networks with mixed public and private user profiles[C].Proceedings of the 18th International Conference on World Wide Web，Madrid，2009：531-540.

[25]Boulis C，Ostendorf M. A quantitative analysis of lexical differences between genders in telephone conversations[C].Proceedings of the 43rd Annual Meeting of the Association for Computational Linguistics，Ann Arbor，2005：435-442.

[26]Dong Y，Yang Y，Tang J，et al. Inferring user demographics and social strategies in mobile social networks[C].Proceedings of the 20th ACM SIGKDD International Conference on Knowledge Discovery and Data Mining，New York，2014：15-24.

[27]Yu Z. Methodologies for cross-domain data fusion：An overview[J]. IEEE Transactions on Big Data，2015，1（1）：16-34.

[28]Sun S . A survey of multi-view machine learning[J]. Neural Computing and Applications，2013，23（7-8）：2031-2038.

[29]Ngiam J，Khosla A，Kim M，et al. Multimodal deep learning[C].Proceedings of the 28th International Conference on Machine Learning，Montreal，2009：689-696.

[30]Blum A，Mitchell T. Combining labeled and unlabeled data with co-training[C].Proceedings of the Eleventh Annual Conference on Computational Learning Theory，Madison，1998：92-100.

[31]Srivastava N，Salakhutdinov R R. Multimodal learning with deep Boltzmann machines[C]. Advances in Neural Information Processing Systems，Lake Tahoe，2012：2222-2230.

[32]Gönen M，Alpaydm E. Multiple kernel learning algorithms[J]. The Journal of Machine Learning Research，2011，12：2211-2268.

[33]Nigam K，Ghani R. Analyzing the effectiveness and applicability of co-training[C].Proceedings of the Ninth International Conference on Information and Knowledge Management，McLean，2000：86-93.

[34]Hardoon D R，Shawe-Taylor J. Convergence analysis of kernel canonical correlation analysis：Theory and practice[J]. Machine Learning，2009，74（1）：23-38.

[35]Sonnenburg S，Rätsch G，Schäfer C，et al. Large scale multiple kernel learning[J]. The Journal of

Machine Learning Research，2006，7：1531-1565.

[36]Chen H，Wang Y，Shi Y，et al. Deep transfer learning for person re-identification[C]. 2018 IEEE Fourth International Conference on Multimedia Big Data（BigMM），Xi'an，2018：1-5.

[37]Wang W，Zhou Z H. Theoretical foundation of co-training and disagreement-based algorithms[J]. arXiv，2017，1708（04403）.

[38]Wang Z，Zhang D Q，Zhou X S，et al. Discovering and profiling overlapping communities in location-based social networks[J]. IEEE Transactions on Systems Man Cybernetics-Systems，2014，44（4）：499-509.

[39]Steinberg A N，Bowman C L，White F E. Revisions to the JDL data fusion model[J]. Proceedings of SPIE - The International Society for Optical Engineering，1999，3719：430-441.

第 3 章　面向城市交通管理的路段速度预测与拥堵溯源

长期以来，交通速度预测都是智能交通领域中的重要问题之一，实现车辆高效导航、智能化的交通控制乃至无人驾驶都离不开精准的短期交通预测。然而，影响交通系统的因素非常繁杂，同时交通参数具有较强的随机性和不确定性，这使得交通预测研究成为城市交通管理研究的一个热点和难题。在传统研究中，交通预测通常被看成一个纯粹的时间序列预测问题，使用统计模型以及监督学习的方法对其进行预测，预测的准确性并不能完全满足实际应用的需求。

近年来，以深度学习为代表的人工智能技术得到了长足的发展，基于深度神经网络的深度学习模型在计算机视觉、自然语言处理等领域得到了非常广泛的应用。在本章中，我们将深度神经网络引入交通预测当中，设计一种误差反馈循环卷积神经网络（error feedback recurrent convolutional neural network，eRCNN）模型，用于实现高精度的交通速度预测。在 eRCNN 模型的基础上，本章还结合交通拥堵治理的实际需求，深入研究深度神经网络的解释性问题。具体而言，我们通过灵敏度分析的方式，对 eRCNN 模型中路段之间的影响关系进行分析，设计出路网中路段的重要性评价方法。在本章的实验部分，我们在北京市二环、三环交通速度的数据上验证 eRCNN 模型的有效性，并基于 eRCNN 模型的路段重要性评价算法分析北京市进出城道路及二环、三环路的交通拥堵源，可以为城市管理者进行城市规划提供帮助。

3.1　本 章 引 言

随着国家经济的高速发展，城市路网规模不断扩大，机动车数量快速增长，交通问题成为城市发展中最重要的问题之一。近年来，人口不断涌向城市，城市有限的道路资源难以承载，交通拥堵的问题也就变得更加严重。此外，随着生活水平的不断提升，人们对智能交通系统（intelligent transportation system，ITS）的需求越来越高，精确的交通路网控制、快速及超前的交通预报、准确的交通导航乃至无人驾驶都成为人们需求的一部分。解决以上问题乃至建立真正的智能交通系统的一个必不可少的步骤就是精准的交通预测及拥堵源头分析。精准的交通预测可以为市民出行提供最佳行驶路线，市政府可以通过拥堵源头分析改进城市规划，同时交通委员会可以结合预测信息和拥堵源头分析进行交通控制。

近些年，随着深度学习技术的快速发展，研究人员也开始逐渐采用深度神经网络模型来进行交通预测。然而，大量相关研究工作主要围绕交通流量和拥堵预测展开，交通流量预测较为容易，但是不能真实有效地反映交通状况，而在拥堵预测中，交通状况往往被当成一个二分类问题，即分为拥堵和非拥堵两种情况，同样不足以满足人们对交通状况的需求。在深度学习时代，交通速度预测依然是一个开放式的问题，存在着以下两个方面的挑战：一是如何刻画路段的交通速度之间潜在的相互作用关系，并利用这些关系来提高深度神经网络的预测性能；二是怎样去模拟交通速度在突发事件发生时产生的剧烈变化，如早高峰和交通事故等。这些问题事实上促成了本章的研究。

在本章中，我们提出一种 eRCNN 模型。eRCNN 模型构造了目标路段交通速度的时空二维矩阵，并通过 CNN 来挖掘时空二维矩阵中路段交通速度的相互作用关系，从而解决了第一个方面的挑战。进一步，eRCNN 模型将突发事件响应机制引入 RNN 当中，来解决第二方面的挑战。此外，本章结合特征灵敏度分析的方法，分析道路交通之间存在的潜在关系，并对影响整个路网的交通拥堵源头进行分析。

3.2 相关工作

本节首先对现有的交通预测方法进行总结，然后介绍两种典型的深度神经网络模型，即 CNN 模型和 RNN 模型。其中 CNN 模型是本章提出的 eRCNN 模型从时空输入矩阵中提取特征的关键算法，RNN 模型在自然语言处理和语音识别等领域都已经有了广泛应用，本章提出的 eRCNN 模型中的误差反馈循环层借鉴了 RNN 模型的部分思想。

1. 基于自回归整合移动平均算法的模型

自回归整合移动平均（ARIMA）模型也叫做博克思-詹金斯时间序列预测方法，Ahmed 等于 1979 年最早将其应用到交通预测中。ARIMA 模型的研究目标是一个非平稳的时间序列，首先需要通过对该时间序列进行差分得到一个平稳序列，有些时间序列必须做 d 阶差分才能得到一个平稳时间序列。在 ARIMA 模型出现以后，为了改善交通预测能力，许多优秀的研究工作使用 ARIMA 模型及在 ARIMA 模型基础上发展的新模型来进行交通速度预测，例如，文献[1]中提出了 Kohonen-ARIMA 模型，文献[2]中提出了 ARIMAX（autoregressive integrated moving average with exogenous input variables）模型，文献[3]中提出了 S-ARIMA（seasonal -ARIMA）模型。自回归（autoregressive，AR）、自回归移动平均（autoregressive and moving average，ARMA）、ARIMA 及其衍生模型的关系如图 3.1 所示。

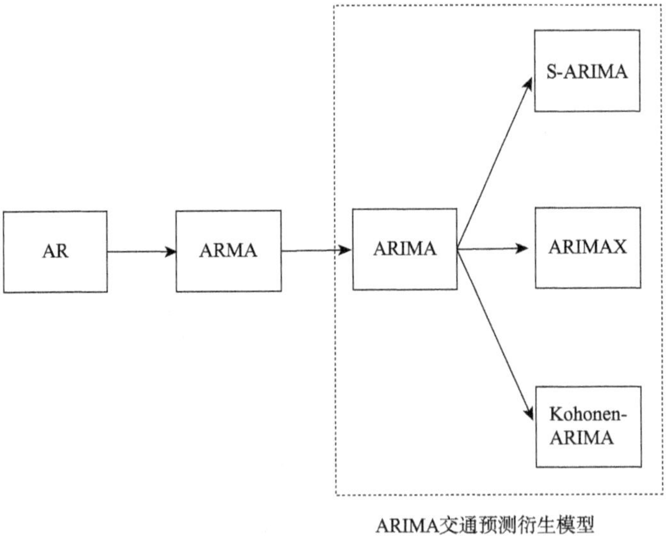

图 3.1　AR、ARMA、ARIMA 及其衍生模型的关系

2. 基于神经网络理论的模型

随着信息技术的发展，智能交通系统记录的交通历史数据变得越来越多；同时，为了能够有效地对交通信号灯以及车辆导航进行宏观调控，预测模型也需要革新，使其能够通过历史数据进行持续的学习和积累。20 世纪 90 年代，人工神经网络（artificial neural network，ANN）开始被运用于交通领域，ANN 是由很多处理单元相互连接组成的网络，具有较好的非线性建模能力，其根据输入与输出之间的关系，通过损失函数，不断调整网络中神经元之间的权重，从而使得网络

的输出值逼近期望输出值。由于 ANN 的学习能力符合智能交通系统的需求，因此，在实时交通预测领域与 ANN 相关的研究也非常活跃。用 ANN 来进行交通预测时，会利用单个或者大量路段的历史交通数据来训练模型，从而得到输入和输出变量之间的非线性映射关系。应用于交通预测的神经网络方法有文献[4]中的后向传播神经网络（back propagation neural network，BPNN）、文献[5]中的伪外乘积模糊神经网络（pseudo outer-product fuzzy neural network，POPFNN）等。

在不同类型的 ANN 中，BPNN 是目前最成熟的，也是使用范围最广的一种网络。如图 3.2 所示，它由输入层、输出层和隐藏层组成，用来模拟计算输入与输出之间的关系。在交通预测问题中，输入层对应预测目标近期的历史速度序列，输出层则对应预测目标该时刻的预测速度。

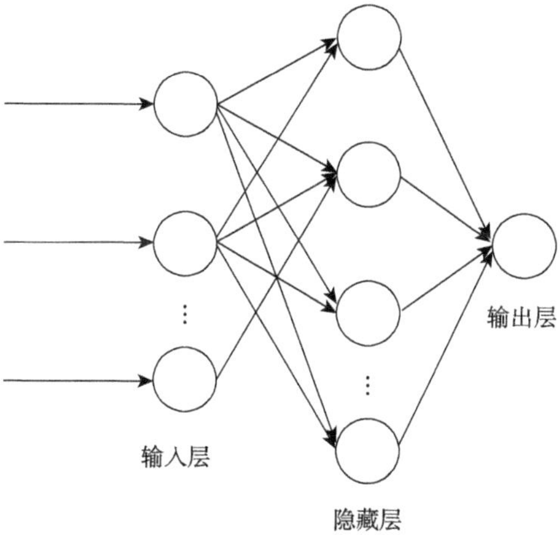

图 3.2　三层 BPNN

3. 基于支持向量机的模型

自从 Vapnik 创建 SVM 理论以来，已经出现了大量基于 SVM 的分类和回归研究[6]。SVM 从理论的角度来看是相当令人满意的，并且可以在实际应用中展现巨大的潜力和卓越的性能。这主要是由于 SVM 中采用的结构风险最小化（structural risk minimization，SRM）原理，使其具有更大的泛化能力并且优于在神经网络中采用的经验风险最小化（empirical risk minimization，ERM）原理。在 SVM 中，计算结果是全局最小值，而 ERM 只能定位局部最小值。此外，SVM 适应于复杂系统，并且在处理损坏的数据时具有鲁棒性，这个特征为 SVM 提供了更强大的泛化能力。SVM 的快速发展促使研究人员积极地将 SVM 应用于各种研究领域。传统上，许多研究集中于 SVM 在文档分类和模式识别上的应用[7]。ITS 也有许多工作使用到 SVM，如将 SVM 应用于车辆检测[8, 9]、交通模式识别[10]和头部识别[11]。这些研究结果证明了 SVM 在 ITS 中的可行性。近些年，SVM 被应用于时间序列预测，产生的模型称为支持向量回归（support vector regression，SVR），其在许多应用场景上有出色的表现，如金融市场预测[12]、电价预测[13]、功耗估计[14]和混沌系统的重建[15]。与神经网络类似，要建立 SVR 的交通流预测模型，也需要先训练历史数据，以产生输入与输出结果之间的内在规律，然后输入当前检测数据，运行后即可获得预测结果，文献[16]和[17]均采用了 SVR 算法或者其改进算法进行交通预测。

4. 卷积神经网络模型

CNN 是由 Lecun 和 Bottou 在文献[18]中提出的一种新型 ANN 方法，其与传统 ANN 的区别在于 CNN 使用卷积替代了传统神经网络中的矩阵乘法，辅之以人类视觉中局部视野域的原理，使得 CNN 成为第一个真正成功训练多层网络结构的学习算法。CNN 是为处理二维数据而设计的一种多层神经网络，受益于局部感受野、权值共享以及时间或空间亚采样三种结构思想，大大减少了网络中的学习参数。CNN 在模型训练、特征学习等多个方面的优势使得 CNN 成为当前深度学习领域的主流算法之一。从将 CNN 应用于手写数字识别开始，CNN 在计算机视觉领域取得了许多巨大的成功。然而大多数研究人员仍然将交通预测问题看作一个时间序列问题，没有考虑到其中的时空相关性和时空局部性，从而不能合理地构造适合 CNN 的时空输入矩阵，这也导致 CNN 在交通预测中得到成功应用的案例仍然不多。

5. 循环神经网络模型

常规的前馈神经网络（feedforward neural network，FNN）可以用于近似给定（可能非常大）的隐藏节点集合的任何空间有限函数。也就是说，对于具有固定输入空间的函数，总是存在将这些函数编码为神经网络的方式。然而，严格的 FNN 结构存在一个严重的缺陷，即不能够维持短期的记忆，如果要维持记忆，必须把过去的输入重新传递到网络中。与 FNN 相反，RNN 对于过去的输入、输出是敏感的，因为 RNN 的输出不仅仅依赖于输入空间，还依赖于内部状态空间。针对 RNN 仍存在的各种问题，现在已经有许多改进模型。这里概述比较典型的三个：一是 LSTM 网络[19]，该网络结合前面的状态、当前的记忆与当前的输入进行预测，已经证明，该网络结构对长序列依赖问题非常有效；二是双向长短时记忆循环神经网络（bi-directional long-short time memory recurrent neural network，bi-directional LSTMRNN）[20]，该网络假设当前输出不仅与前面的序列有关，还与后面的序列有关，该方法适合于预测一个语句中缺失的词语；三是时钟频率驱动循环神经网络（clockwork recurrent neural network，CW-RNN）[21]，该网络结构对于有着较为固定的时钟频率的序列预测非常有效。不同于机器翻译，交通预测问题仅有当前时刻之前的历史信息，因此 bi-directional LSTMRNN 不适用于交通预测问题，而 LSTM 网络、CW-RNN 及传统的 RNN 均可以应用于交通预测问题中。

3.3　基于深度学习模型的交通预测算法设计

本节开始介绍基于深度学习模型的交通预测算法，首先介绍数据预处理及时空输入矩阵构造，其次介绍如何将卷积神经网络应用到交通速度的特征提取中，再次介绍误差反馈循环神经网络，最后介绍 eRCNN 模型的参数训练及迁移学习中的聚类算法。

3.3.1　时空输入矩阵构造

实际的路网模型中，每条道路的长短不一致，更细粒度的预测相对于整条道路的预测显然是更有意义的，因而本节将整个路网模型进行了重构，将其中一些较长的道路，如环路分成了若干个路段。对于车辆数据，本节将车辆状态为驻车和停运的数据及部分明显异常的数据排除并将清洗后的数据按照GPS提供的经纬度坐标匹配到路网模型中。假设共有 N 辆车，它们的集合为 $\{C_1,C_2,\cdots,C_N\}$，在某一时刻 t，这些车辆会分布在各个路段中，设某车辆 C_i 此刻位于路段 S_j，则它的速度可以表示为 $v_t^{S_jC_i}$，则 t 时刻所有落在预测路段 S_j 上的车辆的平均速度（记为 $v_t^{S_j}$）可以表示为

$$v_t^{S_j}=\frac{\sum_i v_t^{S_jC_i}}{N} \tag{3.1}$$

对单个车辆进行预测是没有现实意义的，因此我们的预测目标就是每个路段上的车辆在当前时刻后某一时刻或某一段时间的平均速度。常规的算法仅仅提取预测路段本身的历史速度信息，而本章结合路网拓扑结构将预测路段及其邻近路段的历史速度信息构造为合理的时空输入矩阵。

1. 封闭路段的时空输入矩阵构造

交通预测中一个被广泛关注的特征是时空相关性特征。路段的拥堵可能是由该路段下游的路段引起的，这是空间相关性。此外，交通拥堵总是持续很长时间，

所以我们可以使用历史交通速度来预测未来的交通速度，这是时间相关性。

交通速度预测情景的另一个重要特征是时空局部性。如图 3.3 所示，这条路的红色部分拥挤，但路的蓝色部分没有拥挤。拥堵事件仅影响道路的小时空区域。这个特征是非常重要的，但是没有被大多数现有的算法考虑。

图 3.3　时空局部性示意图

为了引入时空相关性特征和时空局部性特征，本节将预测路段及其邻近路段的历史速度信息构造为二维时空输入矩阵。对于环路主路、高速路这样的封闭路段，除了匝道附近，其余路段受外界路段干扰较小，因而构造时空输入矩阵时仅考虑其上游和下游的路段。设路段 S_j 的 m 个上游路段集合为 $\{S_{j-1}, S_{j-2}, \cdots, S_{j-m}\}$，按照离路段 S_j 的拓扑距离从近到远排布，即 S_{j-1} 距离 S_j 最近，S_{j-m} 距离 S_j 最远，同理，将路段 S_j 的 m 个下游路段集合排布为 $\{S_{j+1}, S_{j+2}, \cdots, S_{j+m}\}$。假设预测目标是 $t+1$ 时刻的速度 $v_{t+1}^{S_j}$，为此我们选取每个路段在 t 时刻及 t 时刻之前的 n 个时刻的速度集合作为时空输入矩阵中的元素，构造如下的时空输入矩阵：

$$\boldsymbol{V} = \begin{bmatrix} v_t^{S_{j-m}} & v_{t-1}^{S_{j-m}} & \cdots & v_{t-n}^{S_{j-m}} \\ \vdots & \vdots & \ddots & \vdots \\ v_t^{S_{j-1}} & v_{t-1}^{S_{j-1}} & \cdots & v_{t-n}^{S_{j-1}} \\ v_t^{S_j} & v_{t-1}^{S_j} & \cdots & v_{t-n}^{S_j} \\ v_t^{S_{j+1}} & v_{t-1}^{S_{j+1}} & \cdots & v_{t-n}^{S_{j+1}} \\ \vdots & \vdots & \ddots & \vdots \\ v_t^{S_{j+m}} & v_{t-1}^{S_{j+m}} & \cdots & v_{t-n}^{S_{j+m}} \end{bmatrix} \tag{3.2}$$

时空输入矩阵 $\boldsymbol{V}$ 中，横坐标按时间顺序排布，纵坐标按空间顺序排布，路段 S_j 的上游路段速度信息排布于路段 S_j 的上方，而下游路段速度信息排布于路段 S_j 的下方。图 3.4 为时空输入矩阵转置的示意图，$\boldsymbol{V}$ 中的列向量 $\boldsymbol{v}_t^{:}$ 包含了路段 S_j 在时刻 t 附近上游和下游 m 个路段的速度数据，行向量 $\boldsymbol{v}_{:}^{S_j}$ 包含了路段 S_j 从时刻 $t-n$ 到时刻 t 的速度数据。以此类推，时空输入矩阵 $\boldsymbol{V}$ 包含了与预测目标 $v_{t+1}^{S_j}$ 时间和空间相近且已知的所有速度信息，时空输入矩阵中的颜色越偏红，说明该路段在对应的时刻越拥堵（速度越低），图中路段 S_j 及附近路段从 $t-2$ 时刻开始发生拥堵，并逐渐蔓延到下游路段。

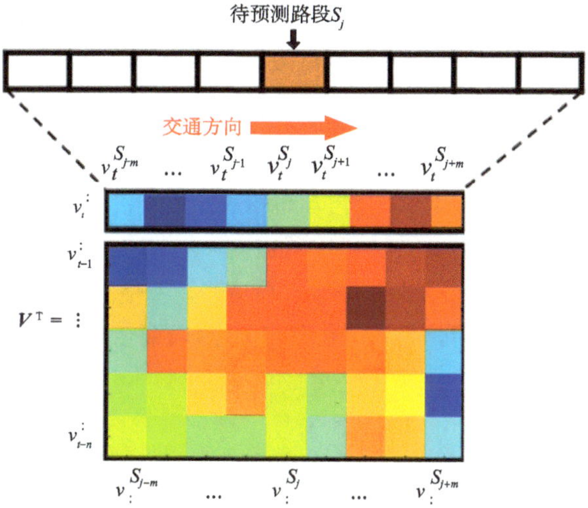

图 3.4　时空输入矩阵转置的示意图

2. 路网拓扑的时空输入矩阵构造

对于非环路及高速路上的路段 S_j，路段受附近路段的影响较大，并且往往不止一条道路上的路段对该路段产生影响，因而仅用一个时空输入矩阵难以在保证时空相关性和时空局部性的前提下纳入与预测路段邻近的路段的全部时空信息。

如图 3.5 所示，图中的每个矩形代表一个路段，路段 S_j 位于丁字形路口的交汇处，路线 1 所在的道路为从西向东方向，路线 2 所在的道路为从南向北方向，两条路线上的路段都会对 S_j 的交通状况有较大影响。因此我们将路线 1 和路线 2 分别看成封闭路段，对路线 1 上的路段构造时空输入矩阵 $\boldsymbol{V}_1$，对路线 2 上的路段构造时空输入矩阵 $\boldsymbol{V}_2$。尽管矩阵 $\boldsymbol{V}_1$ 和 $\boldsymbol{V}_2$ 中存在部分相同的路段，但是它们在拐角处（即路段 S_j 附近）的时空趋势是不一样的，因而这部分路段有必要在两个矩阵中都出现。

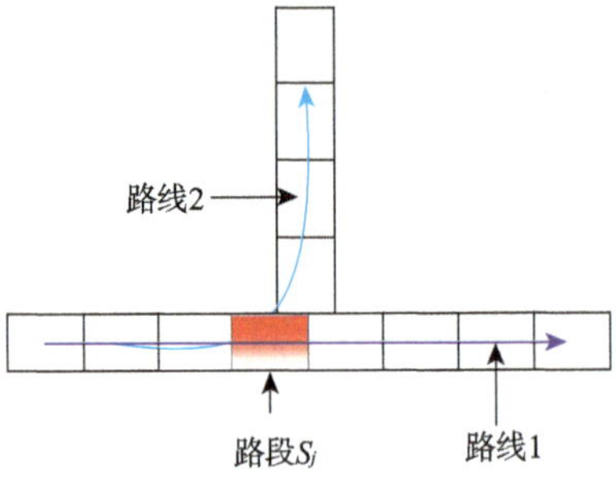

图 3.5　丁字形路口

对于整个路网中一般的情况，我们可以以路段作为根节点，以路段连接点作为边构造一个拓扑网络，如图 3.6 所示，路网模型中的路段 S_a～S_g 变为了拓扑模型中的节点。这有别于一般的路网模型中把路段作为边的做法。这样在预测某一路段 S_j 的交通速度时，对于它在拓扑网络中的每一条路线，取附近上游和下游 m 个路段构造一个时空输入矩阵，对于某些特殊路段，如果某一个方向上的路段不足 m 个，则为了保证时空输入矩阵大小的一致性，剩余部分应当用 0 值进行填充。图 3.6 所示的拓扑模型中对每个路段构造的时空输入矩阵个数与路段编号的对应关系如表 3.1 所示。

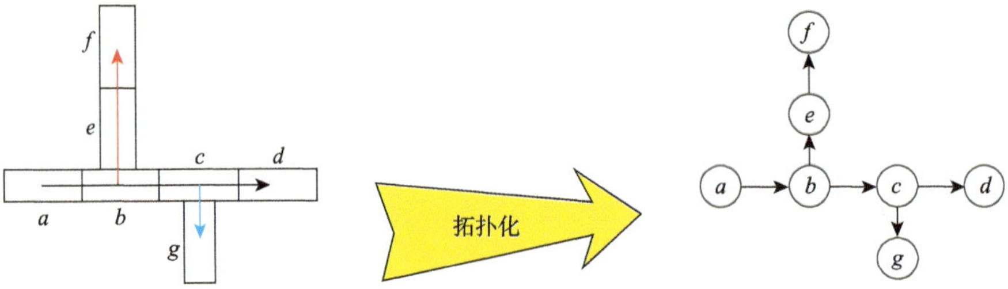

图 3.6　路网结构拓扑化

表3.1　时空输入矩阵个数与路段编号的对应关系

输入矩阵个数	路段编号
1	S_d、S_e、S_g
2	S_c
3	S_a、S_b

3.3.2　eRCNN 模型构造

1. 卷积神经网络提取特征

eRCNN 模型框架共有 5 个网络层，包括输入层、卷积层、池化层、误差反馈循环层和输出层。输入层由时空输入矩阵构成；而卷积层和池化层则是为了从时空输入矩阵中提取特征；接下来误差反馈循环层引入了最近的历史预测误差来弥补当前的预测误差；最后输出层用一个修正的 ReLU（rectified linear unit）函数来生成交通速度的预测结果。

在时空输入矩阵中可以找到一些局部模式。如图 3.7 所示，我们可以看到这三个子矩阵属于同一模式。在这种模式中，交通速度在空间和时间正方向上都减小，实际上表现出一种拥堵扩散的时空趋势。因此，eRCNN 模型首先采用 CNN 来处理时空输入矩阵。

图 3.7　时空输入矩阵中的局部模式

卷积层是 CNN 模型的核心部分，用以获取交通速度时空输入矩阵中的局部特征。卷积层通过若干个 $i \times i$ 规模的滤波器与时空输入矩阵相连，每个滤波器都是可训练的，本节定义第 k 个滤波器的权重矩阵为 $\boldsymbol{W}_k^{(C)}$。卷积层用 $\boldsymbol{W}_k^{(C)}$ 对时空输入矩阵进行之字形扫描来计算卷积神经元矩阵，卷积神经元矩阵中坐标为 (p,q) 的元素 $c_k^{p,q}$ 的计算公式如下：

$$c_k^{p,q} = \text{Sigmoid}\left(b_k + \sum_{x=0}^{i}\sum_{y=0}^{i} w_k^{x,y} m^{p+x,q+y}\right) \tag{3.3}$$

池化层是 CNN 模型中另一个重要的组成部分，它的作用是减少卷积神经元矩阵的维度。池化的主要方式分为两种：最大值池化和平均值池化。池化层将卷积层分成若干个 $j \times j$ 大小的不相交区域，最大值池化就是对某个邻域内的像素取最大值；而平均值池化则是用每个区域的平均值去代表卷积神经元在这个区域的特征。eRCNN 模型选用平均值池化的方式，通过池化层的处理，卷积神经元矩阵的维度被缩小为原来的 $1/(j \times j)$，这样一来，时空输入矩阵中的速度信息的若干个局部特征被进一步缩小规模，从而获得新的特征，并将这些特征用于接下来的预测。eRCNN 模型中池化层的输出是一个将所有卷积神经元矩阵池化的结果联合在一起的向量。

对于前面所述的封闭路段，单个卷积神经网络模型中的所有卷积特征图池化后所得的联合向量 $\boldsymbol{p}$ 包含了邻近重要路段的全部时空信息。对于此封闭路段，需要 l 个卷积神经网络模型从 l 个时空输入矩阵中提取特征，如果定义第 i 个卷积神经网络模型的输出向量为 $\boldsymbol{p}_i$，那么最终生成的特征向量集合 $\boldsymbol{p}$ 的定义为这些输出向量的联合向量。

2. 误差反馈循环神经网络

交通速度数据的一个特点是速度可能会在很短的时间段内发生突然改变，例如，在早高峰开始的 30min 里，北京环路的交通速度可能从极其畅通的 70km/h 下降至较拥堵的 30km/h。此外，交通速度变化中还存在一些不可预测的事件。如图 3.8 所示，道路的交通速度在 8:30 突然下降，在大约半小时内恢复，此事件可能由一起追尾事故引起。类似的事故几乎不可能被预测到，但它们对道路交通具有非常大的影响。一般来说，这种突发的速度改变用传统的神经网络甚至是深度学习模型都是难以快速捕捉到的。因此，本章引入了误差反馈循环层去改善深度学习模型在以上场景下的预测效果。

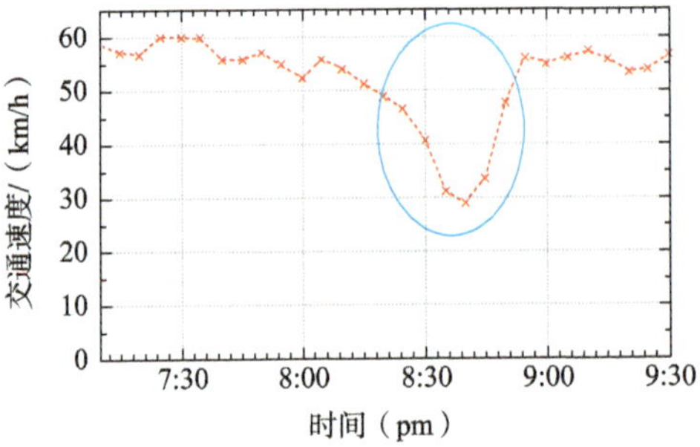

图 3.8 不可预测的交通事故

误差反馈循环层分为两部分：一部分神经元和传统神经网络比较相似，该组神经元与池化层所生成的特征向量 $\boldsymbol{p}$ 通过 Sigmoid 激活函数全连接，它们的集合称为特征子层；另一部分神经元则用来补偿预测误差，它们称为误差反馈子层。eRCNN 模型的核心在于误差反馈循环层的构造。

对于特征子层，eRCNN 的模型公式如下：

$$r_k^{(R)} = \text{Sigmoid}(\boldsymbol{w}_k^{(R)}\boldsymbol{p} + b_k^{(R)}) \tag{3.4}$$

其中，$r_k^{(R)}$ 表示特征子层第 k 个神经元的输出结果；$\boldsymbol{w}_k^{(R)}$ 表示特征子层第 k 个神经元对应输入的权值连接向量；$\boldsymbol{p}$ 表示池化层所生成的特征向量；$b_k^{(R)}$ 表示第 k 个神经元对应的偏置。在传统的 CNN 模型中，$r_k^{(R)}$ 可以作为网络的最终输出，而如果在 CNN 模型的上层再引入一个 RNN 模型，则 $r_k^{(R)}$ 还需要与上一次预测阶段的隐藏层相连接，描述公式如下：

$$r_k^{(R)}(t)=\text{Sigmoid}(\boldsymbol{w}_k^{(R)}\boldsymbol{p}+\tilde{\boldsymbol{w}}_k^{(R)}\boldsymbol{r}^{(R)}(t-1)+b_k^{(R)}) \tag{3.5}$$

其中，$\boldsymbol{r}^{(R)}(t-1)$ 是 $t-1$ 时刻隐藏层的神经元向量；$\tilde{\boldsymbol{w}}_k^{(R)}$ 是相应的权重向量；$b_k^{(R)}$ 是相应的偏置。但是，这个模型没有考虑到预测误差，而预测误差对于速度突然改变的场景的预测可能是非常有用的。

为了克服 RNN 的限制，我们在循环层引入了一组误差反馈神经元，这些神经元的集合称作误差反馈子层。交通预测属于时序预测问题，在预测过程中可以得知先前阶段的预测误差的信息，因而误差反馈子层通过利用先前阶段的预测误差的信息来对当前阶段的预测进行弥补，以提高预测性能。第 k 个误差反馈神经元 $r_k^{(E)}$ 在 t 时刻的值 $r_k^{(E)}(t)$ 的定义为

$$r_k^{(E)}(t)=\text{Sigmoid}(\boldsymbol{w}_k^{(E)}\boldsymbol{e}(t-1)+b_k^{(E)}) \tag{3.6}$$

其中，$\boldsymbol{w}_k^{(E)}$ 表示误差反馈子层第 k 个神经元对应的权值连接向量；$b_k^{(E)}$ 表示误差反馈子层第 k 个神经元对应的偏置；$\boldsymbol{e}(t-1)$ 由 t 时刻之前若干个时刻输出的误差集合构成，定义为

$$\boldsymbol{e}(t-1)=[y(t-1)-o(t-1),y(t-2)-o(t-2),\cdots,y(t-l)-o(t-l)] \tag{3.7}$$

其中，$y(t-l)$ 表示 $t-l$ 时刻序列实际的输出结果；$o(t-l)$ 表示 $t-l$ 时刻输出层的输出结果，因此 $y(t-l)-o(t-l)$ 就是 $t-l$ 时刻真实值与 eRCNN 输出值之间的误差。

普通神经网络（neural network，NN）、RNN 和误差反馈循环神经网络（error feedback recurrent neural network，eRNN）的区别如图 3.9 所示。NN 中不同样本的隐藏层之间没有连接，RNN 中不同样本的隐藏层之间存在连接，而 eRNN 则是在样本当前时刻的预测误差与下一时刻的隐藏层之间构造连接。

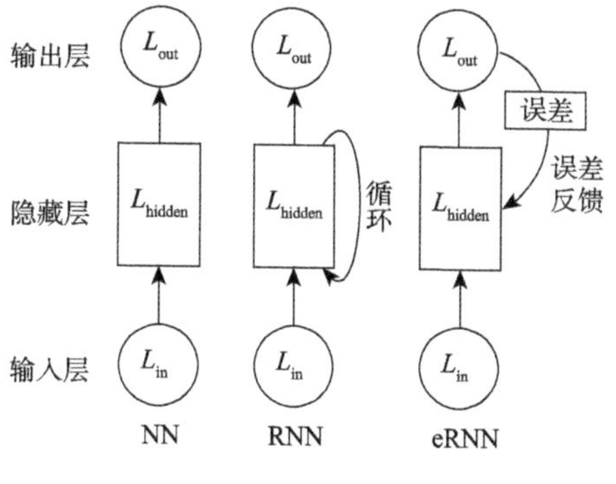

图 3.9　NN、RNN、eRNN 的区别示意图

误差反馈循环层的输出向量 $\boldsymbol{r}$ 是普通神经元 $\boldsymbol{r}^{(R)}$ 与误差反馈神经元 $\boldsymbol{r}^{(E)}$ 的联合向量，即

$$\boldsymbol{r}=\left[\boldsymbol{r}^{(R)};\boldsymbol{r}^{(E)}\right] \tag{3.8}$$

在误差反馈循环层中，eRCNN 模型没有像传统 RNN 模型那样将两组神经元当前阶段的输入和前些阶段的输入连接在一起。这两个阶段的输入分别连接到了不同的神经元组，形成了两个子层，这是因为在 eRNN 模型中，这两个阶段的输入拥有不同的特性，特征子层代表从时空输入矩阵中提取的特征信息，误差反馈子层代表在时序上提取的历史预测误差的补偿信息。

最后，在输出层，误差反馈循环层的输出 $\boldsymbol{r}$ 被作为输入，输出层生成的最终预测输出值是

$$o=\sigma(\boldsymbol{w}^{(OR)}\boldsymbol{r}^{(R)}+\boldsymbol{w}^{(OE)}\boldsymbol{r}^{(E)}+b^{(O)}) \tag{3.9}$$

其中，$\boldsymbol{w}^{(OR)}$ 表示输出层与特征子层所有神经元的权值连接向量；$\boldsymbol{w}^{(OE)}$ 表示输出层与误差反馈子层所有神经元的权值连接向量；$b^{(O)}$ 表示输出层的偏置。当 $\boldsymbol{e}(t-1)$ 的规模 l 为 1 时，即只考虑上一个时刻的预测误差，一个最简单的误差反馈循环层整体结构如图 3.10 所示，所用符号与文中含义相同。在输出层，我们采用了一个修改的 ReLU 函数作为激活函数，称为限制 ReLU 函数，其定义如下：

$$\sigma(x)=\begin{cases}0 & (x\leqslant 0)\\ x & (0<x<1)\\ 1 & (x\geqslant 1)\end{cases} \tag{3.10}$$

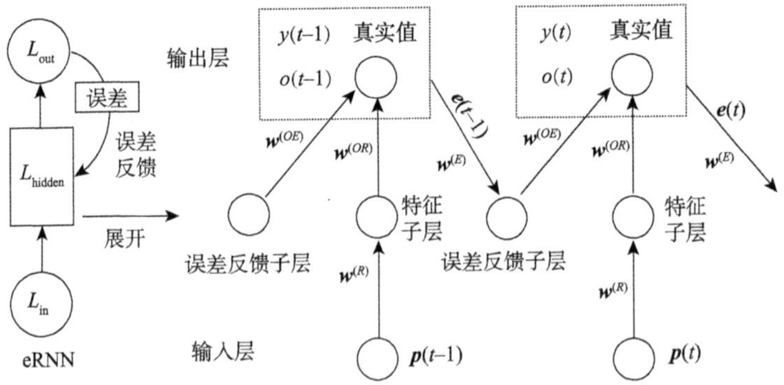

图 3.10　最简单的误差反馈循环层构造示意图

式（3.9）的输出可以被看作来自两个子层的信息的线性组合。由于 Sigmoid 函数的输出在[0，1]之间，为避免权值 $\boldsymbol{w}^{(OR)}$ 及 $\boldsymbol{w}^{(OE)}$ 振荡过大，难以训练学习，式（3.10）将输出层的输出结果也限制在[0，1]之间。因而，我们将路段的交通速度

进行了归一化处理，根据实际的城市交通状况，本章认为当路段交通速度大于等于 80km/h 或者小于等于 10km/h 时，对其进行更精确的预测没有价值，因此，本章采用了下述函数对交通速度数据进行归一化处理：

$$\psi(x)=\begin{cases}1 & (x\geqslant 80\text{km/h})\\ 1-\dfrac{80-x}{70} & (x\in(10,80)\text{km/h})\\ 0 & (x\leqslant 10\text{ km/ h})\end{cases}\tag{3.11}$$

实际上，为了保证输入和输出规模的一致性，时空输入矩阵 $\boldsymbol{V}$ 中的交通速度也按照式（3.11）进行了归一化处理。如图 3.11 所示，式（3.10）和式（3.11）一起构造了模型输出值与预测速度之间的映射关系，图左边表示限制 ReLU 函数的范围，图右边表示速度值的归一化处理方式。

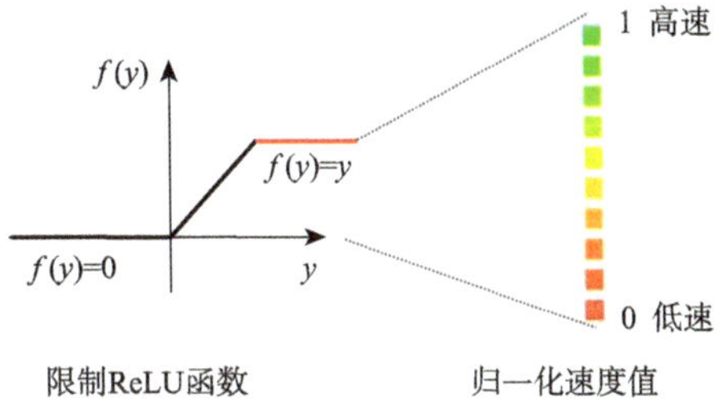

图 3.11　限制 ReLU 函数与归一化速度值的映射关系

3.3.3　网络训练

eRCNN 模型的构造与所有的深度神经网络模型一样，由于前向神经网络无法从训练样本中学习到恰当的网络参数，因而还需要一个后向的误差传播过程以进行网络学习，由于 eRCNN 模型结构新颖，参数的训练过程也较为复杂，因此本节给出其数学推导过程。此外，由于 eRCNN 模型针对每一个路段都有一个独立的模型，整个交通网络中的路段数量非常庞大，所以为了将 eRCNN 模型更好地应用于实际的交通预测场景，减少过拟合现象，提高一些特定时段的预测性能，本节还仿造迁移学习的思想提出了一种新的权重预训练方法。

1. 参数训练

eRCNN 模型中需要被训练的参数包括卷积层中的权重矩阵集合 $\boldsymbol{W}_k^{(C)}$ 和偏置集合 $\boldsymbol{b}^{(C)}$，误差反馈循环层中的权重向量集合 $\boldsymbol{w}^{(R)}$、$\boldsymbol{w}^{(E)}$ 和偏置集合 $\boldsymbol{b}^{(R)}$、$\boldsymbol{b}^{(E)}$，

输出层中的权重向量 $\boldsymbol{w}^{(O)}=\left[\boldsymbol{w}^{(OR)};\boldsymbol{w}^{(OE)}\right]$，偏置量 $b^{(O)}$，为了描述方便，本节用 θ 代表所有参数：

$$\theta=\left\{\boldsymbol{W}^{(C)},\boldsymbol{w}^{(R)},\boldsymbol{w}^{(E)},\boldsymbol{w}^{(O)},\boldsymbol{b}^{(C)},\boldsymbol{b}^{(R)},\boldsymbol{b}^{(E)},b^{(O)}\right\} \quad (3.12)$$

常见的参数训练方法有梯度下降法、随机梯度下降法、牛顿法、拟牛顿法等。因为样本量和计算量非常庞大，本章的参数训练方法采用批量随机梯度下降（mini-batch stochastic gradient descent，MSGD）法，对于一个路段，参数训练的目标是最小化所有训练样本的损失函数 L，因为本章的预测目标是一个回归问题，因而选用了平方损失函数。

误差反馈循环层的误差来自两个方面，首先是本阶段预测的误差，与普通深度神经网络类似，此外，由式（3.7）可以得知，本层的输出 $o(t)$ 将通过误差反馈神经元影响到输出 $o(t+1)$、$o(t+2)$、…、$o(t+l)$，因而在进行误差后向传播时，输出 $o(t+1)$、$o(t+2)$、…、$o(t+l)$ 的误差将传播至 $o(t)$。此外，还来源于误差反馈循环层的误差反馈子层的预测阶段 $t+1$ 到 $t+l$ 传播至预测阶段 t 的误差。

2. 模型参数预训练及调参

由于整个交通路网被划分为很多路段，不同的路段有不同的网络拓扑结构，即使网络拓扑结构相同的路段也会因为地形等因素而有不同的交通速度变化模式，因而我们需要对每一个路段训练一组特定的模型参数。然而，在实际采集的数据中，每个路段的速度样本是有限的，同时可能存在数据缺漏较多、特征不明显等诸多问题。当数据存在上述问题时，如果仅对该路段本身进行 eRCNN 模型的学习，很有可能会产生过拟合的问题。

为了防止过拟合并且充分利用所有路段的训练数据，本节提出一种基于皮尔逊相关系数的路段子集聚类算法，将所有路段按照一定的相关特征关系聚集成若干个子集，设两个路段分别为 S_p、S_q，将它们所对应的样本按时间序列排布，记为 $\boldsymbol{v}_p$、$\boldsymbol{v}_q$，例如，每 5min 采一次样，样本跨度为 30 天，则 $\boldsymbol{v}_p$、$\boldsymbol{v}_q$ 的维度分别为 8640。

皮尔逊相关系数是用来反映两个变量线性相关程度的一个常用指标，本节用皮尔逊相关系数作为两个路段的相似性衡量指标。定义 $\text{Pearson}(S_p,S_q)$ 如下：

$$\text{Pearson}\left(S_p,S_q\right)=\frac{\text{Cov}\left(\boldsymbol{v}_p,\boldsymbol{v}_q\right)}{\sqrt{\text{Var}\left(\boldsymbol{v}_p\right)\text{Var}\left(\boldsymbol{v}_q\right)}} \quad (3.13)$$

其中，$\text{Cov}(\boldsymbol{v}_p,\boldsymbol{v}_q)$ 表示 $\boldsymbol{v}_p$ 与 $\boldsymbol{v}_q$ 的协方差；$\text{Var}(\boldsymbol{v}_p)$ 与 $\text{Var}(\boldsymbol{v}_q)$ 分别表示 $\boldsymbol{v}_q$ 与 $\boldsymbol{v}_q$ 序列自身的方差。

本节通过两个路段之间的相关性进行路段的聚类。路段子集聚类算法流程如图 3.12 所示。

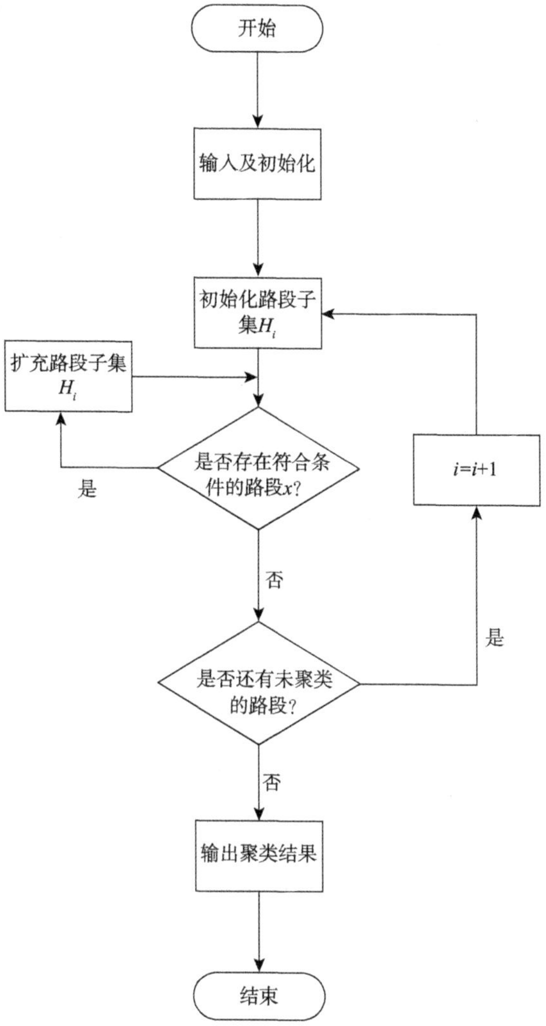

图 3.12　路段子集聚类算法流程图

算法中每个步骤的描述如下。

（1）输入及初始化。输入参数包括皮尔逊相关系数阈值 P 及由 m 个路段构成的路段集合 S，S 的定义如下：

$$S=\{S_1,S_2,\cdots,S_m\}$$

定义路段子集 H_i，i 的初始值为 0。

（2）初始化路段子集 H_i。选择一个尚未被聚类的路段 S_x 加入路段子集 H_i 中。

（3）扩充路段子集 H_i。选择一条与 H_i 中路段相连接的路段 S_y，如果 S_y 满足下述公式：

$$\frac{1}{n}\sum_{\forall S_i \in H_i} \text{Pearson}(S_y, S_i) > P \tag{3.14}$$

那么就将 S_y 加入路段子集 H_i 中，其中，Pearson 函数的定义见式（3.13）。重复进行步骤（4），直至再也找不到符合条件的路段 S_y。

（4）建立新的路段子集。如果路段集合 S 中还有未被聚类的路段 S_x，令 $i = i+1$，重复步骤（2）。

（5）输出聚类结果。得到若干路段子集 $H_0, H_1, \cdots, H_i$。

通过路段子集聚类算法，所有路段均被分为若干个子集，然后将每个子集的路段样本集合 $\{S_1, S_2, \cdots, S_n\}$ 中输入矩阵个数相同的路段作为一个整体，进行 eRCNN 模型参数预训练，进而得到一组参数 θ，再用 θ 作为模型初始参数，对子集中的每个路段 S_k 自身的样本集进行参数调整，其中 $k \in [1, n]$。从而得到路段 S_k 最终的 eRCNN 模型参数 θ'，如果以 θ 作为参数在训练集上的预测精确度已经足够高了，则不需要继续学习。

这种新的权重预训练方法将相似的连续路段聚集在一起，来学习一组共同的参数，在此基础上再对每个路段进行调参。实际上在训练过程中引入了宏观时空特征，在大时空上进行了参数预训练，再将参数迁移到小时空中进行二次学习，这样不仅减少了 eRCNN 模型对于每个路段具体模型的学习时间，还提高了学习到一组更恰当的参数的可能性。

3.4 基于深度学习模型的路段重要性评价算法

本节介绍 eRCNN 模型的一个非常有用的应用——路段重要性评价，并基于 eRCNN 模型提出了一种新颖的方法来计算路段重要性。首先对 eRCNN 模型进行灵敏度分析，从中获取路段关系，提出路段重要性的评价公式，接下来提出 eRCNN-PageRank 算法，计算出每个路段在路网模型中的静态重要性权重，最终代入表达式中得到对路段重要性的评价分数。

3.4.1　从深度学习模型中获取路段关系

1. 深度学习中的灵敏度分析

深度学习理论被认为是处理庞大的高维数据最有效的技术之一，最近几年，随着深度学习技术的蓬勃发展，深度神经网络已经在现实生活中的各个领域中证明了它的巨大潜力，一些交通预测研究也开始尝试采用深度神经网络模型作为预测工具。然而深度学习技术还存在许多亟待解决的问题，增强网络的可理解性和可分析性就是其中一个重要的问题。人工神经网络模型及深度学习模型很难解释从模型中获得的知识，因而这些模型往往都被称作黑盒模型[22]。灵敏度分析就是为了克服这个缺点而提出的解决办法，主要包括基于连接权的灵敏度分析方法、基于输出变量对输入变量的偏导数的灵敏度分析方法、与统计方法结合的灵敏度分析方法和基于输入变量扰动的灵敏度分析方法等[23]。通过灵敏度分析可以确定每个输入变量对输出变量的相对重要性，然而，一般的灵敏度分析工作都是为了去除输入特征中灵敏度系数较小的特征，而不是为了刻画输入特征的本质，并且其主要应用于人工神经网络中，而没有应用到深度学习模型及交通预测问题中。接下来将讨论路段影响力与 eRCNN 模型间的关系，然后采用基于偏导数的灵敏度分析方法对 eRCNN 模型进行灵敏度分析，以此估计路段间的影响力分数，同时增加 eRCNN 模型的可理解性。

2. 路段影响力与 eRCNN 模型的关系

每个路段在路网中都不是孤立的，它既影响其他一些路段，也受到其他路段的影响。为了描述方便，本章在描述影响其他路段的单一路段时，用路段 α 表示，而在描述单一路段受到其他路段影响时，用路段 β 表示，例如，$F_{\alpha,\beta}$ 表示路段 α 对路段 β 的影响力。相应地，如果描述的是路段集合中的某一路段，则用 α_k 和 β_k 表示，例如，F_{α,β_k} 表示某路段 α 对路段集合 $\{\beta_1,\beta_2,\cdots,\beta_l\}$ 中某一路段 β_k 的影响力，l 表示路段集合的大小。

为了解释路段重要性的概念，首先我们做出一个合理的假设，路段 β 在时刻 t 的速度 $v_t^{S_\beta}$ 受到路段 α 在 t' 时刻（ $t'<t$ ）的速度 $v_{t'}^{S_\alpha}$ 及其他若干因素的集合 θ 的影响，并构成函数关系：

$$v_t^{S_\beta}=f(v_{t'}^{S_\alpha},\theta) \tag{3.15}$$

基于上面这个假设，我们将 $v_t^{S_\beta}$ 对 $v_{t'}^{S_\alpha}$ 的偏导数视作路段 α 在 t' 时刻对路段 β 在 t 时刻的影响力，记为 $F_{\alpha,\beta}(t,t')$，这表示速度 $v_{t'}^{S_\alpha}$ 在当前数值上发生改变时，$v_t^{S_\beta}$ 随之变化的变化率。

本章提出的 eRCNN 模型的网络输出满足 $o=f(\boldsymbol{V})$，因而可以建立一个路段的预测速度 o 与它邻近路段的真实速度矩阵 $\boldsymbol{V}$ 之间的关系。影响力 $F_{\alpha,\beta}(t,t')$ 的估计值为

$$F_{\alpha,\beta}(t,t')=|\frac{\partial o}{\partial v_{t'}^{S_\alpha}}| \tag{3.16}$$

其中，$\frac{\partial o}{\partial v_{t'}^{S_\alpha}}$ 表示输出 o 对于时空输入矩阵 $\boldsymbol{V}$ 中的元素 $v_{t'}^{S_\alpha}$ 的偏导数。实际上，$\frac{\partial o}{\partial v_{t'}^{S_\alpha}}$ 是 eRCNN 模型输入特征 $v_{t'}^{S_\alpha}$ 的局部灵敏度，可以用基于偏导数的灵敏度分析方法进行求解。

3. eRCNN 模型灵敏度分析

显然，计算出矩阵 $\frac{\partial o}{\partial \boldsymbol{V}}$ 的值即可以得到式（3.16）右侧的 $\frac{\partial o}{\partial v_{t'}^{S_\alpha}}$。而 $\frac{\partial o}{\partial \boldsymbol{V}}$ 的值需要通过 eRCNN 模型层层递推求得，包括卷积层、池化层、误差反馈循环层及输出层。

首先进行卷积层的推导。Sigmoid 函数的表达式 $y=\text{Sigmoid}(x)$，y 对 x 的导数为

$$\frac{\mathrm{d}y}{\mathrm{d}x}=y(1-y) \tag{3.17}$$

可以推出，在第 k 个滤波器所对应的卷积层中，位于 (p,q) 位置的元素 $c_k^{p,q}$ 对于时空输入矩阵 $\boldsymbol{V}$ 的偏导数为

$$\frac{\partial c_k^{p,q}}{\partial \boldsymbol{V}}=c_k^{p,q}(1-c_k^{p,q})\boldsymbol{W}_k^{(C)} \tag{3.18}$$

其中，$\boldsymbol{W}_k^{(C)}$ 表示第 k 个滤波器对应的权重矩阵，实际上，这样求得的偏导数也是一个与 $\boldsymbol{W}_k^{(C)}$ 维度相同的矩阵，并且它们是矢量矩阵，在坐标轴上的位置各不相同。

第 k 个池化层中，池化层 (i,j) 位置的元素值由对应的卷积层池化窗口中的元素 $c_k^{m,n}$ 的平均值确定。由此递推关系可知，$p_k^{i,j}$ 对时空输入矩阵 $\boldsymbol{V}$ 的偏导数 $\frac{\partial p_k^{i,j}}{\partial \boldsymbol{V}}$ 是 $\frac{\partial c_k^{m,n}}{\partial \boldsymbol{V}}$ 的平均值，对于大小为 2×2 的池化窗口，满足：

$$\frac{\partial p_k^{i,j}}{\partial \boldsymbol{V}}=\frac{1}{4}\sum_{m=2i-1}^{2i}\sum_{n=2j-1}^{2j}\frac{\partial c_k^{m,n}}{\partial \boldsymbol{V}} \tag{3.19}$$

图 3.13 的左侧是卷积层第 k 个滤波器所对应的卷积层元素 $c_k^{1,1}$、$c_k^{1,2}$、$c_k^{2,1}$、$c_k^{2,2}$

在输入层中的映射，假设每个滤波器的维度是 3×3，经过偏导运算后得到式（3.18）所示的四个矩阵，因为它们在坐标轴上的位置各不相同，因此式（3.19）的求和运算是一个矢量运算过程，可以看作 4 个 4×4 的矩阵相加，但是每个矩阵都有 7 个值为 0 的元素。

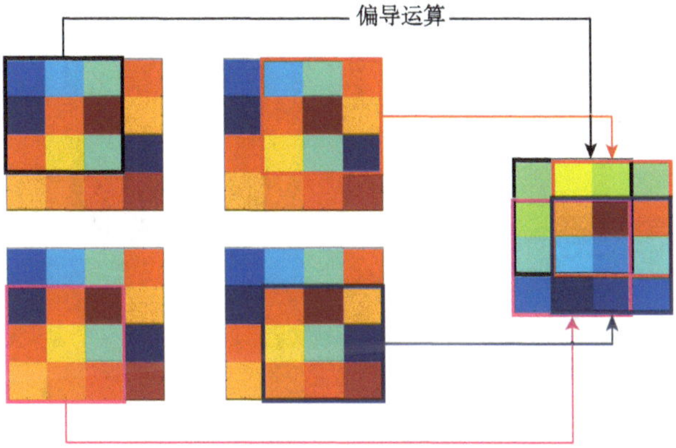

图 3.13　卷积层灵敏度推导示意图

误差反馈循环层包含了两种神经元：普通神经元和误差反馈神经元，为了减少算法复杂度，本章仅仅考虑了普通神经元，由于误差反馈神经元影响到了最终的输出结果，在后面的公式中也体现了它们的影响。

$\frac{\partial p_k^{1,2}}{\partial \boldsymbol{V}}$ 由 $\frac{\partial c_k^{3,1}}{\partial \boldsymbol{V}}$、$\frac{\partial c_k^{3,2}}{\partial \boldsymbol{V}}$、$\frac{\partial c_k^{4,1}}{\partial \boldsymbol{V}}$、$\frac{\partial c_k^{4,2}}{\partial \boldsymbol{V}}$ 生成，因而与 $\frac{\partial p_k^{1,1}}{\partial \boldsymbol{V}}$ 在坐标轴上相差了两位，如图 3.14 所示。如果用 $A_{x,y}$ 表示 $\frac{\partial p_k^{1,1}}{\partial \boldsymbol{V}}$ 第 x 行、第 y 列的元素值，用 $B_{x,y}$ 表示 $\frac{\partial p_k^{1,2}}{\partial \boldsymbol{V}}$ 第 x 行、第 y 列的元素值，则 $\sum_i \sum_j w_{i,j,k}^{(R)} \frac{\partial p_k^{i,j}}{\partial \boldsymbol{V}}$ 的运算过程可以看作如下两个矩阵的相加：

$$w_{1,1,k}^{(R)} \begin{bmatrix} A_{1,1} & A_{1,2} & A_{1,3} & A_{1,4} \\ A_{2,1} & A_{2,2} & A_{2,3} & A_{2,4} \\ A_{3,1} & A_{3,2} & A_{3,3} & A_{3,4} \\ A_{4,1} & A_{4,2} & A_{4,3} & A_{4,4} \\ 0 & 0 & 0 & 0 \\ 0 & 0 & 0 & 0 \end{bmatrix} + w_{1,2,k}^{(R)} \begin{bmatrix} 0 & 0 & 0 & 0 \\ 0 & 0 & 0 & 0 \\ B_{1,1} & B_{1,2} & B_{1,3} & B_{1,4} \\ B_{2,1} & B_{2,2} & B_{2,3} & B_{2,4} \\ B_{3,1} & B_{3,2} & B_{3,3} & B_{3,4} \\ B_{4,1} & B_{4,2} & B_{4,3} & B_{4,4} \end{bmatrix} \tag{3.20}$$

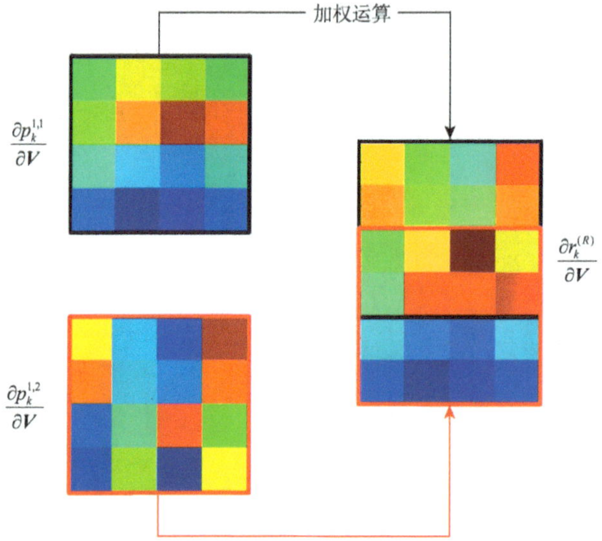

图 3.14　$\frac{\partial p_k^{1,1}}{\partial \boldsymbol{V}}$ 与 $\frac{\partial p_k^{1,2}}{\partial \boldsymbol{V}}$ 的求和过程

3.4.2　路段重要性评价算法

1. 路段间的影响力

由于时空输入矩阵 $\boldsymbol{V}$ 的每一行均表示某一路段邻近当前时刻的一段速度序列，因而在该样本中，路段 α 对路段 β 的影响力由该段速度序列的偏导数共同决定。定义该样本中路段 α 对路段 β 的影响力 $F_{\alpha,\beta}(t)$ 为

$$F_{\alpha,\beta}(t)=\sum_{t'}\frac{\partial o}{\partial v_{t'}^{S_\alpha}} \tag{3.21}$$

假设每个样本所能体现的影响力是一致的，若以路段 β 为根，并且包含路段 α 的模型样本总数为 N 个，那么定义路段 α 对路段 β 的影响力 $F_{\alpha,\beta}$ 为

$$F_{\alpha,\beta}=\frac{1}{N}\sum_{t=1}^{N}F_{\alpha,\beta}(t) \tag{3.22}$$

若路段 α 在所有 eRCNN 模型中能影响到 N_α 个路段，这些路段的集合为 $\{\beta_1,\beta_2,\cdots,\beta_{N_\alpha}\}$，定义路段 α 在路网中的重要性为 I_α，直接用 $\sum_k F_{\alpha,\beta_k}$ 来代表 I_α 显然是不够合理的，因为对于不同的路段 β_k，即使 F_{α,β_k} 的值相同，对于 I_α 的贡献也会根据路段 β_k 的重要性不同而有所差异。因此本章做出如下两个合理的假设。

（1）在交通网络拓扑模型中，在其他条件不变的情况下，如果路段 α 影响到的路段数量越多，那么路段 α 的重要性越高。

（2）在交通网络拓扑模型中，在其他条件不变的情况下，如果路段 α 影响到的某一路段的重要性越高，那么路段 α 的重要性也越高。

最普通的线性函数关系式就满足上面的两个假设，为了不使问题变得过于复杂，本章假设 I_α 与 F_{α,β_k} 满足线性关系式：

$$I_\alpha = \sum_k w_{\beta_k} F_{\alpha,\beta_k} + w_\alpha \tag{3.23}$$

其中，w_α 表示路段 α 在路网模型中的静态重要性权重，这样就得到了路段重要性的评价公式，本章考虑用 PageRank 算法计算路段的静态重要性。

2. eRCNN-PageRank 算法

PageRank 算法是由 Google 的创始人 Page 和 Brin 于 1998 年发明的，其用途是根据网页的链接关系对网页进行排名。PageRank 算法的基本思想是：如果页面 u 具有到页面 v 的链接，则页面 u 隐含地赋予页面 v 一定的重要性。例如，网易主页是一个重要的页面，因为有非常多的页面的链接指向它。同样，因为网易主页是一个重要的页面，所以网易主页指向的页面也可能很重要。用 N_u 表示页面 u 的出度链接数量，$\text{Rank}(v)$ 代表页面 v 的重要性，如果链接 (u,v) 存在，假设页面 u 转移到每个页面的概率相等，则 $\text{Rank}(v)/N_u$ 表示页面 u 转移到页面 v 的概率。这个简单的假设产生了秩向量 $\text{Rank}^{(*)}$ 的迭代计算。如果页面总数为 n，那么设每个页面的重要性初始值 $\text{Rank}^{(0)}(v)$ 为 $1/n$，用 B_v 表示指向 v 的页面集合，则每次迭代中，$\text{Rank}^{(*)}$ 的传播过程可以表示为

$$\forall_v \text{Rank}^{(i+1)}(v) = \sum_{u \in B_v} \frac{\text{Rank}^{(i)}(u)}{N_u} \tag{3.24}$$

PageRank 算法执行式（3.24）所示的迭代过程，直到 $\text{Rank}^{(*)}$ 稳定在某一阈值，最终的分数将作为搜索排名的依据，许多研究人员在 PageRank 算法的基础上进行了改进，文献[24]中提出了一种基于话题敏感的页面排名（topic-sensitive page rank）方法。

路段的拓扑结构模型与网页链接非常相似，因此本节考虑应用 PageRank 算法对路段进行静态重要性评分。根据从 eRCNN 模型灵敏度分析中推导出的路段间影响力及路段重要性的评价公式，结合 PageRank 算法提出 eRCNN-PageRank 算法，该算法主要包括以下几个步骤。

（1）输入及初始化。输入阻尼系数 q、路段总数 n 及迭代阈值 λ，得到每个路段对其连接路段的影响力。定义影响系数转移矩阵 $\boldsymbol{R}$，矩阵中元素 $\boldsymbol{R}_{\alpha,\beta_k}$ 的定义为

$$\boldsymbol{R}_{\alpha,\beta_k}=\frac{F_{\alpha,\beta_k}}{\sum_i F_{\alpha,\beta_i}} \tag{3.25}$$

$\boldsymbol{R}_{\alpha,\beta_k}$ 的含义即路段 α 对路段 β_k 的影响力占路段 α 对所有路段影响力之和的比重，显然 $\sum_i \boldsymbol{R}_{\alpha,\beta_i}=1$。式（3.24）中可以认为转移矩阵中页面 u 所在行的元素为 $\frac{1}{N_u}$ 或 0，跳转到每个有链接的页面的概率是相等的；而式（3.25）则用路段 α 对其他路段的影响力估计了转移概率。

（2）路段 Rank 值迭代更新。与式（3.25）类似，对于任意路段 β，假设其在 eRCNN 模型中受到 M_β 个路段影响，它们的集合为 $\left\{\alpha_1,\alpha_2,\cdots,\alpha_{M_\beta}\right\}$，则路段 β 在路网中的 Rank 值由该集合中的所有路段共同决定。可以认为每次迭代过程中，集合中的每一路段 α_p 将其占比 $\boldsymbol{R}_{\alpha_p,\beta}$ 的 Rank 值传播给了路段 β。同样 $\text{Rank}^{(*)}(\beta)$ 的初值 $\text{Rank}^{(0)}(\beta)$ 为 $1/n$，加上阻尼系数 q 及重要性最小值 $\frac{1-q}{n}$，路段 Rank 值的迭代更新过程如下：

$$\text{Rank}^{(i+1)}(\beta)=\frac{1-q}{n}+q\sum_p \text{Rank}^{(i)}(\alpha_p)\boldsymbol{R}_{\alpha_p,\beta} \tag{3.26}$$

当任意路段 β 满足 $\left|\text{Rank}^{(i+1)}(\beta)-\text{Rank}^{(i)}(\beta)\right|<\lambda$ 时迭代过程终止，λ 表示迭代阈值。

（3）路段重要性计算。在进行 Rank 值计算的时候，通过影响系数转移矩阵 $\boldsymbol{R}$ 得到路段重要性的一个初步估计值集合，得到路段重要性的最终值：

$$I_\alpha=\sum_k \text{Rank}(\beta_k)F_{\alpha,\beta_k}+\text{Rank}(\alpha_k) \tag{3.27}$$

eRCNN-PageRank 算法的整个流程示意图如图 3.15 所示，其中，左边红色的部分表示采用 eRCNN 模型提取路段间影响力的过程，右边蓝色部分表示确定路段静态重要性权重的过程，两者结合得到了最终路段重要性。使用 PageRank 算法进行路段重要性估计时，使用的是 $\boldsymbol{R}_{\alpha,\beta_k}$，而没有用到 F_{α,β_k}，因而相当于通过已知转移概率的路网模型求每个路段的重要性，$\boldsymbol{R}_{\alpha,\beta_k}$ 可以看作路段的静态重要性权重。而 F_{α,β_k} 是根据大量交通速度样本计算出来的，受到车辆分布状况以及车辆的迁移趋势这些实际因素的影响，因而刻画的是路段的动态影响力，当样本或样本集合时间设置相同时，动态影响力之间也具有可比性。重要性分数高的路段发生拥堵时，拥堵容易扩散至整个路网从而形成交通拥堵源，客观准确地评价路段重要性有利于交通委员会对路口信号灯设置及城市道路规划等进行决策。

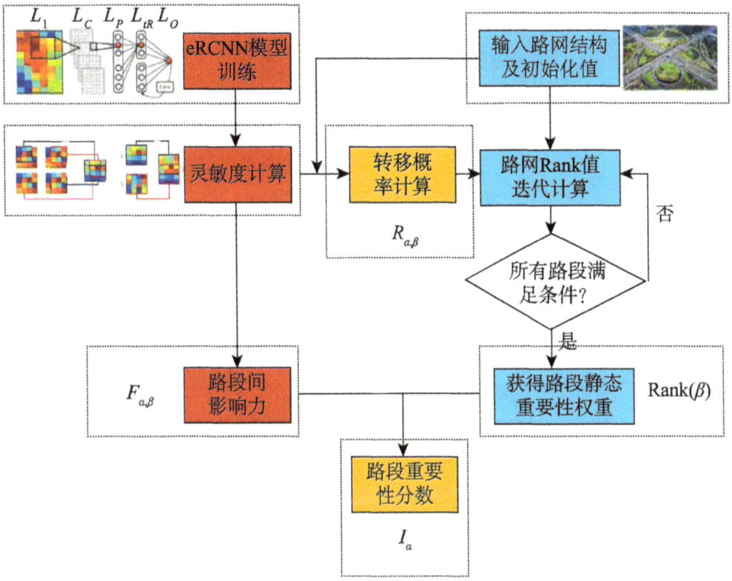

图 3.15 eRCNN-PageRank 算法流程示意图

3.5 基于数据的交通预测算法验证与拥堵源头分析

本节首先通过北京市大量的真实交通数据训练出 eRCNN 模型，结合三个常见的指标对提出的交通预测算法进行实验验证，并且与几个具有代表性的算法进行对比；其次基于 eRCNN 模型的学习结果，用 eRCNN-PageRank 算法计算北京主要道路的重要性分数，并对实验结果进行分析。

3.5.1 数据集及评价指标

本节采用了北京市超过 100 000 辆出租车从 2015 年 4 月到 2015 年 6 月约三个月的 GPS 数据进行实验，数据的主要属性如表 3.2 所示，北京作为现代化大城市之一，其交通数据具有很强的代表性，因而在此基础上进行的交通预测也是非常具有现实价值的。车辆数据经过筛选和清洗后，按照所处的经纬度匹配到了北京市 9000 多条主要道路及路段上；然后将数据按照时间顺序进行排布，并按照时间周期计算每个路段在该时间段内的平均速度，例如，周期为 5min 时，每小时有 12 个时间段，其中 10 周的数据被作为训练集进行模型训练，剩下 2 周的数据作为测试集验证实验结果。

表3.2　数据集属性及定义

属性	定义
ID	出租车 ID
TIME	这条记录的时间戳
LON	出租车当前所处的经度
LAT	出租车当前所处的纬度
DIR	出租车当前行驶方向
STATUS	出租车中是否有乘客

本节采用了三个被广泛使用的指标来衡量预测模型：第一个指标是平均绝对误差（mean absolute error，MAE），它表示所有预测样本的预测速度值与实际速度值的误差绝对值的平均数，能够很好地代表算法的准确性与可靠性；第二个指标是平均绝对百分比误差（mean absolute percent error，MAPE），它同样能够很好地评价预测算法，缺点是对数值比较小的数据敏感性过强，而对数值较大的数据敏感性则较差；第三个指标是均方根误差（root mean squared error，RMSE），它的特点是对于绝对误差较大的预测结果较为敏感，对于绝对误差较小的预测结果则不敏感，在 MAE 相同的情况下，RMSE 越小，说明预测算法越稳定。

如表 3.3 所示，本章从一些传统交通预测方法和最近几年的论文中提出的预测方法中选择了如下几个具有代表性的算法进行对比实验，包括 ARIMA 模型用到的算法、SVR 算法、堆叠自动编码器（stacked autoencoder，SAE）算法、一维卷积神经网络（one dimensional-convolutional neural network，1D-CNN）算法、用本章提出的输入模型所构造的 CNN 算法等。其中本实验采用的 1D-CNN 的结构与 eRCNN 中的 CNN 结构相似，但是输入矩阵减少到一维，即只包括要预测的路段的速度时间序列；CNN 的基础网络结构与 eRCNN 相同，不过其中的误差反馈循环层被移除。1D-CNN 用作基准以测试 eRCNN 的时空输入矩阵的有效性，而 CNN 则用于测试 eRCNN 加入的误差反馈循环层的性能。本章比较了它们在两种不同实验场景下的表现。

表3.3　实验对比算法

算法	类别或作用
ARIMA	传统时间序列预测模型代表
SVR	监督学习模型代表
SAE	深度学习模型代表
1D-CNN	用以验证时空输入矩阵的有效性
CNN	用以验证误差反馈循环层的有效性

3.5.2　交通预测算法验证实验

1. 两种不同场景下的整体预测性能比较

本节在两个不同的实验场景中比较 eRCNN 和其他对比算法的性能。在第一种场景下，预测目标是路段一定时间范围内的平均交通速度。过长时间范围内的路段平均交通速度往往会趋于稳定，缺乏预测价值，因此场景 1 最长时间周期的预测目标为 30min。假设预测路段为 S_j，当前时刻为 t，该路段从时刻 t 开始在接下来 p min 内的平均速度表示为 $\overline{v}^{S_j}(t,t+p)$，则场景 1 的预测目标为 $\overline{v}^{S_j}(t,t+5)$、$\overline{v}^{S_j}(t,t+10)$、$\overline{v}^{S_j}(t,t+15)$、$\overline{v}^{S_j}(t,t+20)$、$\overline{v}^{S_j}(t,t+25)$、$\overline{v}^{S_j}(t,t+30)$。在场景 2 下，预测目标是路段从当前时刻 t 开始，在一定时间间隔后的路段交通速度，间隔长度为 0～50min。由于时间间隔过小的样本可能会出现数据缺失，或者由于采集车辆较少而不能很好地反映交通的实际状况，因而预测样本仍然用 5min 间隔内的平均速度来代表路段的短时交通速度，场景 2 的预测目标为 $\overline{v}^{S_j}(t,t+5)$、$\overline{v}^{S_j}(t+10,t+15)$、$\overline{v}^{S_j}(t+20,t+25)$、$\overline{v}^{S_j}(t+30,t+35)$、$\overline{v}^{S_j}(t+40,t+45)$、$\overline{v}^{S_j}(t+50,t+55)$。

图 3.16 显示了两种场景下 eRCNN 与其他算法在 MAE 指标上进行性能对比的实验结果。在场景 1 下，eRCNN 的预测性能是最好的，其 MAE 指标明显小于 ARIMA、SVR、SAE 和 1D-CNN。在时间周期为 5min 时，eRCNN 的 MAE 指标约为 3.6km/h，也较大幅度地优于本章提出的 CNN 交通预测算法（其 MAE 指标约为 4.7km/h）。随着预测时间周期变长，eRCNN 与 CNN 的 MAE 指标逐渐拉近，

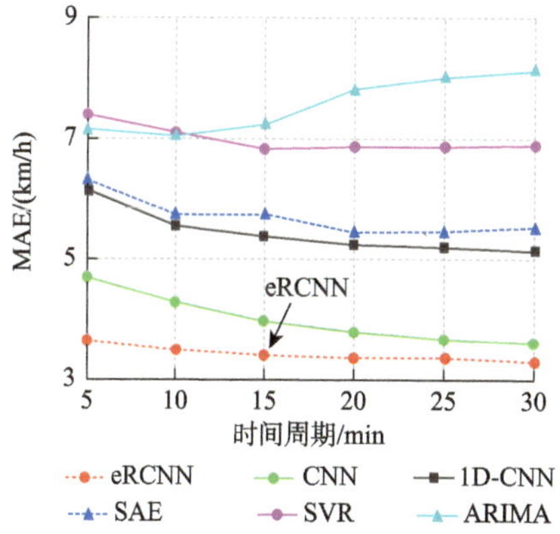

（a）场景 1

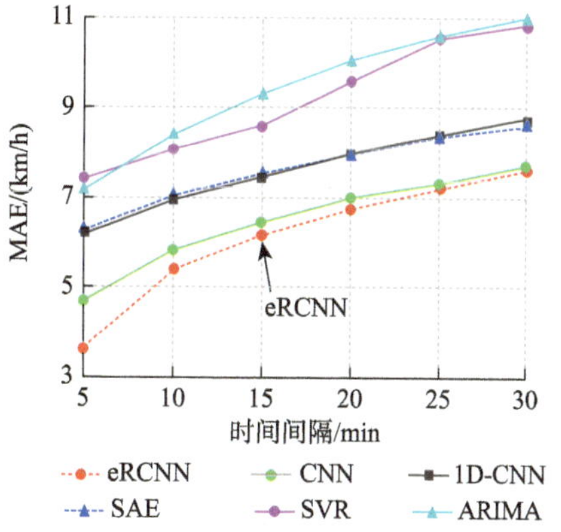

（b）场景 2

图 3.16　场景 1 和场景 2 各个模型 MAE 对比

这可能是因为对于较长的预测时间周期，eRCNN 的误差反馈循环层无法补偿更多的信息。在场景 2 下，eRCNN 的预测误差仍然是最小的，由于时间间隔过长的交通速度可预测性较差，与之前的预测误差的相关性也非常小，eRCNN 的误差补偿能力也就变得微乎其微了。

图 3.17 显示了两种场景下 eRCNN 与其他算法在 MAPE 指标上进行性能对比的实验结果。在场景 1 和场景 2 中，eRCNN 的预测性能都是最好的，它的 MAPE 指标明显小于 ARIMA、SVR、SAE 和 1D-CNN，而 CNN 的 MAPE 与 eRCNN 较为接近。因为 MAPE 指标对低速样本的敏感性较高，图 3.16 的场景 1 中，随着预测时间周期变长，eRCNN 与 CNN 的 MAE 指标差距逐渐减小，然而图 3.17 的场景 1 中，eRCNN 与 CNN 在 MAPE 指标上的差距没有随预测时间周期变长而减小，由 MAPE 指标对小数据样本敏感的特点可知，在预测时间周期较长的情况下，eRCNN 依然保持对拥堵现象的预测能力。

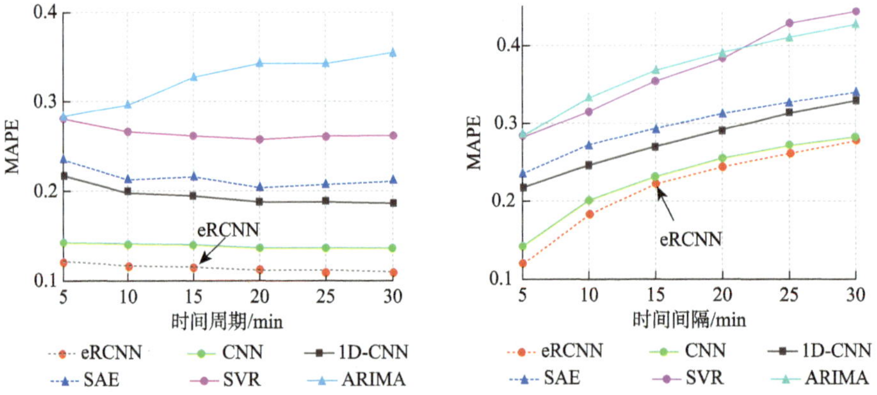

（a）场景 1　　　　（b）场景 2

图 3.17　场景 1 和场景 2 各个模型 MAPE 对比

图 3.18 显示了两种场景下 eRCNN 与其他算法在 RMSE 指标上进行性能对比的实验结果。在场景 1 和场景 2 中，eRCNN 的预测性能都是最好的，它的 RMSE 指标明显小于 ARIMA、SVR、SAE 和 1D-CNN，而 CNN 的 RMSE 指标与 eRCNN 较为接近。图 3.16 的场景 1 中，随着预测时间周期变长，eRCNN 与 CNN 的 MAE 指标差距逐渐减小，然而图 3.18 的场景 1 中，eRCNN 与 CNN 在 MAPE 指标上的差距没有随预测时间周期变长而减小，由 RMSE 指标对预测绝对误差较大的样本敏感性高的特点可知，在预测时间周期较长的情况下 eRCNN 依然保持预测的稳定，不会增加误差样本。

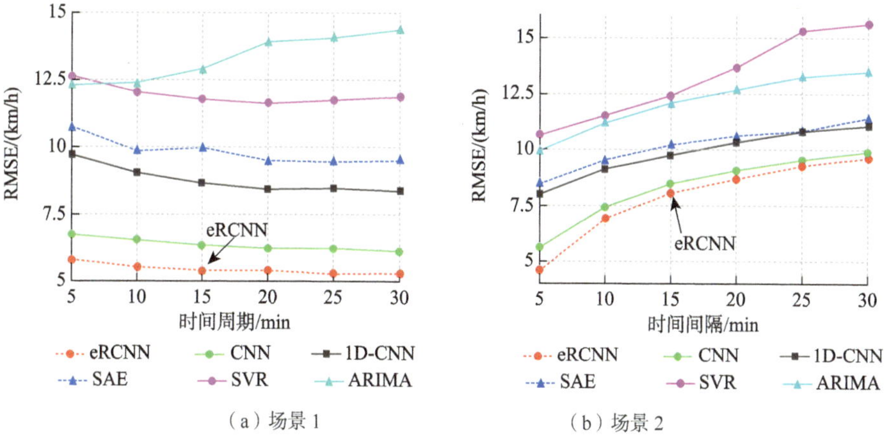

图 3.18　场景 1 和场景 2 各个模型 RMSE 对比

三个指标的实验结果都表明，在场景 1 中，当预测时间周期的长度增加时，整体上 ARIMA 模型的预测性能变得更差，可能因为 ARIMA 模型的预测依赖于曲线趋势，随着预测时间周期变长，曲线趋势变得起伏较大，从而影响了它的预测结果。然而其他基于监督学习的交通预测算法的预测性能整体上都随着预测时间周期长度的增加而变得更好，这可能是由于当预测时间周期长度增加时，路段的交通速度变得更平滑，可预测性也就更强。场景 2 中，由于当前时刻输入的交通速度序列和预测时刻的交通速度之间的相关性随着时间间隔增加而减小，因而交通速度可预测性随着时间间隔的增加而减小，大部分算法的预测性能也会变得更差，关于路段可预测性的详细研究可以参见文献[25]。

本节的实验结果证实，eRCNN 与当前最先进的算法相比实现了最好的性能，eRCNN 可以从相邻路段的交通速度数据中有效地提取时空特征，并且其中的误差反馈循环层能够改善预测性能。

2. 二、三环路路段预测性能比较

为了进一步证明 eRCNN 的优势，本节着重分析了 eRCNN 与 CNN、SAE 及 SVR 四个算法在北京二环路与三环路每个路段上的预测误差，根据北京市交通委员会提供的数据，这两条道路占据了整个北京市大约 10%的交通流量，是北京市的关键道路，它们的长度分别约是 32km 和 49km。本节将每个路段的大小设置为 400m，将二环路内环（顺时针方向）按照约 400m 一段将北环路切割为 16 段，东环路切割为 22 段，南环路切割为 20 段，西环路切割为 22 段，共划分了 80 个路段，从西北角开始编号；而三环路内环也按照约 400m 一段将北环路切割为 27 段、东北环路切割为 8 段、东环路切割为 27 段、南环路切割为 28 段、西环路切割为

33 段，共划分了 123 个路段，同样从西北角开始编号。在本实验中，预测时间周期设置为 5min，间隔为 0min。

图 3.19（a）是二环路内环上每个路段上的预测性能比较。如图 3.19（a）所示，不同路段的预测误差变化相当大。本节用#*i*表示编号为*i*的路段，可以看出，对于所有的预测方法，#30～#50 的可预测性总体上优于其他段。相反，#7～#15、#20～#25 和#65～#80 的可预测性则差得多。对于可预测性较强的路段，各个算法预测的结果相差不大，但是对于可预测性较差的路段，SAE 和 SVR 的性能严重降低；eRCNN 和 CNN 的性能则在所有路段上保持稳定。图 3.19（b）显示了三环路内环中的实验结果，可以得到与上面一致的结论。本节的实验证明了使用 eRCNN 算法进行预测的鲁棒性，即它对于路况较为复杂、可预测性较差的路段同样有着较好的预测效果。

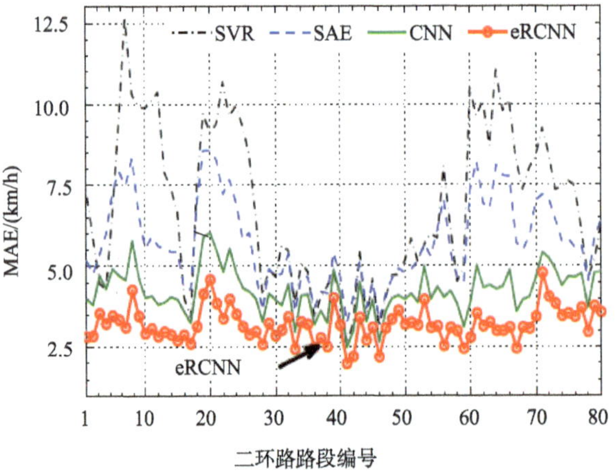

（a）二环路预测性能

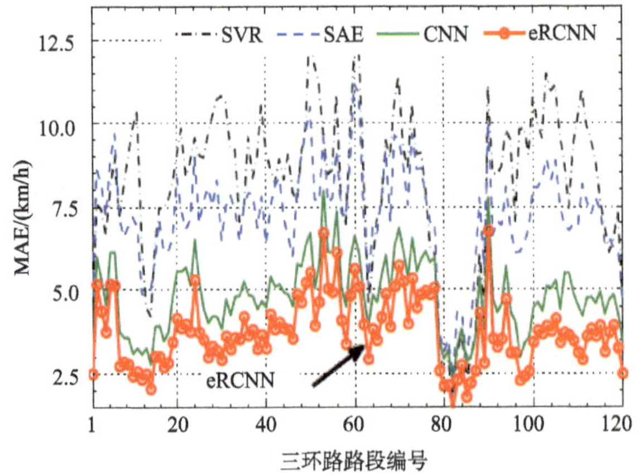

（b）三环路预测性能

图 3.19　二、三环路预测性能

3. 高峰期及突发事件预测分析

本节主要研究 eRCNN 在不同交通条件下的一天的预测性能。我们随机选择了二环路内环的某一路段作为目标样本，并在 2015 年 4 月 24 日 18:30 至 21:30 的时间间隔预测其交通速度，预测时间周期设置为 5min，时间间隔设置为 0min。图 3.20 显示了来自 eRCNN 和 CNN 的实际交通速度和预测结果。从图 3.20 中可以看出，19:00～19:30，该路段从晚高峰的交通拥堵中恢复，速度逐渐提高；在 20:20 左右，由于一起小事故，路段交通速度再次下降，并且在 21:00 之前交通恢复正常。从图 3.20 中可以看出，本章提出的 eRCNN 模型两次成功地捕获了速度突变，并且预测的曲线与交通速度的实际值基本匹配，而 CNN 模型则没有有效地跟随交通速度的突然变化。

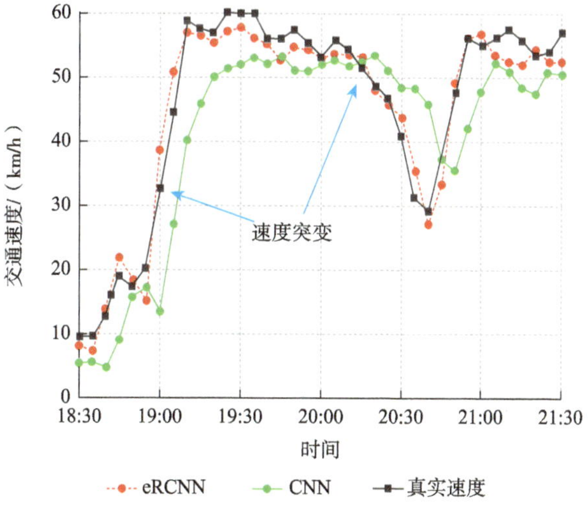

图 3.20　路段交通预测案例

为了从宏观统计特性上进一步证明 eRCNN 应对速度突变问题的有效性，图 3.21 分别绘制了在 19:00～19:30 时段 eRCNN 和 CNN 对于所有路段进行预测的绝对误差的累积分布函数，通过大量样本观测得知，在该时段发生速度突变的概率较高。累积分布函数 $F(\cdot)$ 是概率密度函数的积分，能反映绝对误差的分布状况，其定义为

$$F(e_x) = P(\{e\} < e_x) \tag{3.28}$$

其中，$\{e\}$ 表示所有样本的绝对误差的集合；$P(\{e\} < e_x)$ 表示样本集合中绝对误差值小于 e_x 的概率。显然 $F(0) = 0$，$F(1) = 1$，且 $F(e_x)$ 在区间 $(0,1)$ 上是一个单调递增函数。

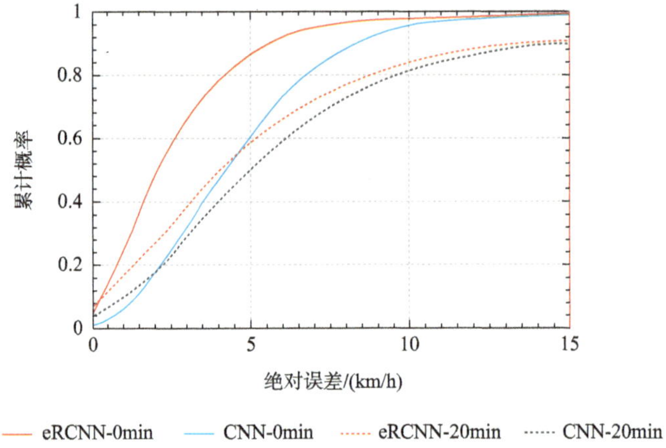

图 3.21　绝对误差累积分布函数

该实验预测时间周期设置为 5min，时间间隔分别设置为 0min 和 20min。从图 3.21 中可以看出，在时间间隔为 0min 时，eRCNN 模型有 85%的测试样本绝对误差小于 5km/h，而 CNN 模型只有 60%的测试样本绝对误差小于 5km/h。eRCNN 模型在这个时间段的预测性能明显好于 CNN 模型，并且能够使绝对误差较大的情况大大减少。CNN 模型与 eRCNN 模型的主要区别就是 eRCNN 模型中引入了误差反馈循环层，本节的实验结果证明了引入误差反馈循环层能够有效地捕捉到突发事件，从而极大地减小这些情况下的预测误差。

4. 模型参数预训练实验对比

为了评估路段子集聚类方法的有效性，本节比较了 eRCNN 在三类条件下的预测结果：第一类即只进行了预训练的预测结果；第二类是未进行预训练，对每个路段建立一个独特模型的预测结果；第三类是完整地进行了预训练和迁移学习的预测结果。本次实验将预测时间周期设置为 5min，将时间间隔设置为 0min，对测试集所有时间在 6:00～21:00 的样本进行了实验统计。

如图 3.22 所示，第一类和第二类的预测结果有剧烈波动，特别是在早高峰（7:00～9:00）和晚高峰（17:00～19:00）期间的预测误差远远高于其他时间段的预测误差。然而，第三类的预测结果在所有时间范围内均保持稳定，并且预测误差显著低于第一类和第二类。这个实验表明在 eRCNN 模型中引入预训练及迁移学习后效果有明显提升，实际上，通过预训练，宏观的时空特征被间接地引入了 eRCNN 模型中，因而速度剧烈变化的早、晚高峰受到的影响也较小。

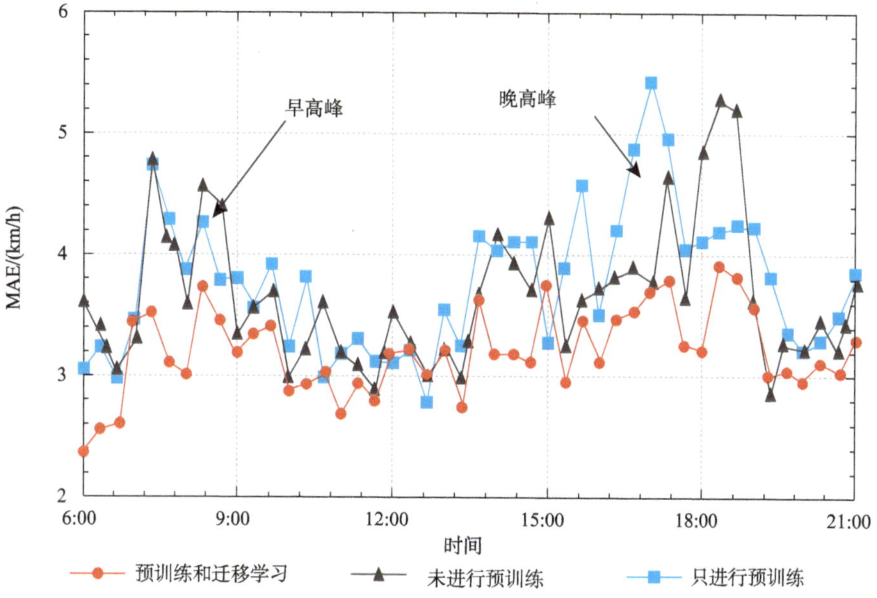

图 3.22　预训练有效性说明

3.5.3　交通拥堵源头分析

1. 全路网路段重要性实验结果

模型取得的预测结果越精准，时空输入矩阵与预测目标的相关性越强，那么路段重要性分析的结果也就越可靠。因此本节选用预测时间周期设置为 5min、时间间隔为 0min 的 eRCNN 模型实验结果和 eRCNN-PageRank 算法计算路段的重要性，先从上述 eRCNN 模型中计算两个路段之间的影响力并得到路段转移概率的估计值，再用 PageRank 算法得到每个路段的静态重要性权重，最后通过式(3.27)得到每个路段最终的影响力。

因为北京市的路网过于庞大复杂，道路纵横交错，在作图时对两条并行的路段难以区分，例如，三环路主路的顺时针方向和逆时针方向将会发生重叠，所以本节将北京市的路段根据走向划分为两类：第一类路段的走向为由东向西或由北向南；第二类路段的走向为由西向东或由南向北。

图 3.23 为全路网第一类路段中重要性排名在前 20%的路段，其中红色路段的重要性排名为前 10%，橙色路段的重要性排名为前 20%，可以看出，除了环路上的路段，最为重要的路段往往在立交桥及大型十字路口上，此外，在由北向南的方向上，G6 高速公路是进入北京市中心地区最为重要的道路，而 G104

高速公路、G106 高速公路、S315 公路是离开北京市中心地区最为重要的道路；在由东向西的方向上，姚家园路、朝阳北路和四惠桥是进入北京市中心地区最为重要的道路，公主坟及北京西站是离开北京市中心地区最为重要的道路，若在这些道路的主路或者它们的匝道、辅路上发生拥堵，则很可能会扩散至整个路网，造成巨大影响。

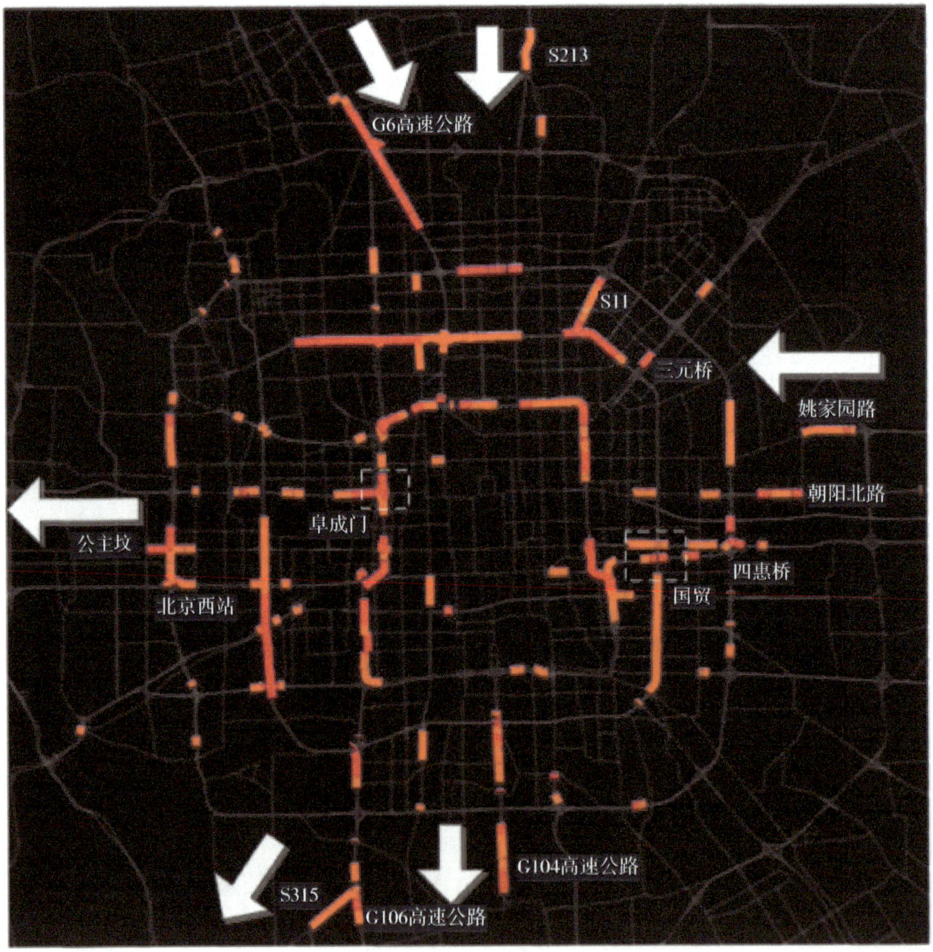

图 3.23　全路网第一类路段中较为重要的路段

图 3.24 为全路网第二类路段中重要性排名在前 20%的路段，其中红色路段的重要性排名为前 10%，橙色路段的重要性排名为前 10%～前 20%，如图 3.24 所示，最为重要的路段同样分布在环路、立交桥及大型十字路口上。在南北方向上与图 3.23 最重要的区别在于从南向北方向进入北京市中心地区的 G104 高

速公路、G106 高速公路及 S315 公路的重要性变为了前 10%。此外，从西向东方向，进入北京市中心地区的 G4 高速公路、G109 高速公路及离开北京市中心地区的京通快速路的重要性也排名前列。此外，国贸地区的路段在两类路段中都具有较高重要性。

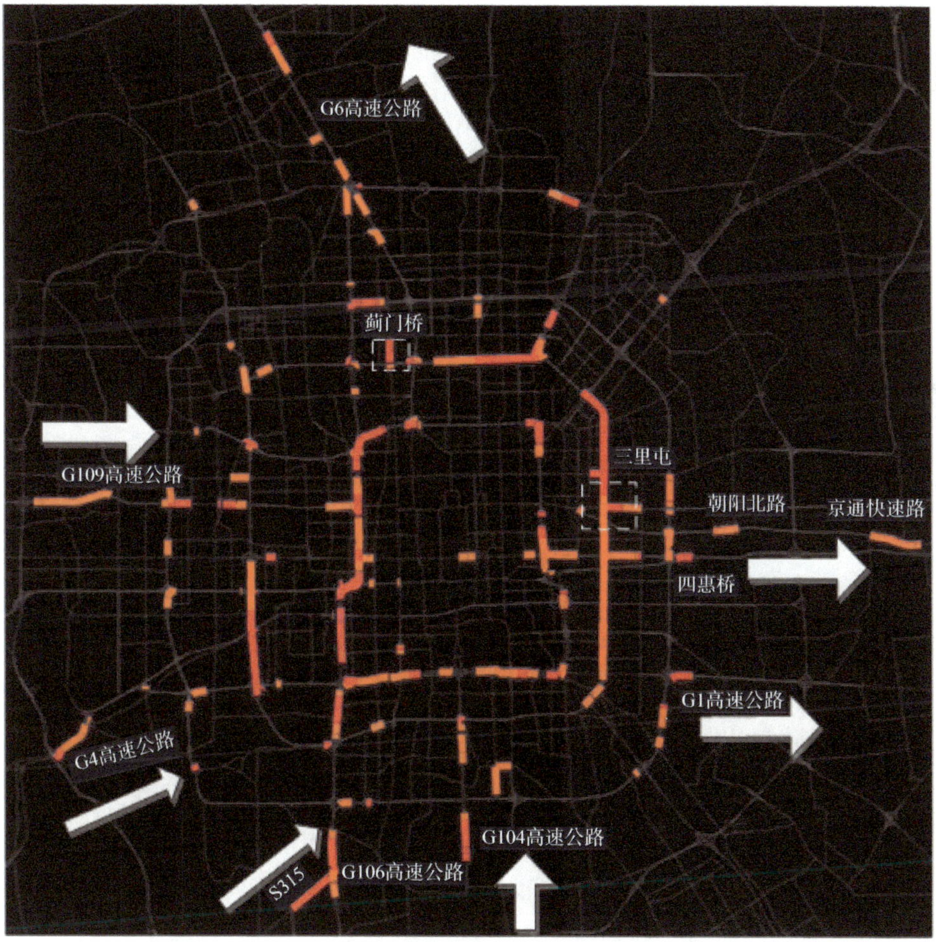

图 3.24　全路网第二类路段中较为重要的路段

接下来计算了每个路段所有样本的平均速度，并根据平均速度与路段重要性之间的关系绘制了箱线图。首先我们把路段的平均速度和路段影响力的键值对构造为样本数据集，由于平均速度小于 20km/h 的路段过少，不具有统计意义，因而在平均速度 20～80km/h 的范围按 5km/h 的间隔划分出 12 个子样本集，平均速度 80km/h 以上的样本单独作为一个子样本集。如图 3.25 所示，箱线图对每个子样本集做了简单的统计分析，黑色实线分别为上边缘和下边缘，上、下边缘分隔的区域内为子样本集路段重要性分数正常数据的分布范围（异常值则被忽略），每个蓝色矩形盒的上端为子样本集分布的上四分位数，下端为子样本集分布的下四分位数，中间的红线为子样本集分布的中位数，通过箱线图可以了解数据的中心、延伸及整体分布。

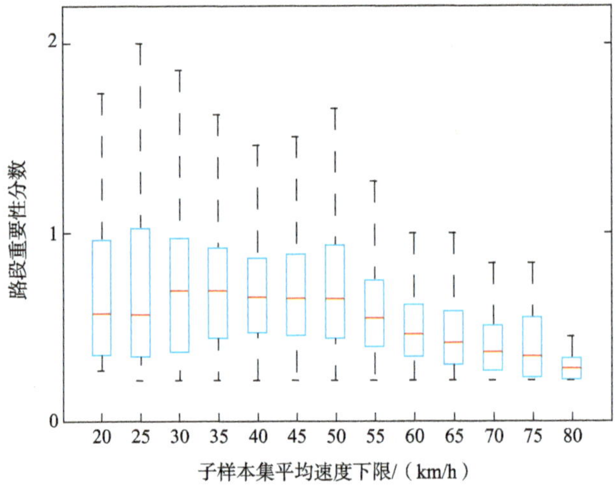

图 3.25　路段重要性分数箱线图

图 3.25 中，标号为 i 的箱线图对应平均速度为[i，i+5]（km/h）的子样本集的数据分布，其中忽略了一些偏离点，这些偏离点并非异常值，而是因为地理位置或其他特殊原因而具有较高的路段重要性分数。从图 3.25 中可以看出，平均速度为 30～55km/h 的路段普遍具有较高的重要性分数，平均速度小于 25km/h 及大于 55km/h 的路段则具有相对较低的重要性分数。这说明长期拥堵或者长期通顺的路段对其他路段的影响力较低，而每天路况起伏不定的路段则对其他路段的影响力较高，当这些路段拥堵时，极易成为拥堵的源头，从而造成拥堵在北京城市路网内大规模扩散。

2. 二、三环路实验结果分析

本节对二、三环路两条道路进行了更细致的案例分析。本节的实验设置与 3.5.3 节“全路网路段重要性实验结果”部分一致，评估两个环路所有路段的重要性，并将路段划分为 10 个类别，颜色越红的路段重要性分数越高，颜色越绿的路段重要性分数越低，路段重要性的评估结果如图 3.26 所示。

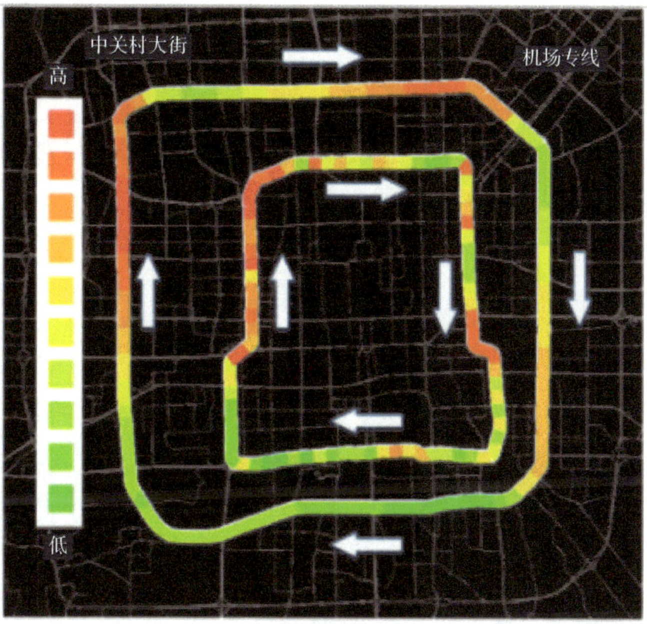

（a）内环路

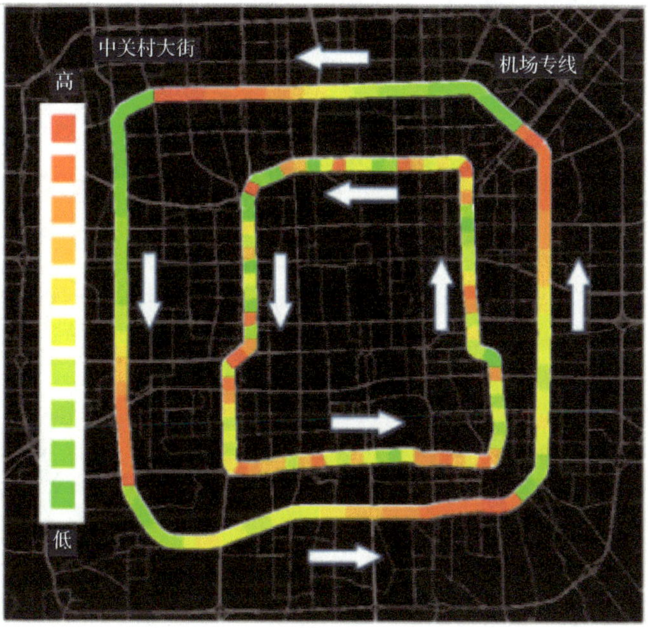

（b）外环路

图 3.26　二、三环路路段重要性

从图 3.26 中可以看出，高重要性的路段大多在环路的拐角，这可能是因为环路的出入口都聚集在拐角附近，同时，这些位置往往也连接了其他重要道路。例如，两条环路的最东北角连接着离开北京最重要的高速路之一，即 S11，同时也是北京机场专线，三环路的西北角连接着中关村大街，此外，二环路的西北角连接着北京站，总的来说，实验对环路的关键拥堵源头进行了探索，可以帮助城市管理者在城市计划和解决交通拥堵方面做出更好的决策。

3.6 本章小结

本章首先对现有交通预测技术进行了充分调研，针对其中存在的问题，提出了一种新的深度学习模型——eRCNN 模型，并将其应用到了交通预测当中；其次，本章研究了如何建立 eRCNN 模型与路段间影响力的关系，并结合 PageRank 算法进行了路段重要性评价；最后本章基于北京市交通数据，将 eRCNN 算法与几个具有代表性的算法进行了对比，证明了 eRCNN 算法的优越性，并结合路段重要性评价结果，对北京市交通拥堵源进行了探索分析。

参考文献

[1]Voort M V D，Dougherty M，Watson S. Combining Kohonen maps with ARIMA time series models to forecast traffic flow[J]. Transportation Research Part C，1996，4（5）：307-318.

[2]Lee S，Fambro D，Lee S，et al. Application of subset autoregressive integrated moving average model for short-term freeway traffic volume forecasting[J]. Transportation Research Record Journal of the Transportation Research Board，1999，1678（1）：179-188.

[3]Williams B M，Hoel L A. Modeling and forecasting vehicular traffic flow as a seasonal ARIMA process：Theoretical basis and empirical results[J]. Journal of Transportation Engineering，2003，129（6）：664-672.

[4]Mcfadden J，Yang W T，Durrans S. Application of artificial neural networks to predict speeds on two-lane rural highways[J]. Transportation Research Record Journal of the Transportation Research Board，2001，1751：9-17.

[5]Quek C，Pasquier M，Lim B. POP-TRAFFIC：A novel fuzzy neural approach to road traffic analysis and prediction[J]. IEEE Transactions on Intelligent Transportation Systems，2006，7（2）：133-146.

[6]Cherkassky V. The nature of statistical learning theory[J]. IEEE Transactions on Neural Networks，

1997，8（6）：1564.
[7]Vapnik V N. An overview of statistical learning theory[J]. IEEE Transactions on Neural Networks，1999，10（5）：988-999.
[8]Sun Z，Bebis G，Miller R. Improving the performance of on-road vehicle detection by combining Gabor and wavelet features[C]. The IEEE 5th International Conference on Intelligent Transportation Systems，Singapore，2002：130-135.
[9]Gao D，Jie Z，Xin L. SVM-based detection of moving vehicles for automatic traffic monitoring[C]. 2001 IEEE Intelligent Transportation Systems，Oakland，2001：745-749.
[10]Dong H，Shuai M，Guo M，et al. Research on analysis method of traffic congestion mechanism based on improved cell transmission model[J]. Discrete Dynamics in Nature & Society，2012，2012（1965）：1035-1052.
[11]Reyna R，Giralt A，Esteve D. Head detection inside vehicles with a modified SVM for safer airbags[C]. 2001 IEEE Intelligent Transportation Systems，Oakland，2001：268-272.
[12]Yang H，Chan L，King I. Support vector machine regression for volatile stock market prediction BT - Intelligent data engineering and automated learning — IDEAL 2002[J].In Lecture Notes in Computer Science （Including Subseries Lecture Notes in Artificial Intelligence and Lecture Notes in Bioinformatics），2002，2412：391-396.
[13]Sansom D C，Downs T，Saha T K. Evaluation of support vector machine based forecasting tool in electricity price forecasting for Australian national electricity market participants[J]. Journal of Electrical and Electronics Engineering，2002，22（3）：227-233.
[14]Chen B J，Chang M W，Lin C J. Load forecasting using support vector machines：A study on EUNITE competition 2001[J]. IEEE Transactions on Power Systems，2004，19（4）：1821-1830.
[15]Schölkopf B. Advances in Kernel Methods - Support Vector Learning[M]. Cambridge：MIT Press，1999.
[16]Wu C H，Wei C C，Su D C，et al. Travel time prediction with support vector regression[J]. IEEE Transactions on Intelligent Transportation Systems，2003，5（4）：276-281.
[17]Jeong Y S，Byon Y J，Castro-Neto M M，et al. Supervised weighting-online learning algorithm for short-term traffic flow prediction[J]. IEEE Transactions on Intelligent Transportation Systems，2013，14（4）：1700-1707.
[18]Lecun Y ，Bottou L . Gradient-based learning applied to document recognition[J]. Proceedings of the IEEE，1998，86（11）：2278-2324.
[19]Lecun Y，Jackel L D，Bottou L，et al. Learning algorithms for classification：A comparison on handwritten digit recognition[C]. Neural Networks：The Statistical Mechanics Perspective，1995.
[20]Yao Y ，Huang Z. Bi-directional LSTM recurrent neural network for Chinese word segmentation[C]. Neural Information Processing，Kyoto，2016：345-353.
[21]Koutnik J，Greff K，Gomez F，et al. A clockwork RNN[J]. arXiv，2014，1402（3511）.
[22]Gevrey M，Dimopoulos I，Lek S. A two-way interaction of input variables in an artificial neural network model[J]. Ecological Modelling，Elsevier，2006，195：43-50.
[23]蔡毅. 敏感性分析综述[J]. 中国学术期刊文摘，2008，14（11）：1.

[24]Wang Y，Yu Z，Xue Y. Travel time estimation of a path using sparse trajectories[C]. Proceedings of the 20th ACM SIGKDD International Conference on Knowledge Discovery and Data Mining，New York，2014：25-34.

[25]Wang J，Mao Y，Li J，et al. Predictability of road traffic and congestion in urban areas[J]. PloS One，2015，10（4）：e0121825.

第 4 章　面向城市位置服务的用户定位分析与访问预测

物联网设备的大量部署和个人移动终端的广泛使用，使得海量无线局域网（Wi-Fi）信号得到广播和采集，而这些信号中蕴含的用户位置数据也随之得到了记录和存储。基于 Wi-Fi 信号数据进行用户移动行为模式挖掘，实现用户在目标空间内访问位置的精准预测，已成为城市位置服务的重要技术需求。然而，Wi-Fi 信号数据的典型特征为信息单一且多噪声，这为实现精准定位与访问预测带来了极大的挑战。本章旨在通过构建机器学习方法，对移动轨迹和信号强度信息进行联合建模，从而自动挖掘 Wi-Fi 物联网环境下用户的移动行为模式，并将模型应用于用户访问位置预测，实现移动智能决策支持。

为从多噪声的 Wi-Fi 信号数据中提取有价值的多视角信息，本章从原始的 Wi-Fi 信号数据中抽取出移动轨迹序列和信号强度序列，并通过研究证明了两者对理解和预测用户未来移动行为意向至关重要。特别地，本章通过构建一种融合移动轨迹序列和信号强度序列的端到端神经网络模型，学习用户会话的联合嵌入式表示向量，并利用图神经网络刻画序列内部的复杂转移模式。通过用户序贯访问位置预测的对比实验，证明了提出的 TSIS 模型能够击败目前文献中已有的最优秀的基准方法。关键组件消除实验（ablation study）则进一步证明了移动轨迹序列和信号强度序列这两部分信息，对于用户序贯访问位置预测都是不可或缺的。此外，通过用户访问会话的聚类分析，在一定程度上展示了所提模型在刻画用户复杂移动行为模式尤其是空间序列转移模式方面，具有显著的效果。

4.1　本 章 引 言

随着物联网技术的快速发展，数以百万计的设备（或称为传感器）得到部署和使用。通过这些设备可以收集到多种信息，经传输（如传输到云端）后可进行数据分析。一方面，在数据传输过程中，起连接性作用的技术或工具扮演着至关重要的角色，其中涵盖了众多无线连接技术，如 Wi-Fi、蓝牙（Bluetooth）、射频识别、GPS 等，借助这些无线连接技术在不同设备之间进行数据传输的过程就是信号传输的过程。另一方面，这些海量信号中蕴藏着一类最重要的用户信息即用户位置信息，通过对信号中蕴含的用户位置信息（定位数据）进行分析可以为 LBS 提供关键支撑。随着无线局域网（wireless LAN，WLAN）和支持 Wi-Fi 的智能手持设备，如智能手机、平板电脑和个人数字助理（personal digital assistant，PDA）等的普及，Wi-Fi 作为一项采用 IEEE 802.11 协议接入 WLAN 的无线连接技术，正成为近年来学术界和工业界的关注热点。相较于蓝牙、GPS 等技术，Wi-Fi 无须进行额外的专用设备部署，同时信号更为稳定。因此，本章致力于开展基于 Wi-Fi 信号数据的用户移动行为模式挖掘研究，以一种较为普适的方式对人类室内或室外的地理活动轨迹进行追踪。Wi-Fi 产生巨量数字定位数据，为在无人为干预的条件下准确预测用户未来的访问位置提供了新的研究机会，进而为以较低成本进行系统设计优化[1]、基于位置的服务水平的提升[2]提供了可能。例如，针对室内定位数据而言，借助购物广场中的 Wi-Fi 设备可以实时记录顾客的室内移动轨迹，从历史移动轨迹数据中挖掘顾客的移动行为模式，以预测顾客未来的访问位置，进而可以帮助人们规划更好的店面布局（如将顾客频繁访问的店面规划至邻近位置）；或者帮助人们设计更加主动的、个性化的广告，以增加店铺和产品被顾客访问的概率；还可以通过对用户移动行为模式的挖掘，实现更加智能的建筑物能源调度[3]。在室外定位数据分析方面，通过收集 PDA 中的无线信号，可以更好地实现校园环境中的用户定位与网络负载均衡管理[1]。

本章的研究旨在对物联网环境下的用户访问位置进行预测。物联网环境中存在大量的物联网设备（如 Wi-Fi 接入点、用户手持设备等），产生了巨量的信号信息。对信号数据的分析是本章研究的一大重点。鉴于物联网环境中存在巨大的噪声信息，本章的关键问题聚焦于如何从这样嘈杂的环境中有效地捕获用户移动行为模式。目前已知的最佳方法通常致力于从用户的历史访问位置数据中抽取潜在的移动行为模式，这种历史访问位置数据通常是离散的位置标签或实值连续的签到二元组（包括经度和纬度），因此也称为轨迹（trajectory）。例如，Yao 等[4]提出了一种联合学习多种因素嵌入式表示和循环神经网络转移模式的建模方法，实现了面向语义轨迹的用户下一个访问位置预测。Feng 等[5]设计了一种基于多模态嵌入式表示和注意力机制的循环神经网络模型，用于用户移动位置的预测。Feng 等[6]针对矩阵分解在用户移动位置预测建模上不足的问题，提出了同时学习序列行为模式和个性化行为模式的联合模型。

然而，上述已有研究工作并未在用户移动行为模式建模时同时考虑移动轨迹序列和信号强度序列，而这点对于预测物联网环境中用户下一个移动位置却是至关重要的。接下来我们通过一个例子来演示这一点（图 4.1）。这个例子中的 Wi-Fi 信号数据收集自一个实体店部署的 Wi-Fi 传感器。该店面部署了三个 Wi-Fi 传感器，绿色圆点（S）标识了传感器的位置，黑色圆点（L）标识了用户的三个停留点，红色箭头指示了一名用户的移动路径，每个停留点用柱状图展示了传感器监测到的用户移动设备（如智能手机）发送的 Wi-Fi 信号强度。可以看出，这位用户是按照“$L_1 \to L_2 \to L_3 \to L_1$”所示的轨迹进行移动的。当用户在位置 L_1 时，三个传感器中接收信号强度最强的是传感器 S_1，原因是用户当前离传感器 S_1 最近。研究人员建模时，通常都能使用 S_1 这样离散的地理位置标签来表示用户的移动行为，然而，令人容易忽略的一点是，该时刻 S_2 信号强度也较高（仅次于 S_1 信号强度）。如果能利用 S_2 信号强度的信息，或许就能够提前获悉该用户下一步可能会向 L_2 位置移动。因此，本章认为从物联网设备获取的信号强度信息可能包含了指示用户未来移动行为意向的关键信息，应该得到更充分挖掘，从而实现更准确的用户未来访问位置预测。换言之，对用户访问预测任务而言，原始的信号强度信息至少与用户历史轨迹信息同等重要。

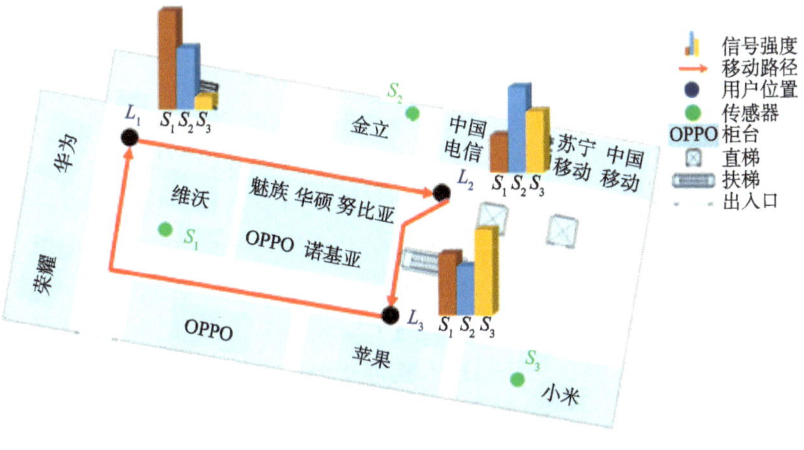

图 4.1　Wi-Fi 信号数据示例

有鉴于此，本章提出一种用于用户访问预测的融合移动轨迹序列和信号强度序列信息的神经网络模型——TSIS 模型，从信号强度序列和移动轨迹序列信息中学习用户的联合嵌入式表示。具体而言，我们首先将每个用户的活动划分为不同的会话，随后对每个会话的用户行为进行独立处理，进而将研究问题转化成基于会话的用户序贯访问位置预测。下一个关键问题是如何学习每个用户的会话表示，以实现精确的序贯访问位置预测。受最新的基于会话的推荐（session-based recommendation）系统[7]研究的启发，我们采用门控图神经网络[8]学习用户会话的嵌入式表示向量，以显式地对移动轨迹数据中的转移规律进行刻画，增强移动轨迹数据的建模效果。同时，针对物联网设备记录的用户会话的接收信号强度信息，我们采用门控循环单元（gated recurrent unit，GRU）[9]将原始的信号强度序列映射为低维嵌入式表示向量。随后，基于上述两种嵌入式表示向量，构造联合的用户会话嵌入式表示。最后，利用上述联合嵌入式表示，计算用户下一次可能访问地点的概率分布，并构造交叉熵损失函数，以端到端的方式进行用户会话的嵌入式表示学习。

4.2 相关工作

本节主要从如下三个方面对已有研究工作进行梳理，包括基于 Wi-Fi 信号的预测分析、基于会话的推荐系统以及序贯访问位置预测。

4.2.1 基于 Wi-Fi 信号的预测分析

Wi-Fi 信号分析方面的一大研究方向是室内定位[10-12]。传统的室内定位方法多依赖于三边和三角测量[13，14]。近年来出现一类 Wi-Fi 指纹识别方法，这类方法将 Wi-Fi 信号与地理位置关联起来[15-17]，具体而言就是利用信号信息进行位置表征，其中的信号信息是指多个 Wi-Fi 接入点（access point，AP）[18]记录的接收信号强度向量（received signal strength indicator，RSSI）[19]。除室内定位外，其他一些基于 Wi-Fi 信号分析的预测任务也受到了极大关注。例如，Li 等[20]提出了对用户活动进行监测，他们重点关注目标人物停留的区域信息以及目标用户是否移动的信息。Sapiezynski 等[21]从 Wi-Fi 接入点列表信息中推断人与人之间的物理距离。Zhang 等[22]构造了一个全新系统进行两项任务的联合学习：一是步态识别；二是手势识别。Guo 等[23]提出借助已有 Wi-Fi 基础设施进行人类动态行为的监测。Kim 和 Lee[24]提出利用商店内的传感器进行顾客回访意向预测。

4.2.2 基于会话的推荐系统

基于会话的推荐系统与本章的移动行为预测场景非常相似——两种场景下的

设备（如物联网的传感器或互联网网页 cookie）在用户身份识别上均存在一定的不确定性，同时在数据安全方面也有一定的隐私性考量[25]。此外，相较于用户长期行为数据，用户短期行为数据对理解用户复杂时变意图更加重要。因此，一个用户的序列行为数据有必要按一定的策略进行分割，例如，将用户在网络中每次打开新窗口的行为作为一个会话数据的起点。对一个用户的不同会话进行独立处理，可在会话级别实现更加有效的预测或推荐。近年来，基于会话的推荐系统受到了广泛关注，RNN 是被广泛采用的一类方法。Hidasi 等[25]的研究是该领域的先驱工作，该研究将基于 RNN 的神经网络方法（GRU4Rec）引入基于会话的推荐任务上。随后，研究者提出多个拓展的神经网络模型，以提升基于会话的推荐效果[7, 26, 27]。Jannach 和 Ludewig[26]采用融合 K-近邻（K-nearest neighbor，KNN）和 GRU4Rec 的方法，构建了基于会话的推荐系统。Yuan 等[27]引入一种卷积生成模型，以处理基于会话的推荐系统中的长程依赖问题。Wu 等[7]引入图神经网络（graph neural network，GNN）模型[28]，以捕获产品之间的复杂转移模式，并实现了优异的产品推荐效果。这一类研究启发了我们从图视角处理移动轨迹数据，并用 GNN 模型对移动轨迹数据进行建模[7]。

4.2.3 序贯访问位置预测

已有序贯访问位置预测研究通常是从用户历史访问位置信息中挖掘用户的移动行为规律。典型的历史访问位置信息主要包括类别型的地理位置标签或实值型的签到地点二元组（经、纬度坐标数值），也就是狭义上的轨迹信息。这一类研究提出的经典预测方法包括基于矩阵分解的方法[29]、基于马尔可夫链的方法[30]、隐式马尔可夫模型[31]、周期性移动模型[32]以及基于循环神经网络的模型[4, 5, 33]等。Duong-Trung 等[29]利用基于矩阵分解的方法，提出了一种基于内容的生成式回归模型，以解决接近实时的地理位置预测问题。Rendle 等[30]引入了基于个性化转移矩阵的泛化马尔可夫链方法，对历史访问位置数据中的序列化模式和用户长期兴趣进行刻画。Mathew 等[31]提出了同时考虑地点特质和单个用户历史访问行为的用户序贯访问位置预测模型，该模型首先对移动轨迹数据进行聚类，随后使用隐式马尔可夫模型刻画每个用户的序列访问行为模式。Liu 等[33]提出了考虑时空情境的循环神经网络模型，进行序贯访问位置预测。Yao 等[4]提出了考虑转移模式和多个因素的联合嵌入式表示学习方法，实现语义轨迹中的序贯访问位置预测。Feng 等[5]设计了一种基于注意力机制的多模态循环神经网络模型。从应用视角来看，用户的序贯访问位置预测问题覆盖了多种不同的用户移动数据场景，例如，一大类研究聚焦于下一个兴趣点推荐（next POI recommendation）[6, 34-36]。然而，所有上述研究方法都没有考虑移动轨迹信息和信号强度信息的联合建模，但这一点对物联网环境下的用户序贯访问位置预测却至关重要。

4.3　移动轨迹与信号强度序列融合的端到端神经网络设计

本节首先对本章拟研究问题进行正式定义，随后对 TSIS 模型的总体框架和模型各组件的细节进行阐述。

4.3.1　问题定义

如前所述，我们收集了物联网环境下信号数据。物联网中传感器无处不在，我们可以利用传感器（如固定在商场店面中的 Wi-Fi 接入点）记录人携带的任何移动设备（如 PDA、智能手机、平板电脑等）发送的信号信息，这些信号信息中蕴含了丰富的人类移动行为数据。设备中的原始数据是以记录形式存储的，每条记录对应单条信号实例，包含匿名化之后的用户标识、传感器标识、时间戳、RSSI，这些信号以固定的时间间隔从用户手持设备中发送出来，并由传感器接收记录。

下面我们将对本章涉及的一些重要概念进行介绍，并对物联网环境中的用户序贯访问位置预测问题进行正式定义。每个移动设备对应的信号信息集合可以看成一个序列，由于每个移动设备对应一个用户，因此一个移动设备的信号序列对应一个用户的行为序列。在真实数据中，一个用户的行为序列通常非常长，例如，一个用户的完整序列行为可以长达数天或数月。然而，短时连贯的用户行为数据相比于长时用户行为数据，对理解用户复杂时变意图更为重要。因此我们采用类似于基于会话的推荐系统的数据处理方式，将持续时间长的用户行为序列分割成多个短的子序列，也称为会话。这样的分割过程是本章中的一个关键数据预处理过程，其基本思想是：如果相邻两次访问之间的时间间隔大于预先设定的阈值η，后一次访问就应该被划分到一个新的会话中。详细的会话分割技术细节将在 4.4.1 节进行阐述。

针对会话s，假设会话中有n次访问行为。我们构建两种对挖掘用户移动行为模式有意义的序列结构信息，包括信号强度序列（signal strength sequence）$\mathbf{RSS}_s$

和访问位置序列（visited location sequence）$\boldsymbol{L}_s$。下面对这两种序列结构信息进行正式定义。

定义 4.1 信号强度序列是由一个根据时间戳排序串联起来的设备信号强度向量构成的序列，会话 s 的信号强度序列可以表示为 $\mathbf{RSS}_s$。具体地，$\mathbf{RSS}_s = \{\mathbf{rss}_{si} \mid i \in \mathbb{Z}, 1 \leqslant i \leqslant n\}$，其中 $\mathbf{rss}_{si} = \{\mathrm{rss}_{sij} \mid j \in \mathbb{Z}, 1 \leqslant j \leqslant m\}$。$\mathrm{rss}_{sij}$ 表示会话 s 中的时刻 i、传感器 j 接收到的由用户手持设备发送的信号强度值；m 表示所有传感器的数量；n 表示一个会话中用户的总访问次数，会随会话不同而发生变化。显然，$\mathbf{RSS}_s$ 是一个典型的多元时间序列。

定义 4.2 访问位置序列是一个根据时间戳排序串联起来的用户历史访问位置序列，会话 s 的访问位置序列可以表示为 $\boldsymbol{L}_s$。具体地，$\boldsymbol{L}_s = \{l_{si} \mid i \in \mathbb{Z}, 1 \leqslant i \leqslant n\}$，其中，$l_{si} \in V$ 表示会话 s 中时刻 i 访问的离散地理位置标签，$V = \{l_1, l_2, \cdots, l_v\}$ 表示所有会话中所有可能的地理位置标签集合。显然，访问位置序列就是前文我们反复提到的移动轨迹序列。

由此，本章研究问题可正式定义为：给定当前会话 s 中的用户历史移动行为信息，包括信号强度序列 $\mathbf{RSS}_s$ 和访问位置序列 $\boldsymbol{L}_s$，预测当前会话的用户下一步访问（序贯访问）的地理位置标签。

4.3.2　模型总体框架

如前所述，从设备信号数据中抽取的移动轨迹信息和信号强度信息都隐含了指示用户未来行为意图的有用信息，因此在本章研究中可基于这两类信息进行用户移动行为模式挖掘。有鉴于此，本章尝试对用户移动轨迹序列和信号强度序列进行联合建模，以有效地刻画潜在的用户移动行为模式。

具体而言，在移动轨迹序列建模方面，有研究[33]指出地点转移模式刻画对理解用户移动行为模式非常重要，然而大部分已有研究却不能对会话中的复杂转移模式进行显式建模。参考图神经网络模型在会话推荐任务上的最新研究进展[7]，GNN 模型适于捕获序列行为中复杂的物品转移关系，因而本章采用 GNN 模型对移动轨迹序列进行建模。在信号强度序列建模方面，本章采用 GRU 模型对信号强度序列进行嵌入式表示学习。最后，本章基于上述模型学习到的两种低维嵌入式表示向量，构造用户会话的统一表示，并在交叉熵损失函数指导下，进行模型训练。

图 4.2 展示了我们构建的 TSIS 模型框架。在图 4.2 的下部，信号强度序列是用 GRU 进行嵌入式表示学习，生成低维嵌入式表示向量 $\boldsymbol{h}_s^{\mathrm{rss}}$。在图 4.2 的上部，访问位置序列通过门控图神经网络映射为低维嵌入式表示向量 $\boldsymbol{h}_s^{l}$。随后在交叉熵

指导下进行联合嵌入式表示学习，模型输出每个会话的最终嵌入式表示向量。接下来我们将对该模型的各个关键组件进行详细描述。

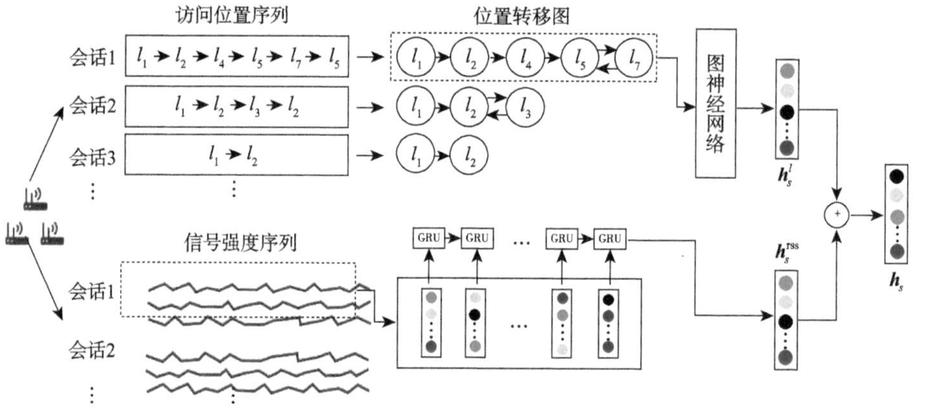

图 4.2　TSIS 模型框架示意图

4.3.3　访问位置序列的嵌入式表示

对每个会话 s，我们将其访问位置序列看作一张有向图 $\mathcal{G}_s=(\mathcal{V}_s,\varepsilon_s)$，图中节点对应一个访问过的地理位置标签 $l_{si}\in V$，其中的有向边 $(l_{s,i-1},l_{si})\in\varepsilon_s$ 表示用户在会话 s 中先访问位置 $l_{s,i-1}$，再访问位置 l_{si}。

为考虑这些会话有向图中的位置转移关系，我们首先为每个会话构造一张位置转移图，可以表示为 $\hat{\mathcal{G}}_s=(\hat{\mathcal{V}}_s,\hat{\varepsilon}_s)$。在这张位置转移图的节点集合 $\hat{\mathcal{V}}_s$ 中，每个节点表示一个唯一的地理位置标签，每条边代表两个位置之间发生了用户的转移行为。

为显式地挖掘位置转移模式，我们在上述构建的位置转移图数据上应用门控图神经网络[8]，它是 GNN 的一个变种模型[28]，使用 GNN 旨在[9]将节点特征在图上进行传播。首先，对于每个会话 s，时刻 i 访问的位置 l_{si} 可以用一个 v 维独热（one-hot）编码 $\boldsymbol{l}_{si}$ 进行表示，其中非零元素的位置就是相应地理位置标签在集合 $V=\{l_1,l_2,\cdots,l_v\}$ 中的下标。随后，我们采用一个地理位置嵌入式表示模块，设置一个 $d\times v$ 的转移矩阵 $\boldsymbol{E}_l$，使得每个访问位置的独热编码 $\boldsymbol{l}_{si}$ 可以映射为一个 d 维稠密特征向量 $\boldsymbol{h}_{si}^l$，这样的映射关系在数学上可以表示为

$$\boldsymbol{h}_{si}^l=\boldsymbol{E}_l\boldsymbol{l}_{si} \tag{4.1}$$

我们使用式（4.1）作为节点的初始化向量，即 $\boldsymbol{h}_{si}^{l\,(1)}=\boldsymbol{E}_l\boldsymbol{l}_{si}$。随后，蕴含在节点特征向量 $\boldsymbol{h}_{si}^l$ 中的信息在图结构中通过邻接矩阵 $\boldsymbol{A}_s$ 和权重矩阵 $\boldsymbol{W}_a$ 以一种迭代的方式进行传播：

$$\boldsymbol{a}_{s,:}^{(t)} = \boldsymbol{A}_s^{\mathrm{T}}[\boldsymbol{h}_{s1}^{l\ (t-1)},\cdots,\boldsymbol{h}_{s,|\mathcal{V}_s|}^{l\ (t-1)}]^{\mathrm{T}}\boldsymbol{W}_a + \boldsymbol{b} \tag{4.2}$$

其中，邻接矩阵 $\boldsymbol{A}_s$ 反映了 $\mathcal{G}_s$ 中的所有地理位置如何在转移图 $\hat{\mathcal{G}}_s$ 中进行交互的情况。如图 4.3 所示，会话 s 的邻接矩阵 $\boldsymbol{A}_s$ 在对网络中节点之间的交互结构进行刻画时，同时考虑了节点的出边和入边情况。

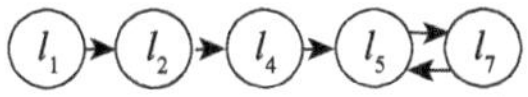

	出边					入边				
	1	2	4	5	7	1	2	4	5	7
1	0	1	0	0	0	0	0	0	0	0
2	0	0	1	0	0	1	0	0	0	0
4	0	0	0	1	0	0	1	0	0	0
5	0	0	0	0	1	0	0	1	0	1
7	0	0	0	1	0	0	0	0	1	0

图 4.3　基于会话移动轨迹数据构造的位置转移关系图示例（上图）与示例对应的邻接矩阵 $\boldsymbol{A}_s$（下图）

通过这种方式，第 t 次迭代的激活变量 $\boldsymbol{a}_{s,:}^{(t)}$ 包含了来自双向的传播信息。剩下的信息更新是以类似于 GRU 的方式进行的：

$$\boldsymbol{z}_{si}^{(t)} = \sigma(\boldsymbol{W}_z\boldsymbol{a}_{si}^{(t)} + \boldsymbol{U}_z\boldsymbol{h}_{si}^{l\ (t-1)}) \tag{4.3}$$

$$\boldsymbol{r}_{si}^{(t)} = \sigma(\boldsymbol{W}_r\boldsymbol{a}_{si}^{(t)} + \boldsymbol{U}_r\boldsymbol{h}_{si}^{l\ (t-1)}) \tag{4.4}$$

$$\tilde{\boldsymbol{h}}_{si}^{l\ (t)} = \tanh(\boldsymbol{W}_o\boldsymbol{a}_{si}^{(t)} + \boldsymbol{U}_o(\boldsymbol{r}_{si}^{(t)} \bigcirc \boldsymbol{h}_{si}^{l\ (t-1)})) \tag{4.5}$$

$$\boldsymbol{h}_{si}^{l\ (t)} = (1-\boldsymbol{z}_{si}^{(t)}) \bigcirc \boldsymbol{h}_{si}^{l\ (t-1)} + \boldsymbol{z}_{si}^{(t)} \bigcirc \tilde{\boldsymbol{h}}_{si}^{l\ (t)} \tag{4.6}$$

其中，$\boldsymbol{z}_{si}$ 和 $\boldsymbol{r}_{si}$ 分别是重置和更新的门控元件；$\bigcirc$ 是一种数组元素依次相乘的操作符，也称作哈达玛积（Hadamard product）。

当对转移图中所有的节点信息进行不断迭代更新直到收敛之后，我们就得到了每个节点的最终隐向量表示 $\boldsymbol{h}_{si}^{l}$。为了表示一个会话 s，我们使用该会话最后一次访问的地理位置的隐向量，即 $\boldsymbol{h}_{sn}^{l}$，作为移动轨迹数据视角下的会话嵌入式表示向量 $\boldsymbol{h}_s^l$，即 $\boldsymbol{h}_s^l = \boldsymbol{h}_{sn}^l$。

4.3.4　信号强度序列的嵌入式表示

为进行序贯访问位置预测，有必要从信号强度序列中学习好的用户会话表示。对每个会话 s，我们旨在学习一个非线性函数 $\mathcal{F}$，从而将变长的多元时间序列 $\mathbf{RSS}_s$ 映射为一个 d 维隐特征向量 $\boldsymbol{h}_s^{\mathrm{rss}} \in \mathbb{R}^d$：

$$\boldsymbol{h}_s^{\mathrm{rss}} = \mathcal{F}(\mathbf{RSS}_s) \tag{4.7}$$

自然语言处理领域常使用基于循环神经网络的方法对变长时间序列数据建模[37-39]。本章同样采用基于循环神经网络的模型对信号强度序列信息进行刻画。标准的循环神经网络对隐特征变量 $\boldsymbol{h}$ 的更新公式如下：

$$\boldsymbol{h}_{si}^{\text{rss}} = g(\boldsymbol{W}\mathbf{rss}_{si} + \boldsymbol{U}\boldsymbol{h}_{s,i-1}^{\text{rss}}) \tag{4.8}$$

其中，g是激活函数，通常选取Sigmoid函数；$\mathbf{rss}_{si}$ 是会话 s 时刻 i 的输入信息。

然而，标准的循环神经网络模型面临梯度消失的问题。因此，我们采用GRU[9]作为函数 $\mathcal{F}$ 来对信号强度信息进行学习。GRU 模型旨在通过门控单元学习何时对神经元的隐状态进行更新，并决定更新多少。GRU 当前时刻的激活值是前一个时刻激活值 $\boldsymbol{h}_{s,i-1}^{\text{rss}}$ 和当前时刻的候选激活值 $\hat{\boldsymbol{h}}_{si}^{\text{rss}}$ 之间的线性插值：

$$\boldsymbol{h}_{si}^{\text{rss}} = (1 - \boldsymbol{z}_{si})\boldsymbol{h}_{s,i-1}^{\text{rss}} + \boldsymbol{z}_{si}\hat{\boldsymbol{h}}_{si}^{\text{rss}} \tag{4.9}$$

使用如下方式进行门控元件 $\boldsymbol{z}_{si}$ 的更新和计算：

$$\boldsymbol{z}_{si} = \sigma(\boldsymbol{W}_z\mathbf{rss}_{si} + \boldsymbol{U}_z\boldsymbol{h}_{s,i-1}^{\text{rss}}) \tag{4.10}$$

候选激活指 $\hat{\boldsymbol{h}}_{si}^{\text{rss}}$ 可以用类似方式进行更新：

$$\hat{\boldsymbol{h}}_{si}^{\text{rss}} = \tanh(\boldsymbol{W}\mathbf{rss}_{si} + \boldsymbol{U}(\boldsymbol{r}_{si} \bigcirc \boldsymbol{h}_{s,i-1}^{\text{rss}})) \tag{4.11}$$

最后，对门控元件 $\boldsymbol{r}_{si}$ 进行计算：

$$\boldsymbol{r}_{si} = \sigma(\boldsymbol{W}_r\mathbf{rss}_{si} + \boldsymbol{U}_r\boldsymbol{h}_{s,i-1}^{\text{rss}}) \tag{4.12}$$

其中，σ 是Sigmoid函数。如图4.2所示，GRU的最后一个隐状态变量 $\boldsymbol{h}_{sn}^{\text{rss}}$ 被用作会话 s 信号强度序列的嵌入式表示，该向量包含了整个信号强度序列的动态信息。

4.3.5 联合嵌入式表示

对于会话 s，给定信号强度序列表示 $\boldsymbol{h}_s^{\text{rss}}$ 以及访问位置序列表示 $\boldsymbol{h}_s^l$，我们将两个表示向量拼接在一起构建向量 $[\boldsymbol{h}_s^{\text{rss}};\boldsymbol{h}_s^l] \in \mathbb{R}^{2d}$。随后，我们构造一个联合嵌入式表示模块，即映射函数 $\mathcal{H}$，该映射函数将上述 $2d$ 维向量压缩至一个 d 维向量 $\boldsymbol{h}_s$。这里，我们使用了一个线性转换 $\boldsymbol{W}_j \in \mathbb{R}^{d\times 2d}$ 作为映射函数 $\mathcal{H}$ 的具体形式。最终可以使用如下方式计算会话 s 的联合嵌入式表示向量 $\boldsymbol{h}_s$：

$$\boldsymbol{h}_s = \boldsymbol{W}_j[\boldsymbol{h}_s^{\text{rss}};\boldsymbol{h}_s^l] \tag{4.13}$$

基于上述联合嵌入式表示向量 $\boldsymbol{h}_s$ 和前文所述的地理位置嵌入式表示模块 $\boldsymbol{E}_l$，我们可以计算一个 v 维的预测得分向量 $\boldsymbol{o}_s$：

$$\boldsymbol{o}_s = \boldsymbol{E}_l^{\text{T}}\boldsymbol{h}_s \tag{4.14}$$

进一步，我们利用softmax 函数计算出预测的 v 个候选地点上的概率分布：

$$\hat{\boldsymbol{l}}_s = \mathrm{softmax}(\boldsymbol{o}_s) \tag{4.15}$$

其中，$\hat{\boldsymbol{l}}_s \in \mathbb{R}^v$ 表示预测出的会话 s 中用户下一步访问的地理位置标签的概率密度。

随后，我们使用预测概率分布和真实下一步到访地点之间的交叉熵损失函数作为模型的损失函数。给定一个包含 S 个会话的训练集，训练集上的损失函数可被定义为

$$\mathcal{L} = -\sum_{s=1}^{S} \boldsymbol{l}_{s,I_s} \log \hat{\boldsymbol{l}}_s \tag{4.16}$$

其中，I_s 是会话 s 上的访问次数，即会话长度；$\boldsymbol{l}_{s,I_s}$ 表示会话 s 上真实的下一步移动位置的 v 维独热编码。我们使用随机梯度下降（stochastic gradient descent，SGD）算法和基于时间的反向传播（back propagation through time，BPTT）算法进行模型参数学习。

4.4　基于定位数据的用户访问预测与分析实验设置

本节首先介绍实验分析所用的两个主要数据集，并详细说明数据预处理过程，随后介绍用于比较访问预测性能的基准方法以及评价指标，最后给出 TSIS 模型和基准方法的参数设置与模型优化的细节。

4.4.1　数据集描述与数据预处理

我们在两个真实 Wi-Fi 数据集上对 TSIS 模型和基准方法进行对比，数据集的基本统计指标展示在表 4.1 中。

表4.1　序贯访问位置预测数据集基本统计指标

统计指标	WTD	Store
访问次数	181 004	4 825 999
训练集会话数	12 581	757 160

续表

统计指标	WTD	Store
测试集会话数	3 415	114 346
地点数	220	200
平均会话长度	11.32	5.54
信号强度值范围	0～31	0～100

第一个数据集是公开的 UCSD WTD（wireless topology discovery，无线拓扑发现）数据集①。该数据集包含了 11 周时间段内 UCSD（University of California, San Diego）校园中 275 位学生携带的 PDA 发送的信号数据。当学生的 PDA 设备保持在打开状态时，部署在校园各接入点（传感器）的所有数据收集工具会在全频段感知学生携带设备发送的信号。每条信号记录了一个传感器接收到的一个用户设备发送的信号信息，具体包括用户设备唯一标识、时间戳、传感器唯一标识、信号强度数值。我们去除了记录信号数据较少的传感器，最后数据集中包含了 220 个传感器。后面将以 WTD 指代该数据集。

第二个数据集是从一家中国知名家电零售商的实体店收集的数据。该店面部署了 17 个 Wi-Fi 接入点设备，按 60～70s 的频率记录了用户手机或其他设备发送的信号信息。收集的数据时间范围是从 2017 年 10 月 18 日到 2017 年 12 月 25 日，共计 69 天，收集的数据字段与 WTD 数据集类似。后面将以 Store 指代该数据集。

针对上述两个数据集，我们将用户设备唯一标识作为标识用户的标记。在每个时刻，我们使用各维度信号中最强信号指示的接入点标识作为对应时刻的地理位置标签。然而，Store 数据集只有 17 个传感器，数量较少的传感器可能会导致无法对用户所在位置进行精确细粒度刻画。因此，我们对所有的信号强度向量进行聚类，得到 200 个聚簇，以每个聚簇的标签作为聚簇内数据点的地理位置标签。通过这种方式，我们从原始信号数据中抽取得到访问位置序列，同时原始信号数据经过简单处理可以形成信号强度序列。值得一提的是，WTD 数据集的信号强度范围是 0～31，而 Store 数据集的信号强度范围是 0～100。为更好地进行模型训练，我们采用最小-最大标准化方法将所有信号强度数值标准化到[0，1]区间。

下一个关键的数据预处理步骤是将每个用户行为序列分割成多个会话。会话分割的基本思想是：当相邻两次访问之间的时间间隔大于预先设定的阈值η时，后一次访问就应该被划分到一个新的会话中。具体而言，在 WTD 数据集上，我们遵循该数据集发布者 Mcnett 和 Voelker[1]所采用的分割方法，使用一个简单策略来确定η的值。具体而言，当会话边界信号强度较大（$>\mathrm{RSSI}_{max}/3$）时，设置两次会话之间的时间间隔至少为$\eta=1.5$ min，而当会话边界信号强度较小

① http://www.sysnet.ucsd.edu/wtd/

（$< RSSI_{max}/3$）时，设置两次会话之间的时间间隔至少为 $\eta = 4$ min。这样的策略充分考虑了信号强度的波动情况。对于 Store 数据集来说，我们设置 $\eta = 5$ min，并且在不同的 η 取值下评价模型的预测效果，具体细节将在 4.5.1 节中详细阐述，以研究 η 取值对预测效果的影响程度。在会话分割之后，我们过滤掉了所有长度为 1 的会话。

为进行公平比较，在每个会话中，我们使用会话最后一次访问的数据点作为待预测的下一次访问数据点，即最后一次访问的地理位置标签是模型待预测的标签，而前面所有访问记录（包括访问位置序列和信号强度序列）是模型的输入。在 Store 数据集上，针对每位用户，将时间上最晚的一个会话用作测试数据，之前的会话作为训练数据。然而，在 WTD 数据集上，由于用户数量较少，仅有 275 个，如果利用与 Store 数据集类似的训练测试样本划分方法，得到的测试集过小。因此，我们在 WTD 数据集上，将每个用户最后 4 周内的会话作为测试集，前面的作为训练集。我们参考基于会话推荐[25]的方式，不对会话内部数据再进行分割，因此每个会话只可能被分配到训练集或测试集两者之一中。

4.4.2 基准方法

为验证 TSIS 模型的有效性，我们引入当前最好的基准方法作为对比方法。

（1）POP：流行度（popularity，POP）模型对所有位置按其在训练集中出现的频次进行排序形成排序列表，并将其作为该方法预测的下一个位置的最终排序列表。尽管该方法非常简单，但它却是一个在实践中应用广泛并且效果较好的基准方法。

（2）S-POP：会话流行度（session-popularity，S-POP）模型根据地点在当前会话中出现的频次对所有地点进行排序，形成排序列表。

（3）MC：马尔可夫链（Markov chain，MC）模型是一种捕获序列行为模式的经典方法。

（4）FPMC[30]：基于分解的个性化马尔可夫链（factorizing personalized Markov chain，FPMC）模型是一种用于下一个购物篮推荐问题的序列化预测方法①。

（5）PRME[6]：个性化排名指标嵌入（personalized ranking metric embedding，PRME）模型是一种用于下一个兴趣点推荐的最新方法②。

（6）NextItNet[27]：下一个产品网络（next item network，NextItNet）模型

① https://github.com/khesui/FPMC

② https://github.com/flaviovdf/prme

是一个基于卷积生成网络的下一个产品推荐方法①。

（7）SR-GNN[7]：基于图神经网络的会话推荐（session-based recommendations with graph neural networks，SR-GNN）模型是当前最好的基于会话推荐的方法②。

4.4.3 评价指标

我们采用常用的排序性能指标，对不同模型应用于序贯访问位置预测任务上的表现进行评价，具体如下。

（1）Recall@k 是模型预测输出的 top-k 地理位置标签列表中包含真实地理位置标签的会话数，占所有测试会话数的比例。这也意味着只要真实地理位置标签在预测的 top-k 列表中，Recall@k 指标并不关注真实地理位置标签在预测列表中的排序值。

（2）MRR@k（mean reciprocal rank）计算了预测列表中真实地理位置标签的排序值倒数的平均值。注意，如果排序值超过 k，则排序值倒数为 0。该指标考虑了真实地理位置标签在模型预测排序列表中的顺序关系。MRR@k 值越大表示真实地理位置标签在预测列表中的排序越靠前，因而模型预测效果越好。

我们在后续实验中主要报告 k={5，10，15，20} 对应的 Recall@k 和 MRR@k 值。对这两种评价指标而言，指标值越大，模型的预测效果越好。

4.4.4 参数设置与模型优化

对比实验中，针对所有方法，在所有数据集上我们设置隐向量维度为 $d=100$。TSIS 模型在 d 上的参数敏感性将在 4.5.3 节进行详细分析。其他超参数在验证集上进行参数寻优，验证集是从训练集中随机抽取的10%数据子集。TSIS 模型中所有初始的神经网络参数是从均值为 0、标准差为 0.1 的高斯分布中进行随机采样得到的。我们采用 Adam 优化器进行参数学习[40]，设置学习率为 0.01，并运用小批量技术进行模型训练，一个批量的样本数量设置为 1000。模型训练的最大迭代次数为 30，并且使用早停止（early-stopping）策略，以避免模型过拟合。

在信号强度序列表示中，我们使用了单层 GRU。除 4.3.4 节介绍的 GRU 之外，我们也实验了其他可用于序列建模的神经网络架构，包括：①序列到序列的自动编码器[38]；②基于序列到序列自动编码器进行模型预训练，再利用 GRU 对模型

① https://github.com/fajieyuan/nextitnet

② https://github.com/CRIPAC-DIG/SR-GNN

进行训练[41, 42]。实验发现简单的 GRU 模型即可实现与上述两种方法类似的预测效果，并且计算复杂度更小。因此，在我们的框架中，仍采用 GRU 对信号强度序列进行建模。

此外，我们实验了在 TSIS 框架下运用不同的损失函数进行模型训练，包括 4.3.5 节介绍的基于点排序的交叉熵损失函数，以及推荐系统中常用的基于对排序的贝叶斯个性化排序（Bayesian personalized ranking，BPR）[25, 43, 44]损失函数。本实验的数据实验结果表明，交叉熵损失函数能够取得更好的预测效果。因此，在 TSIS 模型的实验中，我们采用交叉熵损失函数。

我们使用 PyTorch 实现 TSIS 模型，所有实验都在一台 Linux 服务器上执行，该服务器内存大小为 126GB，并且包含 4 块 GeForce GTX Titan 1080 Ti 型号的图形处理器（graphics processing unit，GPU）。

4.5　基于定位数据的用户访问预测与分析实验结果

本节首先在序贯访问位置预测任务上对所提模型与当前最好的基准方法进行比较。随后通过设计实验，验证移动轨迹信息和信号强度信息对序贯访问位置预测的重要性。同时，通过不同参数设置和不同会话长度下的对比实验，验证所提 TSIS 模型的鲁棒性。最后，通过会话聚类实验展示 TSIS 模型在揭示用户移动行为模式方面的作用。

4.5.1　序贯访问位置预测对比实验

表 4.2 和表 4.3 分别展示了两个数据集 WTD 和 Store 上各方法在序贯访问位置预测任务上的实验结果，其中展示了所有 8 个评价指标的结果，每个结果都是 10 次独立实验的平均值。最优结果用加粗字体突出显示，次优结果以下划线突出显示。同时，我们采用 t 检验对 TSIS 模型和每个基准方法之间的对比做统计显著性检验。由于 TSIS 模型在用户移动行为建模时同时考虑了移动轨迹信息和信号强度信息，因此在两个数据集上 TSIS 模型击败了所有基准方法。在两个数据集上的统计显著性检验结果显示，TSIS 模型显著优于基准方法（p值小于 0.001）。值

得一提的是，SR-GNN 模型在预测效果上排名第二，这也显示了图神经网络在会话行为表示上的优异性能。此外，通过对当前会话中局部频繁模式的挖掘，S-POP 相比于 POP 实现了巨大的预测效果提升。

表4.2 WTD数据集上序贯访问位置预测实验结果

WTD								
	Recall@5	MRR@5	Recall@10	MRR@10	Recall@15	MRR@15	Recall@20	MRR@20
POP	0.2688	0.1102	0.5467	0.1450	0.7687	0.1653	0.8173	0.1659
S-POP	0.8073	0.6046	0.8673	0.6128	0.9280	0.6176	0.9353	0.6180
MC	0.7522	0.6787	0.8281	0.6887	0.9080	0.6951	0.9179	0.6957
FPMC	0.8492	0.6185	0.9042	0.6256	0.9236	0.6272	0.9455	0.6284
PRME	0.5979	0.2633	0.8287	0.2943	0.9309	0.3027	0.9558	0.3041
NextItNet	0.8764	0.7184	0.9290	0.7260	0.9442	0.7272	0.9525	0.7277
SR-GNN	0.9198	0.7649	0.9595	0.7706	0.9706	0.7715	0.9755	0.7717
TSIS	**0.9340**	**0.7913**	**0.9664**	**0.7959**	**0.9765**	**0.7967**	**0.9817**	**0.7970**

表4.3 Store数据集上序贯访问位置预测实验结果

Store								
	Recall@5	MRR@5	Recall@10	MRR@10	Recall@15	MRR@15	Recall@20	MRR@20
POP	0.6481	0.2747	0.6871	0.2799	0.8061	0.2886	0.8405	0.2907
S-POP	0.6592	0.3920	0.7304	0.4022	0.8170	0.4086	0.8556	0.4109
MC	0.6164	0.3373	0.6770	0.3457	0.7622	0.3520	0.8007	0.3542
FPMC	0.7357	0.4580	0.8441	0.4748	0.8944	0.4789	0.9206	0.4806
PRME	0.5959	0.4563	0.7139	0.4720	0.7795	0.4772	0.8252	0.4798
NextItNet	0.7254	0.4582	0.8338	0.4730	0.8861	0.4771	0.9152	0.4788
SR-GNN	0.7517	0.4942	0.8585	0.5088	0.9047	0.5124	0.9309	0.5140
TSIS	**0.7745**	**0.5129**	**0.8706**	**0.5259**	**0.9142**	**0.5293**	**0.9379**	**0.5307**

我们也在原始的包含 17 个地理位置标签的 Store 数据集上进行了对比实验，该数据集表示为 StoreRaw。我们从表 4.4 中可以看出 TSIS 模型仍然能够击败所有基准方法。由于 StoreRaw 数据集的定位不精确问题，后续相关实验仍在 Store 数据集上进行。

表4.4　StoreRaw数据集上序贯访问位置预测实验结果

StoreRaw								
	Recall@5	MRR@5	Recall@10	MRR@10	Recall@15	MRR@15	Recall@20	MRR@20
POP	0.6595	0.3832	0.7961	0.4031	0.9990	0.4190	1.0000	0.4191
S-POP	0.8110	0.5474	0.9094	0.5616	0.9994	0.5688	1.0000	0.5688
MC	0.8078	0.5584	0.9771	0.5813	0.9987	0.5830	1.0000	0.5831
FPMC	0.8864	0.6085	0.9911	0.6235	0.9996	0.6243	1.0000	0.6243
PRME	0.8322	0.6023	0.9865	0.6233	0.9995	0.6305	1.0000	0.6322
NextItNet	0.8870	0.6185	0.9872	0.6326	0.9995	0.6336	1.0000	0.6336
SR-GNN	0.8938	0.6323	0.9914	0.6460	0.9996	0.6468	1.0000	0.6469
TSIS	**0.9122**	**0.6577**	**0.9931**	**0.6690**	**0.9997**	**0.6696**	**1.0000**	**0.6696**

进一步地，我们研究了在不同η取值下，TSIS 模型与基准方法在序贯访问位置预测任务上的效果对比情况。我们基于 Store 数据集，在{3,10,15}集合范围内变化η取值，因而产生了 Store 数据集的三个衍生版本，分别命名为 Store-3、Store-10 和 Store-15。我们将 TSIS 模型与所有基准方法在三个数据集上的对比实验结果分别展示在表 4.5～表 4.7 中。从表 4.5～表 4.7 中的结果可以看出，TSIS 模型的预测结果波动并不大，TSIS 模型在不同η取值条件下仍能一致地超越所有基准方法。这验证了 TSIS 模型的鲁棒性。

表4.5　Store-3数据集上序贯访问位置预测实验结果

Store-3								
	Recall@5	MRR@5	Recall@10	MRR@10	Recall@15	MRR@15	Recall@20	MRR@20
POP	0.6762	0.2962	0.7076	0.3004	0.7456	0.3033	0.8250	0.3080
S-POP	0.6799	0.4123	0.7498	0.4222	0.7833	0.4248	0.8430	0.4283
MC	0.6318	0.3489	0.6910	0.3571	0.7297	0.3600	0.7912	0.3636
FPMC	0.7472	0.4795	0.8443	0.4921	0.8937	0.4961	0.9227	0.4977
PRME	0.5825	0.4710	0.6972	0.4868	0.7718	0.4927	0.8204	0.4955
NextItNet	0.7374	0.4737	0.8273	0.4858	0.8822	0.4901	0.9135	0.4919
SR-GNN	0.7649	0.5152	0.8540	0.5271	0.9050	0.5311	0.9296	0.5325
TSIS	**0.7815**	**0.5349**	**0.8712**	**0.5478**	**0.9144**	**0.5503**	**0.9382**	**0.5517**

表4.6 Store-10数据集上序贯访问位置预测实验结果

Store-10								
	Recall@5	MRR@5	Recall@10	MRR@10	Recall@15	MRR@15	Recall@20	MRR@20
POP	0.6594	0.4414	0.7108	0.4478	0.7910	0.4548	0.8502	0.4583
S-POP	0.6791	0.4294	0.7483	0.4391	0.8132	0.4446	0.8630	0.4475
MC	0.6412	0.4321	0.6888	0.4384	0.7628	0.4447	0.8264	0.4483
FPMC	0.7435	0.4894	0.8526	0.5049	0.9035	0.5095	0.9303	0.5110
PRME	0.6018	0.4541	0.7143	0.4691	0.7791	0.4742	0.8275	0.4769
NextItNet	0.7421	0.4869	0.8506	0.5016	0.9012	0.5056	0.9288	0.5072
SR-GNN	0.7643	0.5190	0.8698	0.5337	0.9163	0.5374	0.9409	0.5388
TSIS	**0.7846**	**0.5371**	**0.8798**	**0.5500**	**0.9236**	**0.5535**	**0.9467**	**0.5548**

表4.7 Store-15数据集上序贯访问位置预测实验结果

Store-15								
	Recall@5	MRR@5	Recall@10	MRR@10	Recall@15	MRR@15	Recall@20	MRR@20
POP	0.6075	0.3930	0.7405	0.4145	0.8224	0.4215	0.8631	0.4238
S-POP	0.6689	0.4187	0.7738	0.4347	0.8375	0.4399	0.8717	0.4418
MC	0.6234	0.4158	0.7099	0.4293	0.7850	0.4355	0.8367	0.4385
FPMC	0.7503	0.4705	0.8534	0.4841	0.8984	0.4875	0.9282	0.4892
PRME	0.5984	0.4409	0.7150	0.4567	0.7816	0.4620	0.8311	0.4647
NextItNet	0.7552	0.4783	0.8507	0.4912	0.8985	0.4950	0.9260	0.4966
SR-GNN	0.7733	0.5061	0.8687	0.5190	0.9133	0.5225	0.9400	0.5241
TSIS	**0.7884**	**0.5206**	**0.8778**	**0.5327**	**0.9205**	**0.5361**	**0.9441**	**0.5374**

4.5.2 关键组件消除实验

为研究不同信息对 TSIS 模型的贡献程度，我们分别将两个关键组件从 TSIS 模型中移除，即信号强度序列表示和访问位置序列表示。通过移除关键组件，我们得到如下两个子模型（这两个子模型在预测得分输出层和损失函数定义方面与 TSIS 模型是相同的，两个子模型与 TSIS 模型的主要区别体现在会话的嵌入式表示方式上）。

（1）SignalModel 只对信号强度序列进行建模，建模函数是 GRU，该模型使用信号强度序列最后一步隐向量表示作为会话的嵌入式表示。

（2）LocationModel 只对访问位置序列进行建模，建模方法是门控图神经网络[8]，该模型使用访问位置序列最后一步隐向量作为会话的嵌入式表示。

图 4.4 展示了 TSIS 模型和两个子模型的预测效果对比结果，评价指标主要采用 Recall@10、MRR@10、Recall@20 和 MRR@20。从图 4.4 中可以看出，在两个数据集上，在 TSIS 模型基础上去除信号强度序列表示或访问位置序列表示后，模型的预测效果都有所下降，从而验证了信号强度序列和访问位置序列对于序贯访问位置预测都是不可或缺的。值得一提的是，在 Store 数据集上信号强度信息相比于访问位置信息对预测更加重要，而在 WTD 数据集上访问位置信息更重要。这有可能是因为 WTD 是户外数据，因而其信号强度序列中可能包含更多的噪声信息。

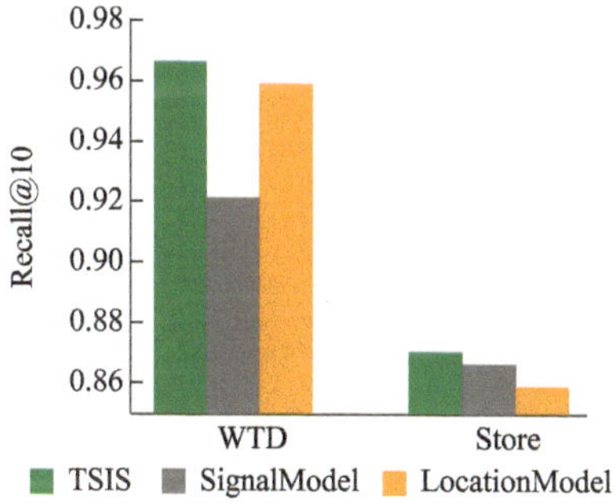

(a) Recall@10

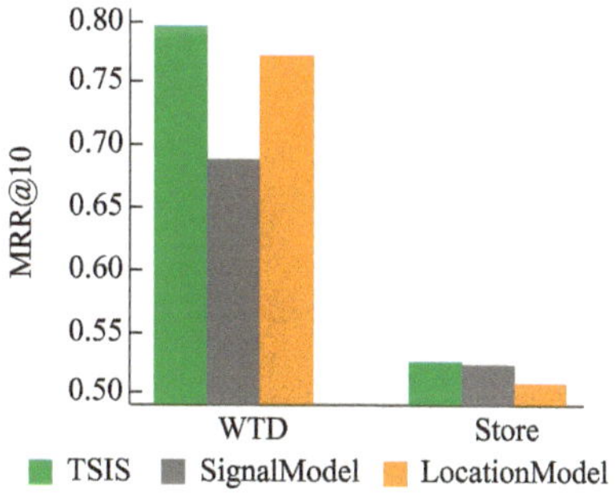

(b) MRR@10

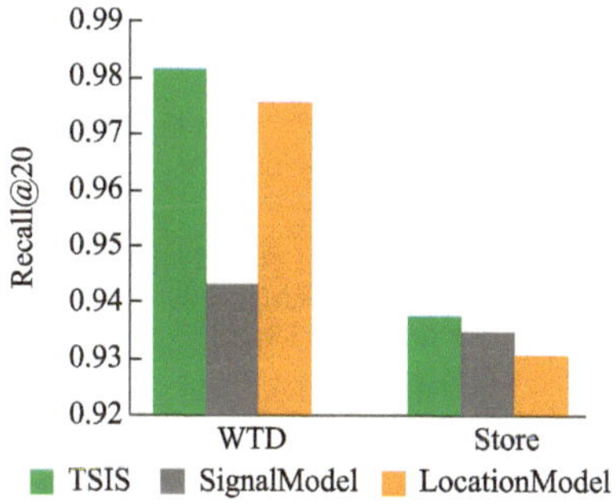

(c) Recall@20

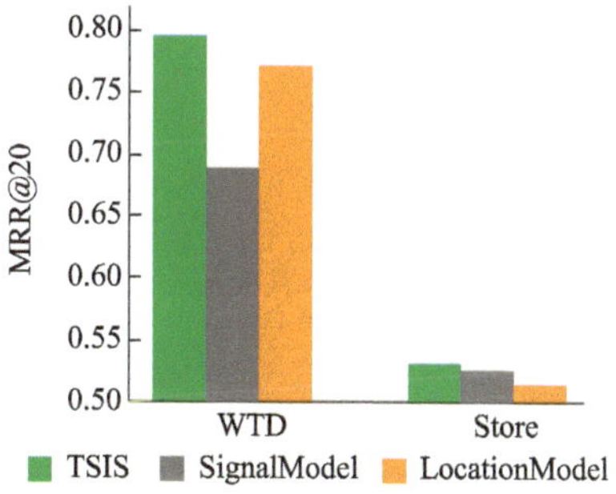

(d) MRR@20

图 4.4　TSIS 模型和两个子模型在序贯访问位置预测任务上的对比结果

4.5.3　隐向量维度和会话长度的敏感性分析实验

我们在两个数据集上分析了隐向量维度对 TSIS 模型预测效果的影响。图 4.5

展示了在固定其他参数不变、只变化隐向量维度的条件下，TSIS 和 SR-GNN、FPMC 的两个评价指标 Recall@20 和 MRR@20 的变化情况。从图 4.5 中可以清晰地看出，就所有评价指标而言，在两个数据集上，整体上 TSIS 模型效果首先随着隐向量维度的增大而提升，随后达到一个比较稳定的水平。同时可以看出，当隐向量维度达到 100 时，TSIS 模型实现了不错的预测效果，这说明我们在前述对比实验中采用 100 作为隐向量维度也是合理的。此外，我们可以从曲线看出，在非默认（隐向量维度为 100）的较大范围参数区间内，TSIS 模型也能在绝大多数情况下击败两个基准方法 SR-GNN 和 FPMC。总体而言，TSIS 模型对隐向量维度参数变化不敏感，因而能够较容易地应用于真实场景中。

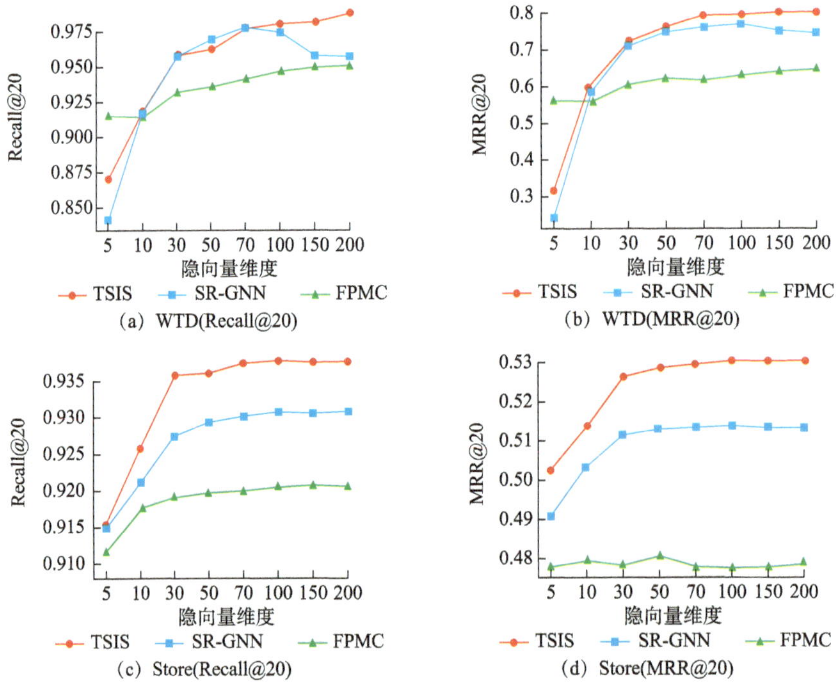

(a) WTD(Recall@20)　(b) WTD(MRR@20)

(c) Store(Recall@20)　(d) Store(MRR@20)

图 4.5　隐向量维度对模型预测效果的影响

我们进一步分析了 TSIS 模型和三个基准方法在处理不同长度会话上的预测结果。具体而言，我们将 WTD 和 Store 数据集上的会话数据按照会话长度划分到两组中，包括 Short 组和 Long 组。Short 组对应会话的长度小于或等于 5，Long 组对应会话的长度大于 5。WTD 数据集衍生出的 Short 组和 Long 组的会话占比分别为 0.57 和 0.43，Store 数据集衍生出的 Short 组和 Long 组的会话占比分别为 0.79 和 0.21。表 4.8 展示了以 MRR@20 作为评价指标的模型预测结果。我们可以观察到 TSIS 模型能够在不同条件下击败基准方法。这进一步验证了 TSIS 模型的鲁棒性。

表4.8　不同会话长度下的预测结果（MRR@20）

	WTD		Store	
	Short	Long	Short	Long
PRME	0.5979	0.2633	0.8287	0.2943
NextItNet	0.8764	0.7184	0.9290	0.7260
SR-GNN	0.9198	0.7649	0.9595	0.7706
TSIS	**0.9340**	**0.7913**	**0.9664**	**0.7959**

4.5.4　会话聚类分析实验

为展示 TSIS 模型在揭示用户移动行为模式方面的作用，我们在 StoreRaw 数据集上开展会话聚类分析。本节使用的参数是前述对比实验采用的默认参数。具体而言，首先，我们在 StoreRaw 数据集上进行 TSIS 模型训练，训练完成之后可以得到每个会话的联合嵌入式表示向量，在本设置下是一个 100 维的向量。随后，采用 K-均值算法对会话进行聚类，聚类特征是上述生成的会话嵌入式表示。

由于聚类个数 K 是需要事先指定的未知变量，我们采用肘部法则从一个取值范围中选择最优的聚类个数 K 。在本例中，我们在以 1 为最小值、50 为最大值、步长为 5 的区间范围内变化 K 的取值，分别训练 K-均值模型。对每个 K 值对应的模型，我们分别计算该模型下每个点到其中心的平方距离和，也称为失真得分（distortion score），其变化趋势如图 4.6 所示。可以观察到， $K=10$ 数据点对应趋势图的肘部，因而 10 是本例中的最佳聚类个数。

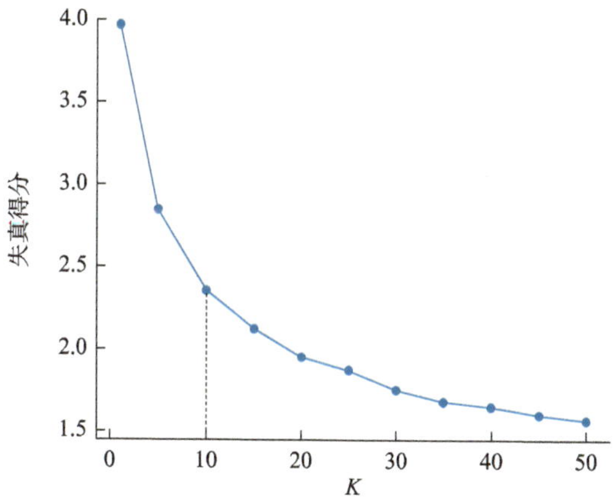

图 4.6　选择聚类个数 K 的肘部法则

因此，通过设置 $K=10$ ，我们在 StoreRaw 数据集上得到 10 个会话聚簇。为更好地理解各会话聚簇的行为模式，我们进一步采用 FP-Growth 算法分析每个聚簇中的原始轨迹数据，以提取每个聚簇的频繁移动行为模式，为每个聚簇的用户行为提供解释能力。同时，对每个聚簇，我们使用 t-SNE 工具在图 4.7 的中间位置绘出聚簇内的会话嵌入式表示，并在图的四周绘制每个聚簇最具代表性的两个移动轨迹模式。图 4.7 中蓝色点代表轨迹起点，黄色点代表轨迹终点。对聚簇 3 和聚簇 7，进一步展示各自最具代表性的两条移动轨迹对应的地理位置标签序列，其中形如 940 的数字表示某个特定的地理位置标签。我们可以发现在一些聚簇中，如聚簇 1 和聚簇 7，用户的移动轨迹主要聚集在一个楼层，而对于另外一些聚簇，如聚簇 3、4、5 和 8，用户的移动轨迹跨越不同楼层，并且在楼层之间有转移行为。在跨楼层的移动模式中，聚簇 4、5 和 8 包含了两层楼之间的往返移动行为。例如，聚簇 4 展示了“楼层 1→ 楼层 2→ 楼层 1→ 楼层 2”的移动路径，而聚簇 8 展示了“楼层 1→ 楼层 2→ 楼层 1”的移动路径。该实验结果表明 TSIS 模型学习到的会话嵌入式表示能够很好地捕获用户移动行为模式，这也在一定程度上解释了为什么 TSIS 模型能够在序贯访问位置预测任务上击败基准方法。

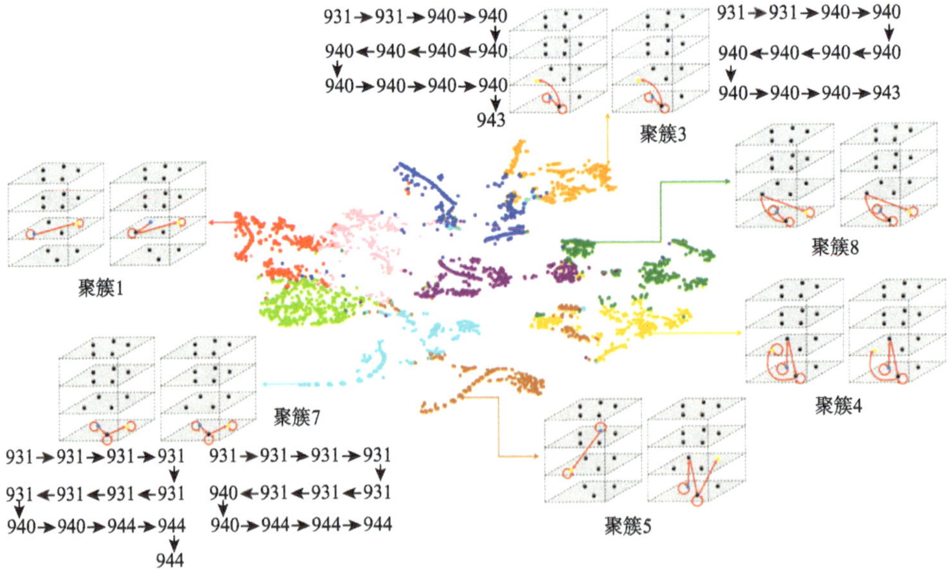

图 4.7　聚簇会话嵌入式表示可视化与聚簇代表性移动轨迹图

我们在图 4.8 中进一步展示了每个聚簇对应的访问位置转移模式，其中转移矩阵中的元素 (i, j) 表示实际数据中观测到的从当前位置 i 移动到位置 j 的频次。图中纵坐标代表用户上一个位置，横坐标代表用户下一个位置。转移矩阵计算方式是：首先对每个聚簇的移动轨迹进行 FP-Growth 算法分析，随后在每个聚簇的

200 个最频繁子序列上进行统计。我们可以发现，这些聚簇的转移模式是有区分度的。例如，聚簇 2 在不同楼层之间的转移概率密度较低，而其他聚簇在不同楼层之间的转移概率密度较大。这样有区分度的转移模式学习有可能得益于 TSIS 模型中图神经网络对访问位置转移模式的显式建模。

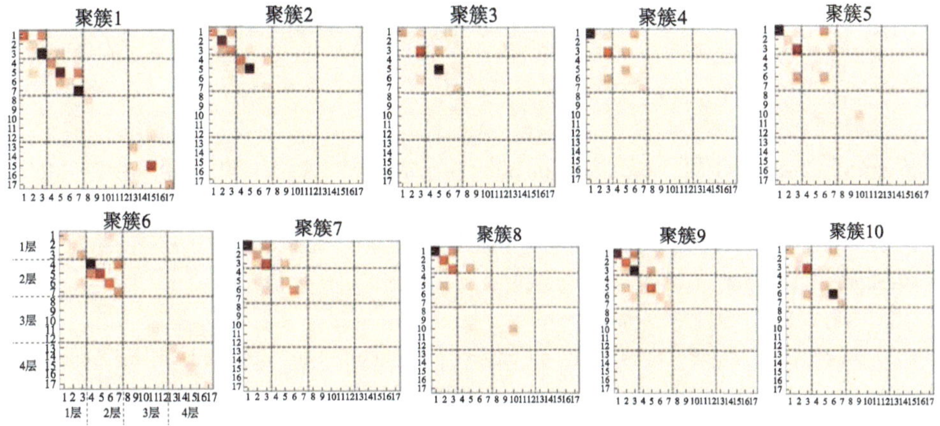

图 4.8　每个聚簇对应的访问位置转移模式

4.6　本 章 小 结

本章重点研究了基于非入侵方式的物联网环境下用户未来访问位置预测问题。Wi-Fi 作为物联网环境下的一种典型无线连接技术，其产生的海量信号数据中蕴藏着宝贵的用户位置信息。鉴于 Wi-Fi 的普及以及 Wi-Fi 信号较为稳定的特点，本章尝试从 Wi-Fi 信号数据中挖掘用户移动行为模式，并基于此预测用户未来的访问位置。为更好地捕获用户移动行为模式，本章创造性地提出了一种融合用户移动轨迹序列和信号强度序列的端到端神经网络模型——TSIS 模型以学习用户的嵌入式表示。该模型首先对用户移动轨迹序列和信号强度序列分别进行建模，即利用门控图神经网络对移动轨迹数据中的复杂空间序列转移模式进行刻画，利用门控循环单元网络捕获用户信号强度序列中的时间动态特点。随后联合两种序列的嵌入式表示形成融合表示，进行用户下一个访问位置标签预测。在两个真实 Wi-Fi 数据集上的大量实验表明，TSIS 模型具备超越已有最优基准方法的预测性能，其中用户移动轨迹序列和信号强度序列对预测用户未来访问位置都是不可或缺的。此外，可视化实验表明，TSIS 模型确实能够学习到有意义的用户空间转移表征。我们期待在本章研究的基础上，未来可引入更多辅助信息（如不同位置之间的空间距离等信息），来增强对用户移动行为模式的表征能力，从而实现更加准确的用户未来访问位置预测。

参 考 文 献

[1]Mcnett M，Voelker G M. Access and mobility of wireless PDA users[J]. SIGMOBILE Mobile Computing and Communications Review，2005，9（2）：40-55.

[2]Leu J S，Yu M C，Tzeng H J. Improving indoor positioning precision by using received signal strength fingerprint and footprint based on weighted ambient Wi-Fi signals[J]. Computer Networks，2015，91：329-340.

[3]Li D，Balaji B，Jiang Y，et al. A Wi-Fi based occupancy sensing approach to smart energy in commercial office buildings[C]. Proceedings of the 4th ACM Workshop on Embedded Sensing Systems for Energy-Efficiency in Buildings，Toronto，2012：197-198.

[4]Yao D，Zhang C，Huang J，et al. SERM：A recurrent model for next location prediction in semantic trajectories[C]. Proceedings of the 2017 ACM on Conference on Information and Knowledge Management，Singapore，2017：2411-2414.

[5]Feng J，Li Y，Zhang C，et al. DeepMove：Predicting human mobility with attentional recurrent networks[C]. Proceedings of the 2018 World Wide Web Conference，Lyon，2018：1459-1468.

[6]Feng S，Li X，Zeng Y，et al. Personalized ranking metric embedding for next new POI recommendation[C]. Proceedings of the 24th International Conference on Artificial Intelligence，Buenos Aires，2015：2069-2075.

[7]Wu S，Tang Y，Zhu Y，et al. Session-based recommendation with graph neural networks[C]. Proceedings of the 33rd AAAI Conference on Artificial Intelligence，Honolulu，2019：346-353.

[8]Li Y，Tarlow D，Brockschmidt M，et al. Gated graph sequence neural networks[C]. 4th International Conference on Learning Representations，San Juan，2016.

[9]Cho K，van Merrienboer B，Bahdanau D，et al. On the properties of neural machine translation：Encoder-decoder approaches[C]. Proceedings of 8th Workshop on Syntax，Semantics and Structure in Statistical Translation，Doha，2014：103-111.

[10]Feng C，Au W S A，Valaee S，et al. Received-signal-strength-based indoor positioning using compressive sensing[J]. IEEE Transactions on Mobile Computing，2012，11（12）：1983-1993.

[11]Zhu X，Feng Y. RSSI-based algorithm for indoor localization[J]. Communications and Network，2013，5（2）：37.

[12]He S，Chan S G. Wi-Fi fingerprint-based indoor positioning：Recent advances and comparisons[J]. IEEE Communications Surveys Tutorials，2016，18（1）：466-490.

[13]Liu Y，Yang Z. Location，Localization，and Localizability：Location-awareness Technology for

Wireless Networks[M]. New York: Springer Publishing Company, Incorporated, 2014.
[14]Gentile C, Alsindi N, Raulefs R, et al. Geolocation Techniques: Principles and Applications[M]. New York: Springer Publishing Company, Incorporated, 2012.
[15]Wu C, Yang Z, Liu Y, et al. WILL: Wireless indoor localization without site survey[J]. IEEE Transactions on Parallel and Distributed Systems, 2013, 24（4）: 839-848.
[16]Liu H, Gan Y, Yang J, et al. Push the limit of WiFi based localization for smartphones[C]. Proceedings of the 18th Annual International Conference on Mobile Computing and Networking, Istanbul, 2012: 305-316.
[17]Jiang Y, Pan X, Li K, et al. ARIEL: Automatic Wi-Fi based room fingerprinting for indoor localization[C]. Proceedings of the 2012 ACM Conference on Ubiquitous Computing, Pittsburgh, 2012: 441-450.
[18]Farshad A, Marina M K, Garcia F J. A microscopic look at WiFi fingerprinting for indoor mobile phone localization in diverse environments[C]. International Conference on Indoor Positioning and Indoor Navigation, Montbeliard-Belfort, 2013: 1-10.
[19]Bahl P, Padmanabhan V. N. RADAR: An in-building RF-based user location and tracking system[C]. Proceedings of IEEE INFOCOM 2000. Conference on Computer Communications. Nineteenth Annual Joint Conference of the IEEE Computer and Communications Societies, Tel Aviv, 2000, （2）: 775-784.
[20]Li X, Zhang D, Xiong J, et al. Training-free human vitality monitoring using commodity Wi-Fi devices[J].Proceedings of the ACM on Interactive, Mobile, Wearable and Ubiquitous Technologies, 2018, 2（3）: 1-25.
[21]Sapiezynski P, Stopczynski A, Wind D K, et al. Inferring person-to-person proximity using WiFi signals[J]. Proceedings of the ACM on Interactive, Mobile, Wearable and Ubiquitous Technologies, 2017, 1（2）: 1-20.
[22]Zhang J, Tang Z, Li M, et al. CrossSense: Towards cross-site and large-scale WiFi sensing[C]. Proceedings of the 24th Annual International Conference on Mobile Computing and Networking, New Delhi, 2018: 305-320.
[23]Guo X, Liu B, Shi C, et al. WiFi-enabled smart human dynamics monitoring[C]. Proceedings of the 15th ACM Conference on Embedded Network Sensor Systems, Delft, 2017: 1-13.
[24]Kim S, Lee J G. Utilizing in-store sensors for revisit prediction[C]. 2018 IEEE International Conference on Data Mining（ICDM）, Singapore, 2018: 217-226.
[25]Hidasi B, Karatzoglou A, Baltrunas L, et al. Session-based recommendations with recurrent neural networks[C]. 4th International Conference on Learning Representations, San Juan, 2016.
[26]Jannach D, Ludewig M. When recurrent neural networks meet the neighborhood for session-based recommendation[C]. Proceedings of the 11th ACM Conference on Recommender Systems, Como, 2017: 306-310.
[27]Yuan F, Karatzoglou A, Arapakis I, et al. A simple convolutional generative network for next item recommendation[C]. Proceedings of the 12th ACM International Conference on Web Search and Data Mining, Melbourne, 2019: 582-590.

[28]Scarselli F，Gori M，Tsoi A C，et al. The graph neural network model[J]. IEEE Transactions on Neural Networks，2009，20（1）：61-80.

[29]Duong-Trung N，Schilling N，Schmidt-Thieme L. Near real-time geolocation prediction in twitter streams via matrix factorization based regression[C]. Proceedings of the 25th ACM International Conference on Information and Knowledge Management，Indianapolis，2016：1973-1976.

[30]Rendle S，Freudenthaler C，Schmidt-Thieme L. Factorizing personalized Markov chains for next-basket recommendation[C]. Proceedings of the 19th International Conference on World Wide Web，Raleigh，2010：811-820.

[31]Mathew W，Raposo R，Martins B. Predicting future locations with hidden Markov models[C]. Proceedings of the 2012 ACM Conference on Ubiquitous Computing，Pittsburgh，2012：911-918.

[32]Cho E，Myers S A，Leskovec J. Friendship and mobility：User movement in location-based social networks[C]. Proceedings of the 17th ACM SIGKDD International Conference on Knowledge Discovery and Data Mining，San Diego，2011：1082-1090.

[33]Liu Q，Wu S，Wang L，et al. Predicting the next location：A recurrent model with spatial and temporal contexts[C]. Proceedings of the 30th AAAI Conference on Artificial Intelligence，Phoenix，2016：194-200.

[34]Feng S，Cong G，An B，et al. POI2Vec：Geographical latent representation for predicting future visitors[C]. Proceedings of the 31st AAAI Conference on Artificial Intelligence，San Francisco，2017：102-108.

[35]Zhao P，Xu X，Liu Y，et al. Exploiting hierarchical structures for POI recommendation[C]. 2017 IEEE International Conference on Data Mining，New Orleans，2017：655-664.

[36]Zhao P，Zhu H，Liu Y，et al. Where to go next：A spatio-temporal gated network for next POI recommendation[C]. Proceedings of the 33rd AAAI Conference on Artificial Intelligence，Honolulu，2019：5877-5884.

[37]Bahdanau D，Cho K，Bengio Y. Neural machine translation by jointly learning to align and translate[C]. 3rd International Conference on Learning Representations，ICLR 2015，San Diego，2015.

[38]Sutskever I，Vinyals O，Le Q V. Sequence to sequence learning with neural networks[J]. Proceedings of the 27th International Conference on Neural Information Processing Systems，2014，（2）：3104-3112.

[39]Mikolov T，Karafiát M，Burget L，et al. Recurrent neural network based language model[C]. 11th Annual Conference of the International Speech Communication Association，Makuhari，2010：1045-1048.

[40]Kingma D P，Ba J. Adam：A method for stochastic optimization[C]. 3rd International Conference on Learning Representations，San Diego，2015.

[41]Dai A M，Le Q V. Semi-supervised sequence learning[J]. Proceedings of the 28th International Conference on Neural Information Processing Systems，2015，（2）：3079-3087.

[42]Ramachandran P，Liu P J，Le Q V. Unsupervised pretraining for sequence to sequence learning[C]. Proceedings of the 2017 Conference on Empirical Methods in Natural Language

Processing，Copenhagen，2017：383-391.

[43]Rendle S，Freudenthaler C，Gantner Z，et al. BPR：Bayesian personalized ranking from implicit feedback[C]. Proceedings of the 25th Conference on Uncertainty in Artificial Intelligence，Montreal，2009：452-461.

[44]Hidasi B，Karatzoglou A. Recurrent neural networks with top-k gains for session-based recommendations[C]. Proceedings of the 27th ACM International Conference on Information and Knowledge Management，Torino，2018：843-852.

第 5 章　面向城市规划管理的时空结构发现与趋势分析

世界银行公布的资料显示，截至 2016 年底，世界范围内有大概 37 亿人居住在城市，约占总人口的 53%。人口超过 1000 万的大型城市有 36 个。对于大型城市而言，理解和认知城市内在的时空结构对于管理和规划城市至关重要。然而，随着城市规模的不断膨胀，城市系统变得日趋复杂，理解和认知城市的时空结构也变得十分困难。现代城市的规划师和管理者迫切需要进行合适的数据挖掘工作，从海量、动态、多源、异构的市民行为数据中发现城市的时空结构以及长周期的变化趋势。为解决这一问题，本章提出使用张量建模城市数据，并通过基于张量的方法挖掘其中隐含的模式结构。

5.1　本 章 引 言

在第二次世界大战后的几十年里，人类社会经历了历史上前所未有的城市化进程，大量人口超过千万的大型城市在地球上出现。城市规模的不断扩张在创造了海量的社会财富的同时，也给城市的运行管理带来了巨大的挑战。这种挑战首先体现在人们对于城市当中人类活动行为认知理解的困难。数以千万的人口在城市中居住生活，其行为的复杂性已经远超人类直观认知的范围，这给城市管理和规划带来了直接的挑战。一方面，城市的规划管理者无法通过有限的认知能力掌握整个城市的整体动态；另一方面，城市的规划管理者需要基于有限的认知来完成城市的规划管理决策。这无疑给城市的规划管理带来了巨大的隐患。因此，城市规划管理者迫切需要有效的城市认知辅助工具，帮助他们发现和理解城市人群活动背后隐藏的内在时空结构以及时空结构的发展趋势，从而支持其完成复杂的城市规划管理工作。

随着近些年来信息技术的进步，传感器技术和数据采集基础设施收集了城市空间中的海量数据（即大数据），例如，车载 GPS 记录仪的数据记录了城市的交通信息，遍布城市的摄像头记录了城市中每一时刻的景象，这些动态信息加上城市的地理信息、城市中的 POI 信息等静态信息，构成了一幅完整的城市生态。它们为我们理解和认知城市时空结构提供了有效的素材。为了能够充分利用 GPS 等城市数据对城市中的时空结构进行挖掘和认知，本章中提出一种基于 Tucker 分解的城市时空结构（即时空模式）发现方法。

本章研究传统领域的数据模式挖掘方法，并分析其数据特点与城市领域的不同。在此基础上，本章采用出发到达转移（origin destination transfer，ODT）张量来对城市时空数据进行有效组织。进一步，本章提出一种带正则项的城市时空数据 ODT 张量非负分解方法，其中关于张量的正则项约束技术将 POI 等城市上下文数据和 ODT 张量中的城市交通数据融合在了统一的框架下。用本章所提出的模型方法进行张量分解的结果能够有效地描述城市空间上的组团结构模式、时间上的节律结构模式以及时空上的交互结构模式。本章所提出的模型方法被有效应用在北京浮动车 GPS 数据集上，实验结果表明这些信息对城市规划、交通预测等城市规划管理应用具有很大的帮助。

5.2　相 关 工 作

合理有效的城市规划是实现智慧城市的关键因素。然而城市规划与交通、人类活动、兴趣点、路网等多种因素都息息相关，这使得城市规划成为一项非常有挑战的事情。随着城市规模增大，人为规划城市的成本越来越高，且规划效果不尽如人意。城市计算挖掘城市数据中的模式，并利用其来帮助人们进行合理的城市规划。从城市中收集到的越来越多的人类活动数据，使得研究者可以从中发现城市中隐含的问题。

近年来，从人类活动数据中挖掘有价值的信息越来越受到研究者的关注。这一方向的兴起得益于多种类别的“社会传感器”的普及，如具有定位功能的智能手机、公交地铁卡、车载 GPS 终端等。这些前沿科技的应用促进了城市规划、智能交通、环境保护等各领域的发展。文献[1]提供了一个从城市计算视角出发的调查，而文献[2]提供了一个从社会和社区的动态视角出发的调查。

在大量的人类活动数据分析方法中，CP 分解[3]和 Tucker 分解[4]等张量分解方法因其在建模多源、异构大数据方面的独特优势而备受关注。由于生活场景的复杂性，城市数据往往具有多方面的特征，如时间、空间、人口、城市环境、功能区域等，因而其非常适合基于张量分解的数据挖掘方法[1]。典型的张量分解应用可以划分为两个类别：第一类是重构张量来预测多元数据集中的未知成分，如计算缺失的交通数据[5]、推断城市天然气用量[6]、预测通勤时间[7]、标记城市功能区域[8-11]等；近年来，越来越多的研究人员试图挖掘城市多元数据中可解释的潜在变量，这就是张量分解的第二类应用，这里面的核心内容就是从高维多元数据中分解出低维的因子。例如，Lin 等[12]使用 CP 分解方法从各种社交网络中提取隐藏的社区结构，并且基于 Tucker 分解提出了多视图数据聚类和划分方法。

在城市功能区域划分方面，文献[13]利用城市交通数据和 POI 数据，提出了一种基于图模型的城市功能区域发现的方法。其思想借鉴了文本语义挖掘中的主题模型，将城市的区域看作文档（document），将区域的功能看作文档的主题（topic），将区域的交通流量看作单词（word），将 POI 信息看作文档的元数据（metadata）。其中，每一个区域可以看作多个功能的多项式分布，而每一个功能又是交通模式上的一个多项式分布。通过推断后验概率分布，该模型可以得到每个城市功能的分布，以及每个区域属于哪个功能。

文献[13]的工作与本节提出的方法均同时采用了多源、异构的城市交通数据和 POI 数据，均发现了城市空间上的聚类信息。本章采用了一种谱方法，通过挖掘数据内部的低秩结构来实现；而文献[13]采用了概率建模的方法。在文本挖掘领域，这两种方法均为主题模型，分别对应于模型隐含语义索引（latent semantic indexing，LSI）和隐含狄利克雷分配（latent Dirichlet allocation，LDA）。它们的不同之处在于，文献[13]的工作仅能发现城市空间上的功能区域，而本章介绍的模型同时也能找到时间上的模式以及时空之间的相关联系。

在人类行为运动模式发现方面，Peng 等[14]从出租车行驶轨迹中发掘出人类在工作日的交通行为有三种基本模式：从家到工作地、从工作地到工作地、其他模式。他们对出租车数据构建了一个区域-时间的交通矩阵，矩阵中的第（i，j）个元素表示第 i 个区域在第 j 个时间段内的交通流量。通过采用非负矩阵分解（non-negative matrix factorization，NMF）将其分解为空间和时间两个维度的因子矩阵。通过约束分解后因子矩阵相乘的估计矩阵的秩为 3，从中可以找到人类行为的三种模式。时间上有三种潮汐变化，空间上反映了城市的三种用地类型。这一工作与本章描述的工作均能发现城市在时间上的模式和空间里的聚类，但前者的矩阵分析仅能描述两个维度的信息，而且 NMF 将两个维度的信息均映射到了同一个隐含空间上。本章认为时间和空间应属于不同的隐含空间，因此对交通使用了三维的张量去刻画，得到了更加丰富的结果以及对城市更深刻的理解。

5.3　基于矩阵的数据活化方法

世界上的很多数据是列表类型的数据，这些数据可以用一个矩阵来表达。如用户对一系列电影的评分数据集合，矩阵的行对应用户，矩阵的列对应电影，矩阵里的值表示对应的用户对对应电影的评分。类似的还有一系列文档集合、用户对商品的购买记录的数据集合。

这些数据通常可以利用隐变量模型（latent variable model）进行分析，其隐含的假设是数据中仅有一小部分隐含的重要因子对数据的生成起决定作用，而这些重要的因子可以通过低维的受约束的表示进行刻画。例如，对用户对电影的评分起决定作用的主要有用户对电影的偏好以及电影的类型，而用户的偏好或电影的类型通常是很少的，用户或电影的数量却是很多的。在隐变量模型中，每一个因子是一个表示偏好的向量，而用户的偏好则可以用隐含的因子向量的线性组合来刻画。这些线性组合的系数构成了用户的低维空间表示。

隐变量模型是对观测变量和隐含变量进行建模的一种统计模型。利用这一类模型可以找出高维数据中的低维结构（如主题、因子、聚类、模式等），利用这些低维结构在解决很多问题时可以取得不错的效果。许多强大的模型，如因子分析（factor analysis，FA）、主成分分析（principal component analysis，PCA）、独立成分分析（independent component analysis，ICA）、稀疏编码（sparse coding）[15]、隐含语义索引[16]、概率隐含语义分析（probabilistic latent semantic analysis，PLSA）[17]、隐含狄利克雷分配[18]、受限玻尔兹曼机（restricted Boltzmann machines，RBM）[19]等均属此类。

尽管这类模型很多，但矩阵分解作为一种简单实用的技术可以完成许多隐语义挖掘的任务，且在某些特定条件下，许多模型与矩阵分解等价。矩阵分解的目的在于找到两个矩阵：第一个矩阵表示每个样本在隐含因子空间上的向量表示；第二个矩阵表示每个隐含因子的向量表示。通过矩阵建模，原始的矩阵数据可以被因子化为两个矩阵的乘积。因此，从数据中学习隐含结构的过程即是将数据矩阵分解为两个满足某种特定约束（低秩、非负等约束）的矩阵的过程。这种分解可以寻找数据在隐层语义空间的表达，在许多数据挖掘任务中得到应用。

（1）理解结构：矩阵分解可以用于无监督学习，通过分解后的低维空间表达，去挖掘数据中隐含的语义结构信息。矩阵分解可以利用数据中的共现关系，来理解两个维度之间的相互联系。

（2）预测：如果矩阵中的数据是稀疏的，即只有一部分被观测到，那么可以通过对原始矩阵进行分解再重构，进而补全原矩阵来完成预测。

本节我们主要关注理解结构。本节我们将介绍基于矩阵分解的数据活化技术。我们首先回顾矩阵的基本运算和矩阵分解的原理，随后介绍在其他领域矩阵分解的主要应用以及矩阵分解在城市计算中的应用，并总结矩阵分解在城市数据建模中的不足。

5.3.1　基于矩阵的数据分析

我们首先介绍几种常用的矩阵分解技术，包括奇异值分解、主成分分析、非负矩阵分解、谱聚类，并将介绍其在文本挖掘、推荐系统领域进行数据活化的应用。这些方法不仅是二维数据建模的常用工具，其思想也与我们后面介绍的多元数据的建模分析求解一致。

1. 奇异值分解

奇异值分解（singular value decomposition，SVD）是最常使用的一种矩阵分解的方法，在信号处理、统计学习及数据挖掘中都有重要应用。

定义 5.1 奇异值分解：给定一个矩阵 $\boldsymbol{X}\in\mathbb{R}^{M\times N}$，寻找正交矩阵 $\boldsymbol{V}\in\mathbb{R}^{N\times N}$ 以及斜对角矩阵 $\boldsymbol{S}\in\mathbb{R}^{M\times N}$，使得

$$\boldsymbol{X}=\boldsymbol{U}\boldsymbol{S}\boldsymbol{V}^{\mathrm{T}},\quad \boldsymbol{U}\in\mathbb{R}^{M\times M}$$

由于 $\boldsymbol{U}$ 和 $\boldsymbol{V}$ 是正交矩阵，所以 $\boldsymbol{U}^{\mathrm{T}}\boldsymbol{U}=\boldsymbol{I}$，$\boldsymbol{V}^{\mathrm{T}}\boldsymbol{V}=\boldsymbol{I}$。斜对角矩阵 $\boldsymbol{S}$ 中对角线上的元素 σ_i 称为奇异值，且 $\sigma_i\geqslant 0$ 并按照由大到小的顺序排列，$\boldsymbol{S}$ 中的其他元素为 0。$\boldsymbol{U}$ 中的列向量称为左奇异向量，$\boldsymbol{V}$ 中的列向量称为右奇异向量，如图 5.1 所示。

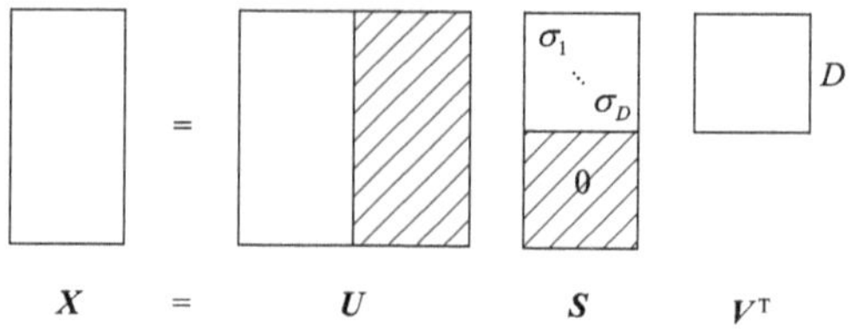

图 5.1　奇异值分解示意图

假定矩阵至多有 K 个奇异值，则 $\boldsymbol{S}$ 中的最后 $N-K$ 列全为 0，那么 $\boldsymbol{U}$ 中的最后 $N-K$ 列与原矩阵不相关，因为都会被乘以 0。如果我们限制分解后的矩阵的秩为 R，且 $R<K$，即去掉矩阵最小的 $K-R$ 个奇异值，我们得到矩阵在秩为 R 约束下的奇异值分解，即

$$\boldsymbol{X} \approx \hat{\boldsymbol{U}}\hat{\boldsymbol{S}}\hat{\boldsymbol{V}}^{\mathrm{T}}$$

矩阵的奇异值分解是秩为 R 约束下 $\min \|\boldsymbol{X} - \hat{\boldsymbol{X}}\|_F^2$ 的最佳近似。

2. 主成分分析

主成分分析（PCA）与奇异值分解有很深的联系。PCA 实质上是一个基坐标变换过程，找到一组使得降维后样本方差最小的正交基。PCA 将特征向量从 N 维降到 R 维，这与 SVD 在秩 R 约束下得到的结果一样。所以，通常也用 SVD 去求解 PCA。

PCA 是分析高维数据的常用工具，可用来降维、压缩、可视化。我们将矩阵 $\boldsymbol{X} \in \mathbb{R}^{M \times N}$ 中的每一个列向量看作独立同分布产生的样本 $\boldsymbol{x}_i, 1 \leqslant i \leqslant N$。假定输入数据是高维的，而维度之间存在一定的冗余，以图像为例，其相邻像素之间很相关。对一个 32×32 像素大小的图像，其维度高达 1024，然而只需要很少的维度就可以刻画这个图像中最主要的特征。PCA 将原始的向量通过一组正交基映射到一个低维空间，使降维后的数据之间的样本方差最大（或投影到低维空间后误差最小，两者等价）。降维后的向量与原向量非常近似。

图 5.2 是使用 PCA 将 2 维空间中的数据映射到 1 维空间上的一个例子。其中圆圈代表样本，直线代表 PCA 投影的向量，样本到投影向量的垂线表示投影前后的数据之间的距离。PCA 寻找使得样本降维后数据之间样本方差最大的投影方向，从图 5.2 中可以看出，映射到 1 维的投影向量后，样本之间保持了最大的方差，且所有样本的总投影距离最小。

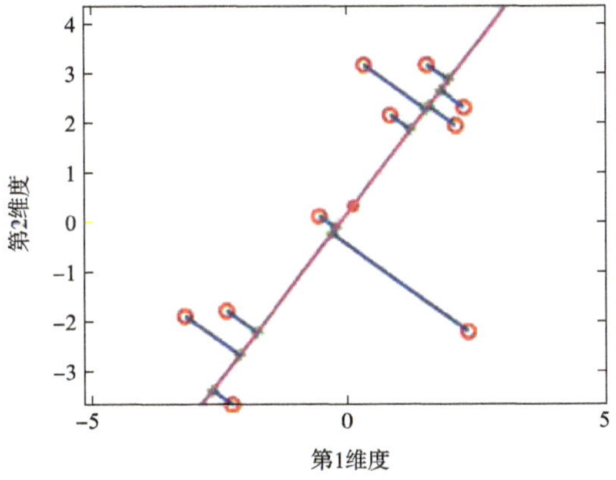

图 5.2　使用 PCA 将 2 维数据降到 1 维

假设 $\boldsymbol{u}_1$ 为一个投影向量，则投影之后，样本之间的方差为

$$\frac{1}{N}\sum_{i=1}^{N}\left\{\boldsymbol{u}_1^{\mathrm{T}}\boldsymbol{x}_i-\boldsymbol{u}_1^{\mathrm{T}}\overline{\boldsymbol{x}}\right\}^2=\boldsymbol{u}_1^{\mathrm{T}}\boldsymbol{S}\boldsymbol{u}_1$$

其中，$\boldsymbol{S}$为样本的协方差矩阵；$\overline{\boldsymbol{x}}$是样本的平均值。PCA 通过最小化投影后的方差（即最小化上式）获得投影向量，即

$$\min_{\boldsymbol{u}_1}\ \boldsymbol{u}_1^{\mathrm{T}}\boldsymbol{S}\boldsymbol{u}_1+\lambda_1(1-\boldsymbol{u}_1^{\mathrm{T}}\boldsymbol{u}_1)$$

对$\boldsymbol{u}_1$求导并使导数为 0，可得

$$\boldsymbol{S}\boldsymbol{u}_1=\lambda_1\boldsymbol{u}_1$$

由此可知，$\boldsymbol{u}_1$为样本协方差矩阵$\boldsymbol{S}$的特征向量，λ_1为对应的特征值。因此若使用 PCA 将原先N维的向量降至K维，则最优的投影方向为协方差矩阵$\boldsymbol{S}$前K个特征值对应的特征向量。主成分分析算法的流程如下。

算法 1　主成分分析

输入：$\boldsymbol{X}=\{\boldsymbol{x}_1,\boldsymbol{x}_2,\cdots,\boldsymbol{x}_m\}$，其中$\boldsymbol{x}_i|_{i=1}^{m}\in\mathbb{R}^N$，降维后的维度为$K$

输出：$\boldsymbol{Y}=\{\boldsymbol{y}_1,\boldsymbol{y}_2,\cdots,\boldsymbol{y}_m\}$，其中$\boldsymbol{y}_i|_{i=1}^{m}\in\mathbb{R}^K$

将$\boldsymbol{X}$中的样本归一化为期望为 0，方差为$\hat{\boldsymbol{X}}$

for $i=1,2,\cdots,k$ do

令$\boldsymbol{u}^i$为$\hat{\boldsymbol{X}}$的第i个特征向量

end for

对每一个样本，根据投影向量$\boldsymbol{u}^i|_{i=1}^{k}$求得降维后的数据$\boldsymbol{Y}=\{\boldsymbol{y}_1,\boldsymbol{y}_2,\cdots,\boldsymbol{y}_m\}$

使用 PCA 算法的一个问题是如何选择主成分的个数R。如果R过大，则数据的压缩率比较低，不能抓住最主要的低维结构；如果R过小，则原始数据的损失过大，会造成很大的近似误差。两个极端的例子是，如果$R=N$，相当于还是使用原始数据，仅对基做了旋转投影；如果$R=1$，那么只有数据中变化最大的方向被保留了下来，同样不适合。通常，我们使用保留方差的百分比进行实验，选取不同的R，计算降维后的百分比，按照百分比的阈值选择一个满足条件的最小R。

PCA 有一个重要应用就是可视化。由于城市数据通常是高维的，难以可视化，因而人们无法从数据中获得直观感受。通常，可以利用 PCA 将数据降至 2 维或 3 维，然后通过画出数据的分布，可以获得更加直观的数据特征，从而有利于模型的创建和问题的解决。

3. 非负矩阵分解

非负矩阵分解是近年来许多数据挖掘任务经常使用的重要方法。非负矩阵分解就是将输入的非负矩阵分解为两个秩更低的非负矩阵的乘积。非负矩阵分解不仅可以解决很多问题，同时人们最近发现其与许多数据挖掘机器学习中的其他方法有很深的联系。例如，平方误差函数下的非负矩阵分解等价于某种条件约束下的 K-均值算法（最常使用的一种无监督学习的方法）；I-divergence 误差函数下的

非负矩阵分解等价于 PLSA（文本分析中常用的一种主题模型，是下面将介绍的基于 SVD 的 LSI 方法概率化后的模型）[20]。

定义 5.2 非负矩阵分解：令 $\boldsymbol{X}\in\mathbb{R}^{M\times N}$，寻找两个非负矩阵 $\boldsymbol{U}\in\mathbb{R}^{M\times R}$，$\boldsymbol{V}\in\mathbb{R}^{N\times R}$ 使得，$\boldsymbol{X}\approx\boldsymbol{U}\boldsymbol{V}^{\mathrm{T}}$。即

$$\min_{U,V}\|\boldsymbol{X}-\boldsymbol{U}\boldsymbol{V}^{\mathrm{T}}\|$$

通过限制矩阵分解的结果非负，NMF 可以找出基于部分的特征表示。这是因为非负的约束限制了特征之间仅能相加。图 5.3[21]给出了一个对人脸进行 NMF 和 PCA 的对比图。NMF 与 PCA 均将人脸表示成一系列基向量（图片）的线性组合，但是却得到了不同的结果。PCA 得到的基也称为“特征脸”（EigenFaces），这些基看起来像是整个脸的图像扭曲后的结果。而 NMF 得到的基却与 PCA 截然相反，这些基有着很强的局部特征，代表了脸的一部分。这意味着 NMF 学出了基于部分的表达[21]。

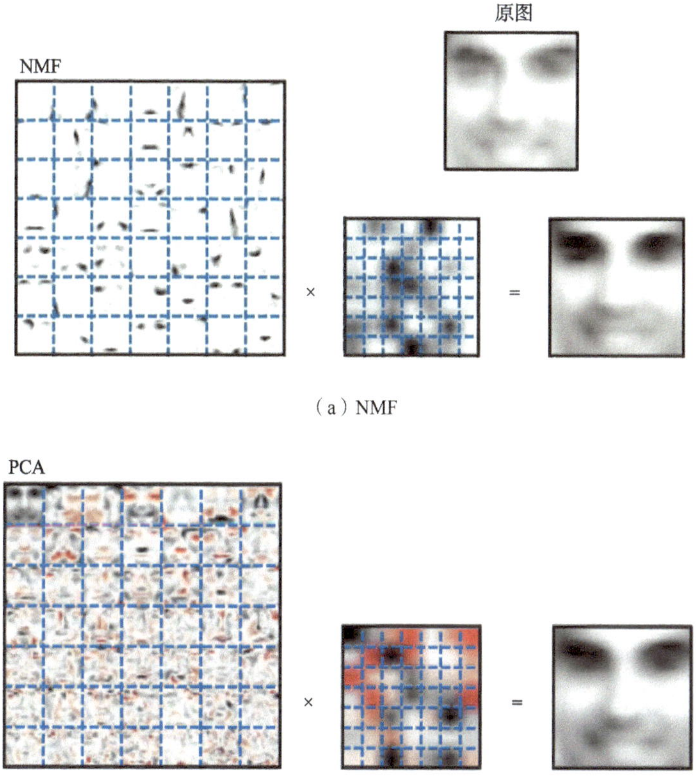

（a）NMF

（b）PCA

图 5.3　NMF 与 PCA 的不同[21]

由上述可知，PCA 可以看作 SVD 的变种。因此 PCA 也可以用矩阵分解的框架描述。NMF 与 PCA 均为矩阵分解，但它们的不同在于给分解后的矩阵所加的约束不同。PCA 约束所得到的基是正交的，这样使得降维后的数据样本保持最大的方差，但因为分解后的矩阵中的值可以取正、负，故得到的结果并没有很直观的解释。而 NMF 约束得到的矩阵中所有值非负，基的线性组合只能相加，分解后的矩阵相乘直观上表示了人脸的每一部分通过相加的线性组合构成整体，整个人脸代表了部分的基相加组合而成的整体，有着更强的可解释性。

非负矩阵分解也可以用在数据的聚类之中。通常来说，非负矩阵分解用于聚类分析任务有以下优点。

第一，比起 K-均值这样的聚类算法捕捉球面聚类的特征，非负矩阵分解因为使用灵活的矩阵分解，可以更好地对各种各样数据分布中的聚类特征进行建模。当数据分布源不是 K-均值假设的特征时，非负矩阵分解有着更好的效果。

第二，非负矩阵分解可以用于硬聚类（hard clustering）和软聚类（soft clustering）。K-均值算法将每一个样本都赋予一个类，这种做法称为硬聚类；而混合模型（mixture model）对每一个样本，赋予一个定义在各个类上的分布，给出属于各个类的概率，这种做法称为软聚类（如高斯混合模型）。非负矩阵分解则可以同时得到两种结果。

第三，非负矩阵分解可以对数据按照行特征聚类，同时也得到按照列特征聚类的结果。对于“用户-商品”的购买行为矩阵，非负矩阵分解既可以得到用户之间的聚类属性，也可以得到商品之间的聚类属性。

第四，如前所述，许多机器学习和数据挖掘的算法可以在特定条件下转化为非负矩阵分解问题。非负矩阵分解给我们提供了一种统一的数学语言去描述多种算法。

在城市数据中，很多特征之间的组合也是可加的。例如，在城市交通之中，交通流量中混杂着代表不同目的（如上班、回家、购物等）的交通。在下面介绍的模型中，也使用了类似 NMF 的非负约束，通过限制得到的模式非负，可以获得更加有直观解释的时空结构。

4. 谱聚类

谱聚类（spectral clustering）是近些年来一种很重要的聚类算法。与 K-均值或混合模型等仅适用于样本在空间中呈现凸几何形状的传统聚类算法相比，谱聚类能够应用在许多复杂场景中，如同一类样本在空间呈现扭曲的螺旋形等。同时，混合模型这类聚类算法的另一个缺点是依赖于期望最大化（expectation-maximization，EM）算法，仅能寻找到局部最优解。在文献[22]的开创性工作之后，有许多研究谱聚类的工作。

谱聚类通过计算数据邻接矩阵中的特征向量，依据特征向量来判断其隐含的类别。谱聚类算法通常有三步：①从数据样本中构建一个相似图；②通过相似图构成拉普拉斯矩阵，利用拉普拉斯矩阵的特征向量将数据样本嵌入到一个更易于聚类的空间；③使用传统聚类算法，如 K-均值算法对嵌入后的样本做聚类。第二步中对样本的低维空间嵌入也称为谱嵌入，在数据降维中也常用到此类思想。名字中的“谱”表示聚类的结果是通过分析拉普拉斯相似图的频谱得到的。

为进行谱聚类，首先要构建相似图 G 。我们以数据中的每个样本为图的每个点，依据一定的方法构建邻接图，并用邻接矩阵 $\boldsymbol{W}$ 描述相似图 G 。邻接图的构建要能够反映出数据样本的局部几何结构。通常采用以下几种方法构建。①K-近邻图法：构建一个图，其中当 v_i 是距离 v_j 最近的 K 个点之一或 v_j 是距离 v_i 最近的 K 个点之一时，v_i 与 v_j 之间存在一条边。② ε 邻居图：仅当两个点的距离 $\| x_i - x_j \|^2$ 小于 ε 时，两个点 v_i 和 v_j 之间存在一条边。③全连接图：把所有的点都互相连接起来，用边去度量其相似度，如热核函数 $W_{ij} = \mathrm{e}^{-\frac{\|x_i - x_j\|^2}{2}}$ 。

谱聚类通过相似图 G 构建拉普拉斯矩阵 $\boldsymbol{L}$ 。对角矩阵 $\boldsymbol{D}$ 表示相似图 G 的度矩阵，其中 $D_{ii} = d_i, d_i = \sum_{j=1}^{n} W_{ij}$ 。那么拉普拉斯矩阵则定义为 $\boldsymbol{L} = \boldsymbol{D} - \boldsymbol{W}$ 。假设正交矩阵 $\boldsymbol{U} \in \mathbb{R}^{N \times K}$ ，那么谱聚类优化下面的目标函数得到 $\boldsymbol{U}$ ：

$$\min_{U} \operatorname{tr}(\boldsymbol{U}^{\mathrm{T}} \boldsymbol{L} \boldsymbol{U}), \quad \text{s.t.} \boldsymbol{U}^{\mathrm{T}} \boldsymbol{U} = \boldsymbol{I}$$

其中，$\operatorname{tr}(\cdot)$ 表示矩阵的迹。容易得到，上式所求的 $\boldsymbol{U}$ 即为拉普拉斯矩阵 $\boldsymbol{L}$ 的前 K 个特征向量。与非负矩阵分解不同，这里得到的特征向量不能直接用来表示每个样本所属于的聚类。我们可以将其视为原始数据的低维且更易聚类的空间的嵌入表示，从而使用其他的算法，如 K-均值算法对其进行聚类。谱聚类算法的流程如下。

算法 2　谱聚类

输入：原始数据 $\boldsymbol{X} = \{\boldsymbol{x}_1, \boldsymbol{x}_2, \cdots, \boldsymbol{x}_n\}$ ，聚类个数 K

输出：每个样本所属于的类别

算法：

根据数据构建相似图，并计算邻接矩阵 $\boldsymbol{W}$ 和度矩阵 $\boldsymbol{D}$

计算拉普拉斯矩阵 $\boldsymbol{L} = \boldsymbol{D} - \boldsymbol{W}$

计算 $\boldsymbol{L}$ 的前 R 个特征向量 $\boldsymbol{u}_i |_{i=1}^{R}$ ，并构建矩阵 $\boldsymbol{U}$

将矩阵的每一行作为一个样本，使用 K-均值算法或其他算法对其进行聚类并聚成 K 类

5.3.2 相关应用

1. 文本挖掘

主题模型是文本挖掘领域最常使用的模型之一，可以从无标注的大规模文档中挖掘出语义信息。LSI[16]是一种从大规模文档中提取出文档和单词隐含语义的文本建模方法。LSI 克服了传统基于关键词的检索中的两个困难：第一，不同的词可能有相同的意思（一义多词）；第二，同一个词可能有不同的意思（一词多义）。一词多义和一义多词给传统的信息检索带来很大的问题，如检索词苹果，既可以表示手机，也可以表示水果。当用户检索苹果时，因为一词多义的问题，会将表示手机的页面和表示水果的页面都返回；另外，因为一义多词，当用户的意图是检索手机相关的页面时，不会返回包含 iPhone、三星之类的页面。

隐含语义分析的目的就是发现文档的真实主题和词在文档集合中的真正意义。LSI 通过使用 SVD 的方法，挖掘文本中的隐含语义结构，来解决这个问题。对“文档-单词”的矩阵进行 SVD，可以挖掘出数据之间隐含的相关结构，即“语义”。它将原矩阵分解为“文档-主题”和“主题-单词”的两个矩阵及奇异值对角矩阵的乘积。通过低秩的约束进行降维，去除数据里的噪声，也就是与语义无关的信息。其利用的是文档之间对词的共现（concurrence）关系，使得在语义上相似的文档，即便在“单词”表达的空间内不相似，在“主题”表达的空间内也比较相近。从而弥补基于关键词检索中的不足。

PLSA[17]是一种概率生成模型。与 LSI 相比，PLSA 是一个统计模型，有着更好的概率意义，定义了数据的生成过程。其假设文档集合的生成过程如下：①以概率 $P(d)$ 随机从文档集合中选取一个文档 d；②根据该文档的主题分布 $P(z\mid d)$ 从中选取一个隐含的主题 z；③根据主题对单词的分布 $P(w\mid z)$ 从中生成一个词 w。基于这个生成过程，PLSA 最大化文档中的单词以及单词属于的隐含主题的联合概率似然，并通过后验概率推断求得每一个单词的隐含主题 z，从而求得每个文档的主题分布。如前所述，PLSA 与 NMF 在特定条件下等价[20, 23]。

LDA[18]是在 PLSA 基础上提出的一种贝叶斯概率模型。与 PLSA 相比，LDA 为文档对主题的多项式分布和主题对单词的多项式分布加上了共轭的狄利克雷分布先验，从而对 PLSA 中的参数也进行了概率建模。LDA 及其变种模型在社会网络分析、信息检索、计算广告等许多领域都有广泛的应用[24-26]。

2. 推荐系统

推荐系统在互联网中有着很重要的作用。如今的互联网用户面临着信息爆炸的问题，过多的信息让人无所适从。而推荐可以根据他们的历史记录，帮助他们寻找他们想要的信息。对于互联网公司来说，准确的推荐可以提高它们的网站流量和良好的用户体验。与搜索不同，推荐是被动的，因而更加复杂。

推荐系统一般基于两种策略：一种是内容过滤策略，通过用户或商品的属性去推测其兴趣或种类，然后根据这些的相似性去匹配；另一种策略是使用协同过滤的方法，针对用户以前的行为记录，从用户与商品之间的联系中挖掘出隐含的模式，从而分析数据中潜在的用户与商品之间的联系。

隐含因子模型是推荐系统中一种效果很好的协同过滤的方法，这种方法试图用因子来解释用户对商品的历史评分中的隐含模式，并通过挖掘影响用户与商品之间联系的隐含因子，去预测用户对其他商品的评分，从而进行推荐。例如，在电影推荐中，可以挖掘电影的类型（如喜剧、动作片、爱情片等），以及每个用户对每个类型的影片的偏好。

隐含因子模型中，使用最广泛的方法之一是基于矩阵分解的方法。使用矩阵分解，可以根据矩阵里的评分模式将“用户-商品”的矩阵分解成“用户-因子”和“因子-商品”之间的乘积。分解后的矩阵又可以去近似地估计原来的矩阵，从而去补全原矩阵中的稀疏项。同时矩阵分解还可以将额外的信息，如用户反馈、时间因素等其他信息融入分解过程中[27]。

针对推荐系统中不同的用户有不同的偏好（bias），例如，有的用户总是倾向于给所有的电影打相对高的分，而有的用户比较苛刻，对所有电影总是倾向于比其他用户打偏低的分，在建模的时候，可以将用户的偏好加入其中。因为用户的兴趣包含长期和短期两种类型，在矩阵分解的过程中，也可以加入时间因素。

文献[28]提出了一种概率矩阵分解方法，对矩阵分解的过程进行了概率建模。假设我们观测的矩阵中的值服从分解后的矩阵近似后的值为期望的高斯分布，在这个假设下，通过最大似然估计，可以得到与矩阵分解同样的优化函数，基于这种概率的假设对分解过程的不确定性进行了建模，从而有更好的解释性，也有助于我们从概率建模的角度设计模型、解决问题。如前文所述，在推荐时我们有一些额外的其他领域的知识，可以通过假设分解后的矩阵服从以这些知识为期望的高斯分布的先验，使用贝叶斯公式根据先验和似然函数求得后验概率；进而，通过最大化后验概率，我们可以得到新的优化目标。此方法与使用正则项约束的矩阵分解在数学上等价，其优点是有着更完整的统计基础。

3. 城市推荐

研究人员利用基于矩阵分解的方法，在城市计算领域做了很多相关工作。文献[29]利用用户的历史地点数据，建立了一个“地点-活动”矩阵，提出了一种城市推荐的模型。其中，矩阵的每一行代表一个地点（如餐馆、商场等），矩阵的每一列代表一种活动。矩阵中的值代表在特定地点进行某种活动的频率。如果这个矩阵中都有值，对每一个地点，我们可以根据每一行中前 K 大的值对应的活动进行活动推荐；同样，对每一种活动，我们可以根据每一列中前 K 大的值对应的地点进行地点推荐。然而，由于城市数据的稀疏性，矩阵是不全的并且非常稀疏。每个人仅能访问很少的地点。传统的协同过滤模型不能有效地进行推荐，即使对过于稀疏的矩阵进行分解也无法达到一个很好的效果。

为了解决这个问题，Zheng 等[29]将两种额外信息融入矩阵分解来缓解稀疏性问题：一种是“地点-特征”矩阵；另一种是“活动-活动”矩阵。这些信息称为上下文信息，而这些信息又可以从其他数据源中得到。例如，“地点-特征”矩阵可以从 POI 数据中获得；而“活动-活动”矩阵描述两种不同活动的相关关系，可以从搜索引擎的返回结果中得到。利用上下文的矩阵分解将这些信息结合到一个统一的矩阵分解目标函数中，可得到不错的推荐结果。

5.3.3 矩阵方法小结

本节我们介绍了矩阵分解的概念、方法、应用及其在城市计算领域的相关工作。矩阵可以描述、刻画列表型的数据，而很多数据是列表型的，如“文档-单词”“用户-商品”等数据，它们之间的二元关系可以方便地使用矩阵来表达。矩阵分解提供了一种强大的工具，通过低秩的约束，矩阵分解可以利用数据中的共现关系挖掘出二元数据里隐含的语义结构。我们介绍了奇异值分解、主成分分析、非负矩阵分解和谱聚类，并介绍了这些方法在文本建模、推荐系统、城市推荐中的应用。

基于矩阵分解的方法中的思想，与本章下面设计的方法有着相似之处，例如，非负矩阵分解中非负的约束通过限制特征之间仅可加，可以使得学出的隐含特征表达物体整体中的一部分，并可以对两个维度的信息进行同时聚类；奇异值分解中低秩的约束可以去掉原有数据中的噪声，保留数据中最本质的模式；主成分分析可以对数据进行降维；为解决稀疏性问题，可以将额外的信息作为约束的方式加入矩阵，这种方式从贝叶斯的角度看相当于对数据做了先验分布的假设。

然而，矩阵仅能刻画二元数据之间的相关关系。城市领域中的问题，往往是复杂的多因素共同作用的结果。城市领域中的数据，通常是多维度信息相互作用的结果。例如，城市的时空相关问题往往涉及超过两维的相关因素。这时矩阵将无法建模，也无法使用矩阵分解来进行挖掘。因此在 5.4 节我们将介绍矩阵在高维空间中的泛化——张量（tensor）。我们将介绍张量的基本运算和张量分解，并引入张量来对多元城市数据进行建模。

5.4　基于张量的数据分析方法

城市中人类的行为活动产生了大量的城市数据，从城市数据中可以理解城市中人类的行为活动，进而理解城市，从而帮助我们更好地规划城市，解决城市中的问题。然而，城市中的数据通常是：①高阶数据，包含多个维度，即是多个维度的因素相互作用产生的结果，例如，城市交通数据中包含出发区域、到达区域、出发时间、到达时间、拥堵时间、速度、经过地点等多元信息；基于位置的社交信息包含用户、时间、位置、行为等多元信息。②异构数据，城市中包含了很多上下文信息，如 POI 信息、天气信息。对城市数据的有效建模需要使用有效的统一框架进行综合分析。③稀疏数据，城市数据具有稀疏性的问题。有许多导致稀疏性的原因。例如，每个人只会访问一部分的区域，从而无法获得其他区域的数据，如果我们从用户的 GPS 数据中构建“用户-地点”的矩阵，那么这个矩阵会非常稀疏，即很多元素没有值。如果我们再加上时间作为第三个维度并使用张量表示，那么稀疏性将会更加严重。

在二维数据集中，数据可以表示成矩阵，因此利用矩阵和矩阵运算，如 SVD/PCA/NMF 等可以有效地寻找其中隐含的模式和概念。然而，对于城市的高维数据，如何找到多维数据之间隐含的模式是一个严峻的挑战。例如，给定“出发区域-到达区域-时间”的交通数据，我们如何找出其中隐含的交通模式？给定“用户-地点-行为”的城市活动数据，我们如何预测用户行为？ 这就是为什么要使用张量的原因。

张量是矩阵的泛化。使用张量可以描述多元相互作用的数据。同时，张量分解作为矩阵分解在高维的泛化，可以挖掘多元数据内部的隐含语义结构。张量通过将每一个维度的数据用其他维度的特征表示，可以得到比矩阵描述更加细致、准确的特征；进一步分解这些更加复杂的特征的共现关系，就可以挖掘得到潜在的模式，从而获得更加准确的结果。然而，当使用张量时，数据中的稀疏性将成为一个很大的挑战。另外，城市中存在很多异构数据，我们可以通过异构数据获得关于相关领域的一些额外的知识，这些额外的知识又可以以约束的形式加入张量分解的过程中，从而将异构数据纳入一个统一框架下，同时也解决了数据的稀疏性问题。

我们将介绍张量的基本概念和相关方法，并在此基础上介绍两种最常用的张量分解方法：Tucker 分解和 CP 分解及其典型应用。我们将简单回顾近些年城市计算中利用张量分解的相关工作，并介绍针对多源、异构城市数据的正则化张量分解方法及其算法。

5.4.1　多元线性分析

1. 张量基础

张量是矩阵在高维空间的泛化，而矩阵又是向量在二维空间的泛化。一个张量是一个多维数组。一个 M 维或者 M 阶张量可以看作一个 M 维的超立方体。我们用 $\mathcal{X}\in\mathbb{R}^{n_1\times n_2\times\cdots\times n_M}$ 表示 M 维张量，其中 N_i 表示第 i 个方面的维度。一个三阶张量有三个索引，如图 5.4 所示。特别的，一个一阶张量是向量（vector），一个二阶张量是一个矩阵（matrix），通常我们称三阶或者更高阶的张量为高阶张量。

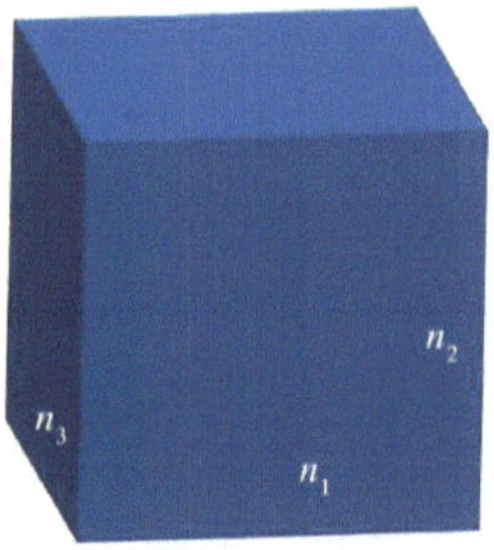

图 5.4　三阶张量示例

为了后面描述方便，我们先介绍与张量相关的一些矩阵运算以及张量的基本运算。

定义 5.3 Kronecker 积：矩阵 $\boldsymbol{A}\in\mathbb{R}^{m\times n}$ 和矩阵 $\boldsymbol{B}\in\mathbb{R}^{p\times q}$ 的 Kronecker 积表示为矩阵 $\boldsymbol{A}\otimes\boldsymbol{B}\in\mathbb{R}^{mp\times nq}$，且

$$\boldsymbol{A}\otimes\boldsymbol{B}=\begin{bmatrix} a_{11}\boldsymbol{B} & a_{12}\boldsymbol{B} & \cdots & a_{1n}\boldsymbol{B} \\ a_{21}\boldsymbol{B} & a_{22}\boldsymbol{B} & \cdots & a_{2n}\boldsymbol{B} \\ \vdots & \vdots & \ddots & \vdots \\ a_{m1}\boldsymbol{B} & a_{m2}\boldsymbol{B} & \cdots & a_{mn}\boldsymbol{B} \end{bmatrix}$$

Kronecker 积直观上将矩阵 $\boldsymbol{B}$ 按照 $\boldsymbol{A}$ 中的每个元素放大并组合在一起，其有以下性质。

性质 5.1 令 $\boldsymbol{A}\in\mathbb{R}^{m\times n}$，$\boldsymbol{B}\in\mathbb{R}^{p\times q}$，$\boldsymbol{C}\in\mathbb{R}^{n\times o}$，$\boldsymbol{D}\in\mathbb{R}^{q\times r}$，$\boldsymbol{A}^{\mathrm{T}}$ 和 $\boldsymbol{A}^{\dagger}$ 分别表示矩阵 $\boldsymbol{A}$ 的转置矩阵和伪逆矩阵，那么：

（1）$(\boldsymbol{A}\otimes\boldsymbol{B})^{\mathrm{T}}=\boldsymbol{B}^{\mathrm{T}}\otimes\boldsymbol{A}^{\mathrm{T}}$；

（2）$(\boldsymbol{A}\otimes\boldsymbol{B})^{\dagger}=\boldsymbol{B}^{\dagger}\otimes\boldsymbol{A}^{\dagger}$；

（3）$(\boldsymbol{A}\otimes\boldsymbol{B})(\boldsymbol{C}\otimes\boldsymbol{D})=\boldsymbol{AC}\otimes\boldsymbol{BD}$；

（4）$(\boldsymbol{A}\otimes\boldsymbol{B})\otimes\boldsymbol{C}=\boldsymbol{A}\otimes(\boldsymbol{B}\otimes\boldsymbol{C})$。

定义 5.4 Khatri-Rao 积：矩阵 $\boldsymbol{A}\in\mathbb{R}^{m\times n}$ 和矩阵 $\boldsymbol{B}\in\mathbb{R}^{p\times n}$ 的 Khatri-Rao 积表示为矩阵 $\boldsymbol{A}\odot\boldsymbol{B}\in\mathbb{R}^{mp\times n}$，且

$$\boldsymbol{A}\odot\boldsymbol{B}=\begin{bmatrix}\boldsymbol{a}_1\otimes\boldsymbol{b}_1 & \boldsymbol{a}_2\otimes\boldsymbol{b}_2 & \cdots & \boldsymbol{a}_n\otimes\boldsymbol{b}_n\end{bmatrix}$$

矩阵的 Khatri-Rao 积具有以下性质。

性质 5.2 令 $\boldsymbol{A}\in\mathbb{R}^{m\times n}$，$\boldsymbol{B}\in\mathbb{R}^{p\times n}$，$\boldsymbol{C}\in\mathbb{R}^{q\times n}$，那么：

（1）$\boldsymbol{A}\odot\boldsymbol{B}\odot\boldsymbol{C}=(\boldsymbol{A}\odot\boldsymbol{B})\odot\boldsymbol{C}=\boldsymbol{A}\odot(\boldsymbol{B}\odot\boldsymbol{C})$；

（2）$(\boldsymbol{A}\odot\boldsymbol{B})^{\mathrm{T}}(\boldsymbol{A}\odot\boldsymbol{B})=(\boldsymbol{A}^{\mathrm{T}}\boldsymbol{A})(\boldsymbol{B}^{\mathrm{T}}\boldsymbol{B})$；

（3）$(\boldsymbol{A}\odot\boldsymbol{B})^{\dagger}=((\boldsymbol{A}^{\mathrm{T}}\boldsymbol{A})*(\boldsymbol{B}^{\mathrm{T}}\boldsymbol{B}))^{\dagger}(\boldsymbol{A}\odot\boldsymbol{B})^{\mathrm{T}}$。

定义 5.5 向量的外积：M 个向量 $\boldsymbol{A}^{(i)}|_{i=1}^{M}$ 的外积表示为 $\boldsymbol{a}^{(1)}\circ\boldsymbol{a}^{(2)}\circ\cdots\circ\boldsymbol{a}^{(M)}$，且

$$(\boldsymbol{a}^{(1)}\circ\boldsymbol{a}^{(2)}\circ\cdots\circ\boldsymbol{a}^{(M)})_{i_1 i_2\cdots i_M}=a^{(1)}(i_1)a^{(2)}(i_2)\cdots a^{(M)}(i_M)\,,\quad 1\leqslant i_j\leqslant n_j,1\leqslant j\leqslant M$$

定义 5.6 矩阵化：一个 M 阶张量 $\mathcal{X}\in\mathbb{R}^{n_1\times n_2\times\cdots\times n_M}$ 沿维度 d 上的矩阵化是通过将张量 $\mathcal{X}$ 的第 d 维固定，变化其他维度的下标得到一系列 $\mathbb{R}^{N_d}$ 维的向量并组成矩阵。沿维度 d 矩阵化得到矩阵 $\boldsymbol{X}_{(d)}\in\mathbb{R}^{\left(\prod_{i\neq d}n_i\right)\times n_d}$。

张量 $\mathcal{X}$ 沿维度 d 矩阵化可以表示为 $\mathrm{unfold}(\mathcal{X},d)=\boldsymbol{X}_{(d)}$。类似的，相反的操作表示为 $\mathrm{fold}(\boldsymbol{X}_{(d)})$。图 5.5 给出了三阶张量 $\mathcal{X}\in\mathbb{R}^{N_1\times N_2\times N_3}$ 沿维度 1 矩阵化的例子，得到一个 $(n_2\times n_3)\times n_1$ 维的矩阵 $\boldsymbol{X}_{(1)}$。图 5.5 中的阴影部分相当于张量沿着维度 2 的一个切片。

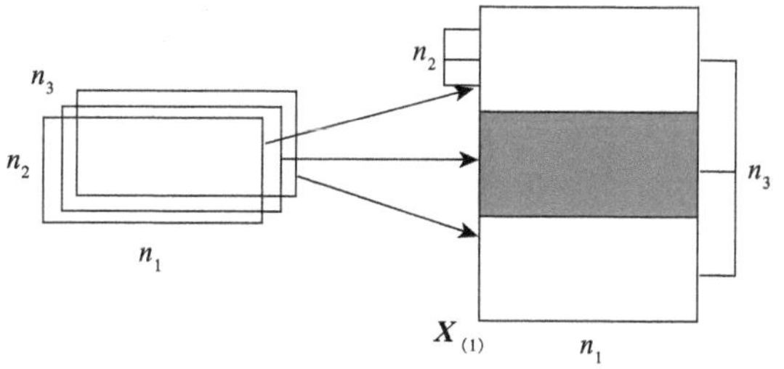

图 5.5　矩阵化示意图

性质 5.3 给一个张量 $\mathcal{Y}\in\mathbb{R}^{n_1\times n_2\times\cdots\times n_M}$，那么：

（1）若矩阵 $\boldsymbol{A}\in\mathbb{R}^{k\times n_d}$，那么

$$\mathcal{X}=\mathcal{Y}\times_d\boldsymbol{A}\Rightarrow\boldsymbol{X}_{(d)}=\boldsymbol{A}\boldsymbol{Y}_{(d)}$$

（2）若矩阵 $\boldsymbol{A}^{(d)}\in\mathbb{R}^{k_d\times n_d}|_{d=1}^{M}$，那么

$$\mathcal{X}=\mathcal{Y}\times_1 \boldsymbol{A}^{(1)}\times_2 \boldsymbol{A}^{(2)}\cdots\times_M \boldsymbol{A}^{(M)} \Leftrightarrow \boldsymbol{X}_{(d)}=\boldsymbol{A}^{(d)}\boldsymbol{Y}_{(d)}\left(\boldsymbol{A}^{(M)}\otimes\cdots\otimes\boldsymbol{A}^{(n+1)}\boldsymbol{A}^{(n-1)}\otimes\cdots\otimes\boldsymbol{A}^{(1)}\right)$$

定义 5.7 矩阵张量维度积：一个张量 $\mathcal{X}\in\mathbb{R}^{n_1\times n_2\times\cdots\times n_M}$ 和一个矩阵 $\boldsymbol{U}\in\mathbb{R}^{n_i\times n}$ 在维度 d 上的乘积是一个 $n_1\times\cdots\times n_{i-1}\times n\times n_{i+1}\times\cdots\times n_M$ 维的张量，定义为

$$\left(\mathcal{X}\times_d \boldsymbol{U}\right)\left(i_1,\cdots,i_{d-1},j,i_{d+1},\cdots,i_M\right)=\sum_{i_d=1}^{N_i}\mathcal{X}\left(i_1,\cdots,i_{d-1},i_d,i_{d+1},\cdots,i_M\right)\boldsymbol{U}\left(i_d,j\right)$$

图 5.6 给出了一个三阶张量 $\mathcal{X}$ 在维度 1 上乘以矩阵 $\boldsymbol{U}$ 的例子。这个过程等价于首先将张量沿着维度 1 进行矩阵化，随后对矩阵 $\boldsymbol{X}_1$ 和 $\boldsymbol{U}$ 做矩阵乘积，然后再将得到的矩阵折叠成张量。

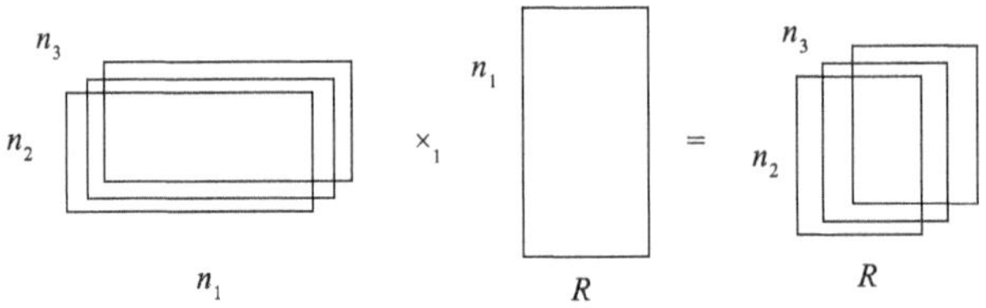

图 5.6　张量-矩阵乘积

一般地，一个张量 $\mathcal{X}\in\mathbb{R}^{n_1\times n_2\times\cdots\times n_M}$ 乘以矩阵序列 $\boldsymbol{U}|_{i=1}^{M}\in\mathbb{R}^{n_i\times r_i}$ ：$\mathcal{X}\times_1\boldsymbol{U}_1\times\cdots\times_M\boldsymbol{U}_M\in\mathbb{R}^{r_1\times r_2\times\cdots\times r_M}$ ，可以简写为 $\mathcal{X}\prod_{i=1}^{M}\times_i\boldsymbol{U}_i$ 。矩阵和张量的维度积具有下列性质。

性质 5.4 给一个张量 $\mathcal{Y}\in\mathbb{R}^{n_1\times n_2\times\cdots\times n_M}$ ，那么：

（1）给定矩阵 $\boldsymbol{A}\in\mathbb{R}^{p\times n_i}$ 和 $\boldsymbol{B}\in\mathbb{R}^{q\times n_j}$ ，则 $\mathcal{Y}\times_i\boldsymbol{A}\times_j\boldsymbol{B}=\left(\mathcal{Y}\times_i\boldsymbol{A}\right)\times_j\boldsymbol{B}=\left(\mathcal{Y}\times_j\boldsymbol{B}\right)\times_i\boldsymbol{A}$ ；

（2）给定矩阵 $\boldsymbol{A}\in\mathbb{R}^{p\times n_i}$ 和 $\boldsymbol{B}\in\mathbb{R}^{q\times p}$ ，则 $\mathcal{Y}\times_i\boldsymbol{A}\times_i\boldsymbol{B}=\mathcal{Y}\times_i\left(\boldsymbol{BA}\right)$ ；

（3）给定列满秩矩阵 $\boldsymbol{A}\in\mathbb{R}^{p\times n_i}$ ，则 $\mathcal{X}=\mathcal{Y}\times_i\boldsymbol{A}\Rightarrow\mathcal{Y}=\mathcal{X}\times_i\boldsymbol{A}^{\dagger}$ ；

（4）作为（3）的特例，当 $\boldsymbol{A}\in\mathbb{R}^{p\times n_i}$ 是正交矩阵且列满秩时，$\mathcal{X}=\mathcal{Y}\times_i\boldsymbol{A}\Rightarrow\mathcal{Y}=\mathcal{X}\times_i\boldsymbol{A}^{\mathrm{T}}$ 。

定义 5.8 张量内积：两个张量 $\mathcal{X},\mathcal{Y}\in\mathbb{R}^{n_1\times n_2\times\cdots\times n_M}$ 的内积表示为 $<\mathcal{X},\mathcal{Y}>$ ：

$$<\mathcal{X},\mathcal{Y}>=\mathrm{vec}\left(\mathcal{X}\right)^{\mathrm{T}}\mathrm{vec}\left(\mathcal{Y}\right)$$

其中，$\mathrm{vec}(\mathcal{X})$ 是张量 $\mathcal{X}$ 向量化后的向量。

那么，张量 $\mathcal{X}\in\mathbb{R}^{n_1\times n_2\times\cdots\times n_M}$ 的模可以定义为

$$\|\mathcal{X}\|^2=<\mathcal{X},\mathcal{X}>$$

定义 5.9 最优秩 $(R_1,R_2,\cdots,R_M)$ 近似：给定一个 M 阶张量 $\mathcal{X}\in\mathbb{R}^{n_1\times n_2\times\cdots\times n_M}$ ，若

一个张量 $\hat{\mathcal{X}} \in \mathbb{R}^{n_1 \times n_2 \times \cdots \times n_M}$ 对任意维度 $1 \leqslant d \leqslant M$ 满足 $\mathrm{rank}(\hat{\boldsymbol{X}}_{(d)}) = R_d$，且使得 $\| \mathcal{X} - \hat{\mathcal{X}} \|_F^2$ 最小，则 $\hat{\mathcal{X}}$ 是 $\mathcal{X}$ 的最优秩 $(R_1, R_2, \cdots, R_M)$ 近似。

最优秩近似张量 $\hat{\mathcal{X}} = \mathcal{Y} \prod_{l=1}^{M} \times_l \boldsymbol{U}_l^{\mathrm{T}}$，其中核张量 $\mathcal{Y} \in \mathbb{R}^{r_1 \times r_2 \times \cdots \times r_M}$，投影矩阵 $\boldsymbol{U}_l |_{l=1}^{M} \in \mathbb{R}^{n_l \times r_l}$。

2. 张量分解

本节我们介绍两种基本的张量分解方法：Tucker 分解和 CP 分解。这两种方法是矩阵分解在高维的泛化形式，并且在计算机视觉、信号处理、神经科学、数据挖掘等许多领域均有很多成功的应用。

1）Tucker 分解

Tucker 分解也称高维奇异值分解（high-order SVD，HOSVD），它将张量分解为一个核张量和多个投影矩阵的乘积。Tucker 分解的目的是通过改变各个维度的基，用一个秩较低的张量去近似原张量，使得在满足秩的条件下，近似的张量为最优的近似。Tucker 分解可以去掉数据中的高斯噪声，得到数据中最本质的模式。通过 Tucker 分解，可以找到各个维度上的投影矩阵，从而得到每个维度上的低维表示，这些低维表示类似于二维环境下使用 SVD/PCA 获得的低维空间的嵌入表示，可使用这些低维表示聚类，也可将其作为其他问题的输入特征。

定义 5.10 Tucker 分解：给一个输入张量 $\mathcal{X} \in \mathbb{R}^{n_1 \times n_2 \times \cdots \times n_M}$ 和核张量的大小 $\{r_1, r_2, \cdots, r_M\}$，寻找一个核张量 $\mathcal{Y} \in \mathbb{R}^{r_1 \times r_2 \times \cdots \times r_M}$ 和一系列投影矩阵 $\boldsymbol{U}^{(d)} |_{d=1}^{M} \in \mathbb{R}^{n_d \times r_d}$，使得 $\| \mathcal{X} - \mathcal{Y} \times_1 \boldsymbol{U}^{(1)} \times \cdots \times_M \boldsymbol{U}^{(M)} \|$ 最小，即 $\mathcal{X} \approx \mathcal{Y} \times_1 \boldsymbol{U}^{(1)} \times \cdots \times_M \boldsymbol{U}^{(M)}$。

图 5.7 给出了 Tucker 分解的示意图。若对于所有维度 $1 \leqslant d \leqslant M$，都满足 $r_d = n_d$ 且 $\boldsymbol{U}^{(d)}$ 是满秩矩阵，则 Tucker 分解求得的是准确的分解。本质上，Tucker 分解通过投影矩阵 $\boldsymbol{U}^{(d)} |_{d=1}^{M}$ 改变每一维度的基，从而获得数据内部更本质的表达。

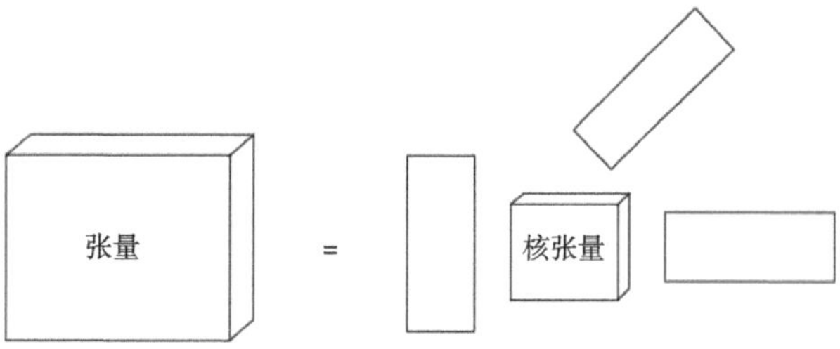

图 5.7　Tucker 分解

Tucker 分解具有以下性质。

性质 5.5　Tucker 分解的如下三种定义是等价的：

（1）$\mathcal{X} \approx \mathcal{Y} \times_1 \boldsymbol{U}^{(1)} \times \cdots \times_M \boldsymbol{U}^{(M)}$；

（2）$\boldsymbol{X}_{(d)} \approx \boldsymbol{U}^{(d)} \boldsymbol{Y}_{(d)} \left(\boldsymbol{U}^{(M)} \otimes \cdots \otimes \boldsymbol{U}^{(d+1)} \otimes \boldsymbol{U}^{(d-1)} \otimes \cdots \otimes \boldsymbol{U}^{(1)} \right)^{\mathrm{T}}$；

（3）$\mathcal{X} \approx \sum_{i_1=1}^{n_1} \sum_{i_2=1}^{n_2} \cdots \sum_{i_M=1}^{n_M} y_{i_1,i_2,\cdots,i_M} \boldsymbol{u}_{i_1}^{(1)} \circ \boldsymbol{u}_{i_2}^{(2)} \circ \cdots \circ \boldsymbol{u}_{i_M}^{(M)}$。

上述等价变化有助于求解 Tucker 分解，该算法类似于 SVD，具体如下。

算法 3　Tucker 分解

输入：张量 $\mathcal{X} \in \mathbb{R}^{n_1 \times n_2 \times \cdots \times n_M}$，核张量大小 $\{r_1, r_2, \cdots, r_M\}$

输出：核张量 $\mathcal{Y} \in \mathbb{R}^{r_1 \times r_2 \times \cdots \times r_M}$，投影矩阵 $\boldsymbol{U}^{(d)}|_{d=1}^{M} \in \mathbb{R}^{n_d \times r_d}$

for　$i = 1, 2, \cdots, M$

令 $\boldsymbol{U}^i$ 为 $\boldsymbol{X}_{(n)}$ 的前 $\boldsymbol{r}_i$ 个左奇异向量

end for

令核张量 $\mathcal{Y} = \mathcal{X} \times_1 \boldsymbol{A}^{(1)\mathrm{T}} \times_2 \boldsymbol{A}^{(2)\mathrm{T}} \times \cdots \times_N \boldsymbol{A}^{(M)\mathrm{T}}$

返回 $\mathcal{Y}$，$\boldsymbol{U}^{(1)}$，$\boldsymbol{U}^{(2)}$，…，$\boldsymbol{U}^{(M)}$

2）CP 分解

CP 分解可以看作当核张量是超对角张量时的 Tucker 分解的特例。CP 分解将所有维度都映射到同一个隐含空间上。CP 分解将张量分解为一系列秩为 1 的张量的和，其中每一个秩为 1 的张量均可以看作一个隐含因子，整个张量数据近似地由每个因子所决定的一部分数据的和组成。图 5.8 给出了 CP 分解的示意图。

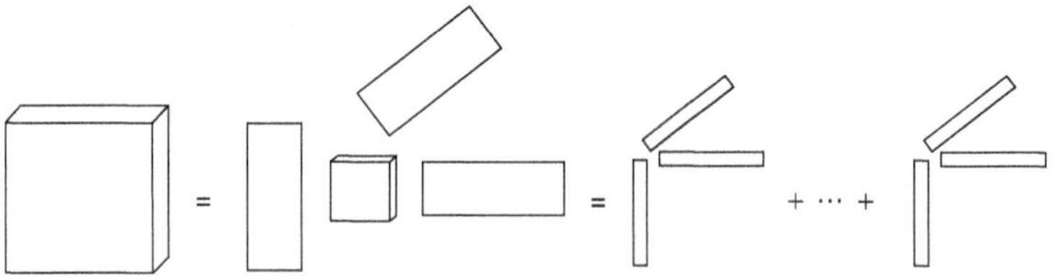

图 5.8　CP 分解

定义 5.11　CP 分解：给一个输入张量 $\mathcal{X} \in \mathbb{R}^{n_1 \times n_2 \times \cdots \times n_M}$，分解后张量的秩的大小为 r，寻找 r 个秩为 1 的张量 $\lambda_i \boldsymbol{u}_i^{(1)} \circ \cdots \circ \boldsymbol{u}_i^{(M)}$，使得 $\| \mathcal{X} - \sum_{i=1}^{r} \lambda_i \boldsymbol{u}_i^{(1)} \circ \cdots \circ \boldsymbol{u}_i^{(M)} \|$ 最小，其中 $\boldsymbol{u}_i^{(d)}|_{d=1}^{M} \in \mathbb{R}^{n_d}$。也就是说，$\mathcal{X} \approx \sum_{i=1}^{r} \lambda_i \boldsymbol{u}_i^{(1)} \circ \cdots \circ \boldsymbol{u}_i^{(M)}$。

CP 分解具有以下性质。

性质 5.6　CP 分解的如下三种定义是等价的：

（1）$\mathcal{X} \approx \mathcal{Y} \times_1 \boldsymbol{U}^{(1)} \times \cdots \times_M \boldsymbol{U}^{(M)}$，其中 $\mathcal{Y}$ 是一个超对角张量，且超对角线上的值为 $\lambda_1, \lambda_2, \cdots, \lambda_r$；

（2）$X_{(d)} \approx U^{(d)} \Lambda \left(U^{(M)} \otimes \cdots \otimes U^{(d+1)} \otimes U^{(d-1)} \otimes \cdots \otimes U^{(1)} \right)^{\mathrm{T}}$，其中 Λ 是一个超对角矩阵，且超对角线上的值为 $\lambda_1, \lambda_2, \cdots, \lambda_r$；

（3）$\mathcal{X} \approx \sum_{i_1=1}^{r} \lambda_i \boldsymbol{u}_{i_1}^{(1)} \circ \boldsymbol{u}_{i_2}^{(2)} \circ \cdots \circ \boldsymbol{u}_{i_M}^{(M)}$。

CP 分解算法如下。

算法 4　CP 分解

输入：张量 $\mathcal{X} \in \mathbb{R}^{n_1 \times n_2 \times \cdots \times n_M}$，核张量大小 $\{r_1, r_2, \cdots, r_M\}$

输出：投影矩阵 $U^{(d)}|_{d=1}^{M} \in \mathbb{R}^{n_d \times r_d}$，以及 $\lambda_i|_{i=1}^{r}$

算法：

使用 Tucker 分解初始化投影矩阵 $U^{(d)}|_{d=1}^{M} \in \mathbb{R}^{n_d \times r_d}$

令 $S \in \mathbb{R}^{r \times r}$ 为全 1 矩阵

for $d = 1, 2, \cdots, M$ do

$C^{(d)} = U^{(d)\mathrm{T}} U^{(d)}$

$S = S * C^{(d)}$

end for

while 未收敛 do

for $d = 1, 2, \cdots, M$ do

$S = S / (C^{(d)} + \epsilon)$

$B^{\mathrm{T}} = S^{\dagger} (U^{(M)} \odot \cdots \odot U^{(d+1)} \odot U^{(d-1)} \odot \cdots \odot U^{(1)})^{\mathrm{T}} X_{(d)}^{\mathrm{T}}$

令 $U^{(d)}$ 等于每列归一化后的 B

$\lambda_1, \lambda_2, \cdots, \lambda_r$ 为归一化因子

$S = S * C^{(d)}$

end for

end while

3. 相关应用

张量分解已经被成功用于许多领域。在神经科学领域，由于许多数据，如功能性磁共振成像（functional magnetic resonance imaging，fMRI）数据本身就是一个张量，所以张量分解被广泛用于这个领域的研究。文献[30]使用 CP 分解从脑成像数据中发现事件相关脑电位。文献[31]将随时间变化的脑电图构建成时间、频率、信号的三维张量并应用 CP 分解进行分析。文献[32]将张量分解用于信号处理领域，使用 Tucker 分解扩展了维纳滤波。在计算机视觉领域，文献[33]利用 Tucker 分解挖掘出“张量脸”（TensorFaces），将在不同条件下获得的图像数据建模成张量，张量中的各个维度表示人、条件、像素。使用 TensorFaces 进行识别比传统的使用 PCA 技术（EigenFaces）进行识别有着更高的准确性[33]。在数据挖掘领域，文献[34]利用高维奇异值分解解决手写识别问题。同时，还有一系列使用张量分解进行动态模式发现的相关工作[35-38]。本节剩余内容将介绍两个应用。

1）个性化搜索

随着互联网上信息的爆炸，用户在搜索引擎上搜索一个词时，会返回很多的结果。然而，这种传统的基于关键词的搜索很可能无法满足用户的需求。个性化搜索的目的是当用户搜索信息时，融入用户的个人信息，来帮助用户找到他最需要、最感兴趣的信息。用户在搜索时，搜索引擎会让用户提供一些反馈并以此提升服务；用户还有一些额外的个人资料。利用这些额外的信息，可以更好地定位用户的兴趣和需求。

以用户点击数据为例，当一个用户提交一个搜索需求时，搜索引擎会返回一系列结果，接着用户会点击他感兴趣的页面。经过一段时间后，服务器就会保存下来许多记录用户搜索历史的点击数据。这个数据存储了三个不同方面的信息：用户、查询词、网页。同时还记录了它们之间的复杂联系：例如，有着相同兴趣的用户即便提交不同的查询词，也可能点击具有同样主题的网页；不同需求的用户，查询了相同的具有多义的关键词，也可能点击不同的网页。

因此，解决个性化搜索，需要挖掘出用户之间、网页之间、查询词之间的模式关系，同时还需要挖掘出三种数据的模式之间的联系。

2）多元隐含语义索引

这里我们介绍引入其他信息的多元隐含语义索引（multi-way latent semantic indexing），利用张量刻画文本语料中隐含的“作者-关键词-主题”信息，通过对其进行张量分解，得到随时间演化的“主题”以及作者兴趣的变化。

一个投影矩阵给出了对应维度不同的变量之间的相互联系。具体地说，第 i 维的信息（如作者），可以根据这个维度上的投影矩阵 $\boldsymbol{U}^{(i)}$ 中的每一列的值进行聚类。$\boldsymbol{U}^{(i)}$ 每一列中的最大值代表了主要隐含的主题。从中，我们可以得到哪些作者的研究集中于哪些主题、哪些关键词代表了这些主题，以及不同的时间段研究领域主要关心哪些主题。

张量分解最有趣的内容是，核张量刻画了不同维度之间的隐含语义信息的相互关系。核张量中较大的值代表了对应的几个维度之间隐含语义信息之间的联系较大，即相似兴趣作者聚成的圈子在一段时间内对某些关键词形成的主题比较感兴趣。从而可以更好地理解数据之间相互隐含的模式。如图 5.9 所示[39]，在作者和关键词维度，投影矩阵 $\boldsymbol{U}$ 的两列分别挖掘出数据库（database，DB）和数据挖掘（data mining，DM）两个概念（或“兴趣”和“主题”），并且从核张量中可以看出随着时间的变化主题的演化情况。起初研究人员对 DB 这一领域感兴趣，随后一些研究人员开始转而研究 DM。

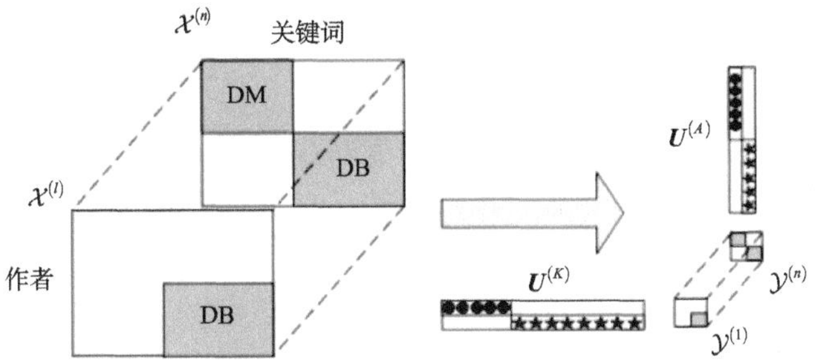

图 5.9　多元隐含语义索引

5.4.2　多源、异构的城市数据分析方法

1. 简介与挑战

前面我们介绍了刻画多元数据的数据模型张量，通过张量分解，可以根据数据中隐含的统计结构挖掘出数据里的主要“模式”。张量的维度越高，对数据的刻画就越精细，就越能够对复杂的场景进行建模，从而使得很多问题的理解和解决更加准确。

然而，随着张量维度的增多，数据的稀疏性问题带来的挑战则成指数上涨。我们以推荐系统作为一个例子。例如，如果用户的购买行为使用“用户-商品”的二元矩阵刻画，可以通过挖掘“用户”和“商品”两个维度之间隐含的主题（“购买兴趣”）来预测用户对其他商品的兴趣，从而进行推荐。但用户对商品的兴趣是随时间变化的，即去年买过的商品，今年不一定再有兴趣。因此，我们可以使用本章介绍的张量，引入时间信息，使用“用户-时间-商品”的三维张量表示用户在什么时间购买了什么商品，从而可以更准确地进行推荐。问题在于，“用户-商品”购买记录的矩阵是很稀疏的，设想商品有数以千万种，但用户买过的种类在数十种的量级。当数据再增加一个维度，将二维空间的数据扩展到“用户-时间-商品”的三维空间时，原本已经稀疏的数据将以指数级变得更加稀疏。这给利用张量进行数据活化带来了严峻的挑战。

另外，数据是多源、异构的，我们还有一些关于描述数据的其他信息，如推荐系统里的用户资料、商品属性等。这些信息在我们解决其他问题时可以带给我们额外的知识。因而，可以缓解稀疏性的问题。

综合考虑这些，我们将介绍一种通过将异构的数据作为先验知识引入张量分解中，来同时使用张量数据和其他元数据建模的方法，称为正则化张量分解。通过这种方式对高维数据建模，更好地刻画数据的同时，引入其他先验知识，解决稀疏性的问题。

2. 正则化张量分解模型

我们首先以人类在城市中就餐的活动为例，构建“用户-时间-餐馆”的数据张量，其中张量里的值表示了某一用户在某一时间、某一餐馆用餐的点评信息，利用这个例子介绍正则化张量分解模型，挖掘用户就餐行为中隐含的行为模式。随后，我们给出正则化张量分解的形式化定义。

我们用四元组(u,t,r,s)表示人在城市的餐馆中就餐的行为记录，每一个记录表示用户u（user ID）在时间t（time）去餐馆r（restaurant）就餐后给的评价分数s（score）。我们对这个数据用一个三阶张量$\mathcal{X} \in \mathbb{R}^{n^{(u)} \times n^{(t)} \times n^{(r)}}$建模，其中$n^{(u)}$表示用户的数量，$n^{(t)}$表示时间分段的个数，$n^{(r)}$表示餐馆的个数。张量里的值$\mathcal{X}(u,t,r)$表示对应的评分。为了发现其中的模式，根据 Tucker 分解，我们的目标是

$$\mathcal{X} \approx \mathcal{Y} \times_u \boldsymbol{U} \times_t \boldsymbol{T} \times_r \boldsymbol{R}$$

其中：

（1）$\mathcal{Y} \in \mathbb{R}^{r^{(u)} \times r^{(t)} \times r^{(r)}}$是核张量，表示用户就餐的模式，即用户聚类、餐馆聚类和时间聚类之间的相互联系。$\mathcal{Y}\left(j^{(u)}, j^{(t)}, j^{(r)}\right)$表示第$j^{(u)}$类用户在第$j^{(t)}$种时间模式下去第$j^{(r)}$类餐馆中就餐的可能性；

（2）$\boldsymbol{U} \in \mathbb{R}^{n^{(u)} \times r^{(u)}}$是用户维度的投影矩阵，其中$\boldsymbol{U}(i^{(u)}, j^{(u)})$表示第$i^{(u)}$个用户属于第$j^{(u)}$类的可能性；

（3）$\boldsymbol{T} \in \mathbb{R}^{n^{(t)} \times r^{(t)}}$是时间维度的投影矩阵，其中$\boldsymbol{T}(i^{(t)}, j^{(t)})$表示第$i^{(t)}$个用户属于第$j^{(t)}$类的可能性；

（4）$\boldsymbol{R} \in \mathbb{R}^{n^{(r)} \times r^{(r)}}$是餐馆维度的投影矩阵，其中$\boldsymbol{R}(i^{(r)}, j^{(r)})$表示第$i^{(r)}$个用户属于第$j^{(r)}$类的可能性。

如前所述，张量是稀疏的。解决稀疏性问题的方法是利用其他的先验知识，来缓解稀疏性，如“用户-用户”之间的社交关系、“餐馆-餐馆”之间的类别相似性关系、“时间-时间”之间的相关关系等。这些先验知识可以使用 Laplacian 矩阵$\boldsymbol{L}^{(u)}$、$\boldsymbol{L}^{(t)}$、$\boldsymbol{L}^{(r)}$来描述，其中第(i,j)个元素表示第i个用户（或时间、餐馆）与第j个用户（或时间、餐馆）的相似性。相似性的度量又可以根据不同领域的特点，将领域知识表示在矩阵中。将这些信息作为正则项引入张量分解的过程中，即可以解决稀疏性问题。

因此，问题就是有了数据张量和约束矩阵，如何找到核张量和对应的投影矩阵。

定义 5.12 正则化张量分解：给一个M维的张量$\mathcal{X} \in \mathbb{R}^{n^{(1)} \times n^{(2)} \times \cdots \times n^{(M)}}$和约束矩阵

$\boldsymbol{L}^{(m)}|_{m=1}^{M} \in \mathbb{R}^{n^{(m)}\times n^{(m)}}$，求得投影矩阵 $\boldsymbol{A}^{(m)}|_{m=1}^{M} \in \mathbb{R}^{n^{(m)}\times r^{(m)}}$ 和核张量 $\mathcal{Y} \in \mathbb{R}^{r^{(1)}\times r^{(2)}\times\cdots\times r^{(M)}}$。

我们介绍如何求解引入约束信息后的张量分解。我们使用 $\mu^{(m)}$ 表示维度 m 上的 Laplacian 矩阵 $\boldsymbol{L}^{(m)}$ 的权重。那么第 m 维的协方差矩阵为

$$\boldsymbol{C}^{(m)} = \boldsymbol{X}^{(m)}\boldsymbol{X}^{(m)\mathrm{T}} + \mu^{(m)}\boldsymbol{L}^{(m)}$$

其中，$\boldsymbol{X}^{(m)} \in \mathbb{R}^{n^{(m)}\times\prod_{i\neq m} n^{(i)}}$ 是张量 $\mathcal{X}$ 在维度 m 上的矩阵化矩阵。由此我们可以得到正则化张量分解的算法[35]。

算法 5　正则化张量分解

输入：张量 $\mathcal{X} \in \mathbb{R}^{n^{(1)}\times n^{(2)}\times\cdots\times n^{(M)}}$，核张量大小 $\{r_1, r_2, \cdots, r_M\}$，Laplacian 矩阵 $\boldsymbol{L}^{(m)}|_{m=1}^{M}$，参数 $\mu^{(m)}|_{m=1}^{M}$

输出：核张量 $\mathcal{Y} \in \mathbb{R}^{r_1\times r_2\times\cdots\times r_M}$，投影矩阵 $\boldsymbol{A}^{(d)}|_{d=1}^{M} \in \mathbb{R}^{n_d\times r_d}$

算法：

for $i = 1, 2, \cdots, M$ do

求协方差矩阵 $\boldsymbol{C}^{(m)}$

令 $\boldsymbol{A}^{i}$ 为 $\boldsymbol{C}^{(i)}$ 的前 r_i 个特征向量

end for

令核张量 $\mathcal{Y} = \mathcal{X} \times_1 \boldsymbol{A}^{(1)\mathrm{T}} \times_2 \boldsymbol{A}^{(2)\mathrm{T}} \times \cdots \times_M \boldsymbol{A}^{(M)\mathrm{T}}$

返回 $\mathcal{Y}$，$\boldsymbol{A}^{(1)}$，$\boldsymbol{A}^{(2)}$，…，$\boldsymbol{A}^{(M)}$

3. 相关应用

本节我们简单介绍在城市计算领域使用张量分解进行多源、异构数据挖掘的相关工作。

1）移动推荐

随着越来越多的用户移动数据的收集，我们可以据此做用户在特定地点的推荐，如用户在某一个位置最想去的下一个地点是哪，或用户最感兴趣的活动是什么，这个问题涉及“用户-位置-活动”三维信息。Zheng 等[29]提出了一种基于张量分解的协同过滤算法，利用移动数据进行移动推荐。他们从 GPS 数据中提取出用户、地点、活动三个维度的信息。然后用一个三阶的张量去表示，每一个值表示某一用户在某个地点对某个活动的兴趣。随后利用张量分解去重构张量中缺失的值。

然而，张量中的值是稀疏的。为了帮助协同过滤，Zheng 等[29]通过将探索相关的额外信息引入张量分解中，来解决这一问题。通过用户社交网络的信息，构建了“用户-用户”的相似性矩阵，利用地理信息，构建了“地点-特征”矩阵，利用活动相关领域知识，构建了“活动-活动”相似性矩阵，同时还从 GPS 数据中提取出“用户-地点”的访问矩阵。通过同时优化张量和约束矩阵的分解，并利用重构的张量进行预测推荐，取得了不错的推荐效果。

2）城市能源感知

文献[6]提出了一种基于内容的协同过滤算法，利用出租车数据感知城市能源使用情况。通过采样的出租车加油事件数据构建一个“日期-时间-加油站”张量。由于出租车 GPS 记录的数据采样有限，即数据中存在着稀疏性问题，可以利用张量分解得到重构的张量，来感知整个城市中能源的使用情况。

同时，Zhang 等[6]还构建了额外的城市上下文的特征来解决稀疏性问题。通过构建城市 POI 特征、交通特征和区域地理特征，并将其引入张量分解中，取得了不错的效果。从而实现了利用较少的出租车数据感知整个城市的能源状况。

综上所述，本节针对城市数据多源、异构的特点，简单介绍了多维数据的建模工具——张量。我们首先简单回顾了张量的数学基础和相关运算，介绍了张量分解及其在数据挖掘领域的应用。随后针对多维数据稀疏性的特点，我们将异构数据作为约束引入分解过程中，来缓解稀疏性问题。最后介绍了在城市计算领域使用张量分解的相关工作。在 5.5 节中，我们将介绍城市时空结构挖掘问题，并给出一种新颖的正则化非负张量分解方法和求解算法以解决这一问题。

5.5 基于张量的城市时空结构建模

理解城市的结构对于城市规划、交通管理、流行病预防以及基于位置的商业等多种城市应用都非常重要。然而，人们在这个领域的知识很有限。人类的行为是产生城市问题的根源，而人类的行为极其复杂，城市的结构影响着人类的行为，反过来人类的行为则反映了城市的结构。如今，随着信息基础设施的飞速发展，使用各种硬件设备可以收集人类活动数据，如装载有 GPS 设施的出租车记录了人们的交通行为，城市公交一卡通记录了人们的通勤记录。从这些数据中，我们可以建立一个出发区域到目的区域（OD）的交通网络，这个网络表示了城市中任意两个区域之间的交通流量，并给了我们深入理解城市结构的机会。在本节，我们着重解决从随时间演化的交通网络中挖掘城市的时空结构的问题。我们的目标是同时发现城市区域内的空间聚类、交通的时间模式以及它们之间相关的时空联系——称为城市的时空结构。

5.5.1　整体模型框架

具体的，我们要找到：空间聚类，城市里哪些区域是同一类区域，且具有相同的功能及交通模式；时间模式，城市里的交通有哪些时间模式，每种模式随时间是如何演化的；时空结构，城市里的空间聚类和时间模式的关联如何，即区域类别 A 到区域类别 B 的交通活动在哪些时间模式上最常发生。

在复杂网络和数据挖掘领域，从网络中发现有趣结构方面的研究已经有了很大的进展。例如，研究人员从蛋白质-蛋白质相互作用的网络中，发现了聚成一个组团的一组蛋白质可以表示某种特定的细胞功能[40]；从社会网络中可以发现人们的社交圈子[41]。这些方法的目的是从网络中找到一个社区，使得社区内部比社区之间有更多的边。然而，在城市环境下，交通网络与这些研究中的网络却有着显著的不同，这给从交通网络中挖掘时空结构带来了挑战。首先，城市交通网络是一个动态的网络，是随时间演化的。如图 5.10（b）所示，显而易见，早晨上班时刻的交通网络与晚上下班时刻的对应网络不同；其次，城市的时空结构不仅仅与城市的交通网络相关，也与城市的地理信息、上下文信息息息相关。那么，我们想要挖掘的结构不仅要考虑网络中的边的信息，也需要考虑时间和上下文信息。

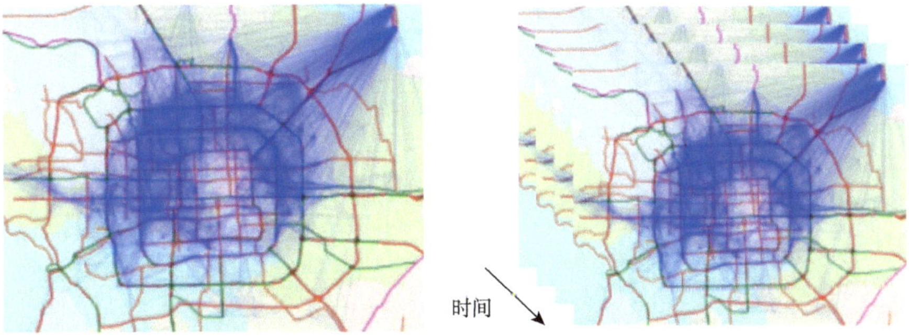

（a）OD交通网络　　（b）随时间演化的交通网络

图 5.10　随时间演化的 OD 交通网络

在城市计算领域，也有一些相关的时空结构挖掘工作。文献[13]利用主题模型从城市的交通数据和 POI 中挖掘城市的功能区，但没有同时挖掘出时间上的模式；文献[14]从交通数据中挖掘出人类行为的时间模式，以及较粗粒度的空间特征，然而，其空间特征的划分粒度很粗，难以刻画城市复杂的环境，且没有考虑城市的上下文信息。本章提出，城市的时间特征和空间特征应该被同时挖掘，因为：①城市的空间特征与不同时间段的交通相关，一个工作区域的交通行为应该是早晨大家从居住地来，晚上离开，而居住区域恰恰相反；②城市的时间特征与空间属性也相关，例如，早高峰这种交通模式的潮汐变化，需要借助于知道交通的出发区域和到达区域的空间特性；③时空结构是时间特征和空间特征的联系，只有同时利用时间和空间的信息进行挖掘，才可能被找到。

为了同时建模交通的时间信息和空间信息（出发区域、到达区域），我们使用了一个 3 阶的“出发区域-到达区域-时间”张量来表示城市中随时间演化的交通网络，张量中第(i, j, k)元素表示从第i个出发区域到第j个到达区域在第k段时间里的交通流量。然而，将数据表示成张量后，多元数据存在稀疏性的问题，为了解决稀疏性问题，我们同时考虑城市交通数据和城市上下文信息，提出一个正则化非负张量分解模型来进行城市的时空结构挖掘，将张量分解为三个投影矩阵和一个核张量。图 5.11 反映了张量分解的框架示意图。在出发区域和到达区域两个维度上的投影矩阵反映了城市中的每个区域属于哪个空间聚类。在时间维度上的投影矩阵给出了不同的时间模式。同时，核张量中的元素表示了空间聚类和时间模式之间的相互联系。我们应用近似梯度下降算法去优化求解这个问题，并在交通流量预测和时空结构挖掘两个应用上做了实验，证明我们所提方法的有效性。

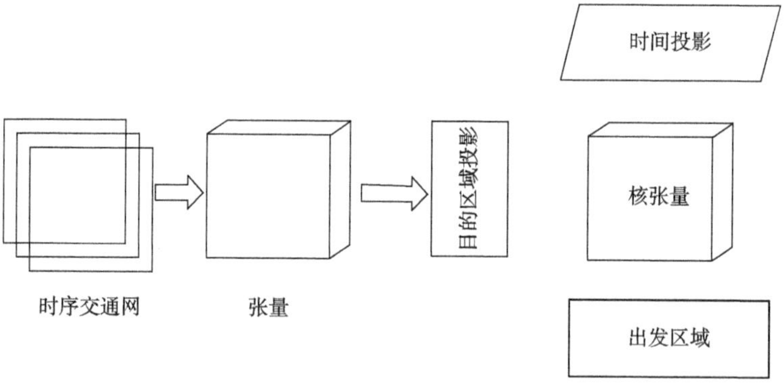

图 5.11　张量分解框架

图 5.12 给出了本章进行城市时空结构挖掘的系统整体框架[42]。最底层是城市感知层，利用传感器技术、GPS 浮动车、地理观测与导航等技术，将城市空间内发生的人类活动转化成大量的城市数据，本章使用了 GPS 浮动车记录的出租车行驶轨迹数据、城市地理观测产生的地图数据和 POI 数据。第二层是数据存储层，将城市感知层感知获得的数据通过城市通信技术传输存入数据存储平台。我们使用 Hadoop 平台以文本的形式存储三种数据。第三层是数据活化层，首先利用大数据处理技术在 Hadoop 平台上对存储的城市数据进行数据清洗和预处理，使之

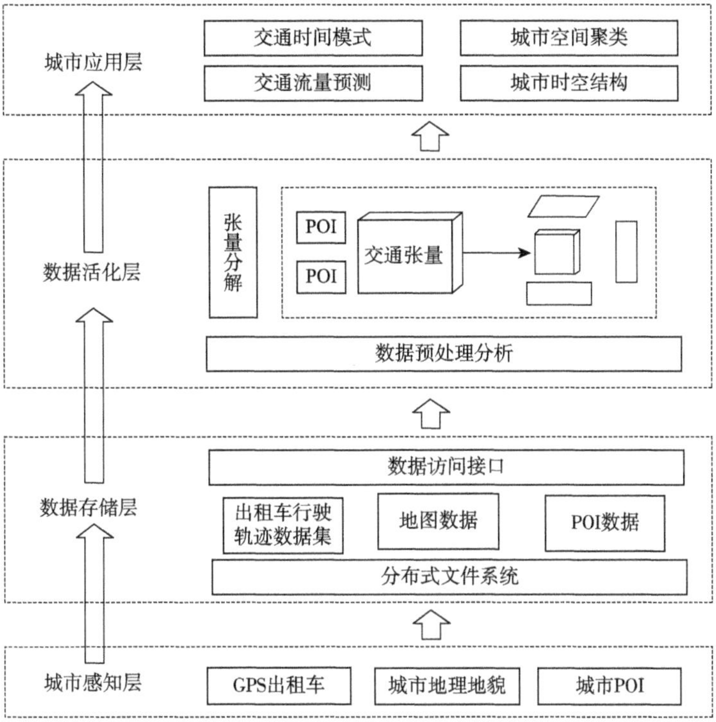

图 5.12　城市时空结构挖掘的整体框架

可以进行有效的建模；随后建立基于张量分解的数据活化模型，对异构的城市交通数据和城市上下文数据进行数据活化，从而在解决大数据稀疏性等问题的同时，更加准确地建模城市数据，得到活化后的城市时空结构。最后一层是城市应用层，将数据活化层生成的城市时空结构进行可视化，从而指导城市规划，并将挖掘的模式应用于交通流量预测。

5.5.2　数据预处理与分析

本章的实验数据来源于一个真实的大规模多源、异构数据集，包括以下几种数据。

交通数据：即北京市 2011 年 11 月出租车行驶轨迹数据集，包含超过 300 万条载有乘客的出租车行驶记录。数据格式如表 5.1 所示。根据北京市公安局公安交通管理局的报告，出租车占北京市地面交通流量的 12%[13]。因此，使用大规模出租车行驶轨迹数据集，可以很好地反映城市中人们活动的规律，进而挖掘城市的结构。

表5.1 一条出租车行驶轨迹数据格式

字段名称	字段意义
记录序号	记录的编号，表示记录的唯一 ID
调度中心 ID	出租车所在的调度中心的编号
车辆 ID	标识车辆的唯一编号，11 位整数
时间戳	表示该记录采集时的时间，格式为 YYYYMMDDHHMMSS
经度	表示该记录采集时出租车所在的地理经度
纬度	表示该记录采集时出租车所在的地理纬度
02 坐标系经度	表示该记录采集时出租车所在的 02 坐标系经度
02 坐标系纬度	表示该记录采集时出租车所在的 02 坐标系纬度
速度	表示该记录采集时出租车的行驶速度
方向	表示该记录采集时出租车的行驶方向
车辆状态	出租车的运营状态，空载/满载/驻车/停运/其他
事件	出租车的运营事件，客人下车/客人上车/锁车门/开车门/其他
高度	保留字段

地图数据：即北京市 2011 年地图数据集，包含北京市 2011 年地图以及交通分析区域（traffic analysis zone，TAZ）信息。TAZ 信息是地理学中分析交通最常用的基本单位之一。根据 TAZ 信息，我们将北京市五环以内划分为 651 个区域，如图 5.13 所示。

图 5.13 北京市五环以内地区

城市上下文数据：即北京市 2011 年 POI 数据集，包含超过 3 万条 POI 记录。

一条 POI 数据格式如表 5.2 所示。

表5.2　一条POI数据格式示例

名称	地址	电话	类型	经度	纬度
全聚德烤鸭店	中关村东路科技大厦	010-82150018	餐饮服务	116.3305°	39.9934°

上述数据都是非结构化的数据，实验中我们进行了预处理。对出租车行驶轨迹数据集进行的预处理如下。

（1）我们根据车辆的运营状态（是否载人）提取出有乘客的轨迹。因为有乘客的车辆的交通行为反映了人们在城市中有目的的活动和通勤，而无乘客的行驶轨迹往往是为了寻找下一个乘客的随机游走。

（2）我们从载人出租车的行驶轨迹中提取出每次交通活动的出发区域、到达区域、时间的三元组。

（3）将每一个点映射到地图上，求出该坐标所在的区域，并将时间按照小时划分，从而得到出发区域、到达区域、时间（小时）的三元组。

（4）对相同的三元组进行计数，得到结构化后的随时间演化的张量 $\mathcal{X} \in \mathbb{R}^{651\times651\times24}$。

我们统计了城市交通张量 $\mathcal{X}$ 中值的分布，如图 5.14 所示，城市交通流量呈现出很强的幂律分布。图 5.14 反映出城市交通中数据的稀疏性，张量中绝大多数的值为 0，这给挖掘城市交通时空结构带来了很大挑战。同时，该分布反映出数据的倾斜性，即绝大多数的值都很小，而很少一部分的值却很大。这样会使得过大的值在优化时会主导分解的过程，占绝大多数比例的较小的值的作用将会被掩盖。

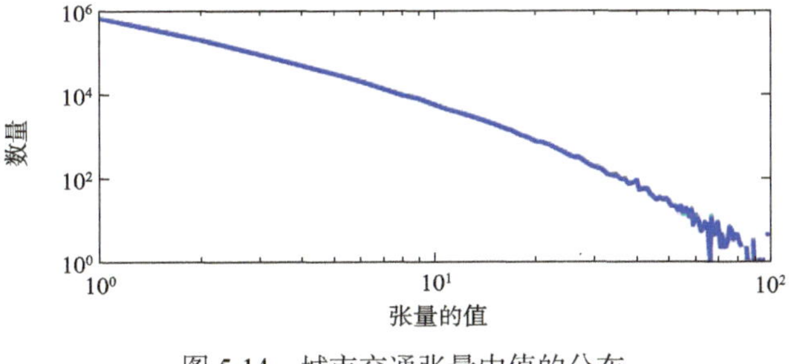

图 5.14　城市交通张量中值的分布

我们同时分析了城市上下文数据与城市交通之间的关系。我们从两个方面进行分析。首先，POI 的数量反映了一个地区的繁华程度，POI 的数量越多，说明该地区越繁华，则该地区的客流量就越大。图 5.15（a）中我们绘制了原始区域 ID、POI 的数量和交通流量三者之间的相关关系。从中可以看到，整体趋势上看，区域 POI 的数量和交通流量基本呈现正相关的关系，这验证了我们的假设。因此，我们在从交通信息中挖掘时空结构时应当考虑到 POI 的数量特征。

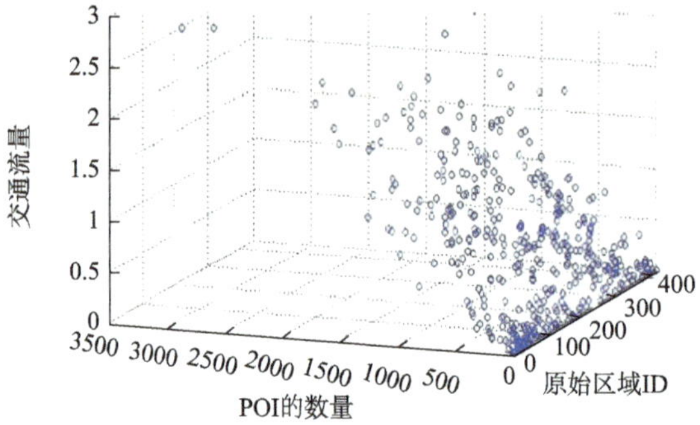

（a）POI 的数量与城市交通之间的关系

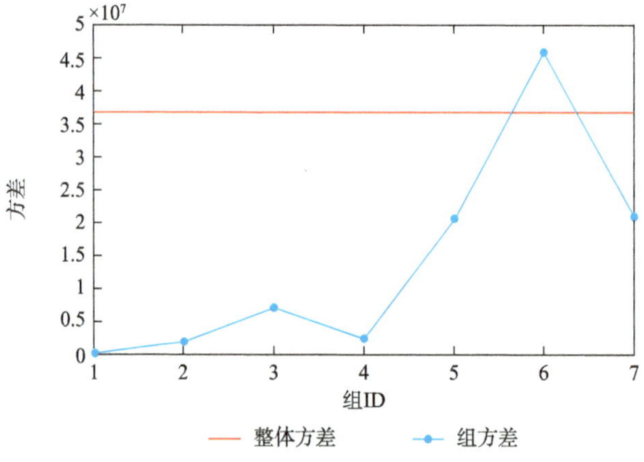

（b）POI 的种类与城市交通之间的关系

图 5.15　POI 与城市交通之间的关系

其次，POI 的种类与城市交通流量之间也存在着一定的关系。例如，工作区的交通流量应该与工作区相似，而与居住区不同。我们针对每个区域，构建了 POI 表示的特征向量，向量的每一个维度表示某种 POI 的数量。随后，我们使用了 K-均值算法对所有区域的 POI 特征向量进行聚类。当算法收敛后，我们得到了 K 个聚类，并知道了每一类中都有哪些区域。接下来，我们计算了 K-均值聚类后每一类区域的交通流量的方差和整个城市范围内所有区域的交通流量的方差，我们对此进行了对比实验。如图 5.15（b）所示，图中红线表示整个城市范围内所有区域的方差，蓝线表示 K-均值聚类后每一类区域的交通流量方差（共七类）。我们可以看到，除一个聚类以外，其余聚类的内部方差均小于全体的方差，这说明聚类内部的交通流量具有相似性。我们进一步分析了剩余那一类高于全体方差的原因，发现余下的一类中 POI 并没有很强的规律，语义上属于无法归入上述六类的其他类，因此方差略高一些。这个数据分析的结果证实了我们的结论：POI 的种类与城市交通有着紧密联系。因而，在本章中，我们使用 POI 作为城市上下文信息，以辅助更好地挖掘城市的时空结构。

5.5.3　建模方法

1. 问题定义

尽管有许多研究城市空间聚类、交通时间模式的工作，但就我们所知，对于城市时空结构挖掘还没有一个形式化的定义。本节首先给出时空结构挖掘问题的形式化定义。假设城市中有 M 个出发区域，且第 i 个出发区域表示为 o_i；有 M 个到达区域，且第 j 个到达区域表示为 d_j；将时间划分为 N 段，第 k 段表示为 t_k。我们把随时间演化的交通网络表示为一个三阶张量 $\hat{\mathcal{X}} \in \mathbb{R}^{M \times M \times N}$，其中第 (i, j, k) 项 $\hat{\mathcal{X}}_{ijk}$ 表示从第 i 个出发区域到第 j 个到达区域在第 k 段时间里的交通流量。由于交通流量值的分布非常有偏，为了减少少数过大值的影响，我们使用 log 函数对张量中的数据进行规范化，即

$$\mathcal{X}_{ijk} = \log_2\left(1 + \hat{\mathcal{X}}_{ijk}\right)$$

那么，对于给定的随时间演化的交通网络，时空结构的挖掘问题就转化为从交通张量中同时找到每一个维度上的隐含投影矩阵以及核张量。出发区域和到达区域两个维度上的投影矩阵 $\boldsymbol{O}$ 和 $\boldsymbol{D}$ 给出了城市区域中的空间聚类，时间维度上的投影矩阵 $\boldsymbol{T}$ 表示了时间模式，并且核张量表达了 $\boldsymbol{O}$、$\boldsymbol{D}$、$\boldsymbol{T}$ 之间的关系，给出了城市交通的一种更紧凑的表达。

2. 建模交通数据

如 5.4 节所述，张量是分析高维数据的一种有效方法，利用张量分解的方法可以挖掘出数据中隐含的统计结构。城市交通数据是一个三维的张量，可以利用张量分解的方法找到其中隐含的投影矩阵和核张量。

记 $\boldsymbol{O} \in \mathbb{R}^{M \times m}$ 为出发区域维度上的隐含投影矩阵，$\boldsymbol{D} \in \mathbb{R}^{M \times m}$ 为到达区域维度上的隐含投影矩阵，且 $\boldsymbol{T} \in \mathbb{R}^{N \times n}$ 为时间维度上的隐含投影矩阵。令 $\mathcal{C} \in \mathbb{R}^{m \times m \times n}$ 表示隐含的核张量。那么我们有 $\boldsymbol{O} = \{\boldsymbol{o}_1, \boldsymbol{o}_2, \cdots, \boldsymbol{o}_m\}$、$\boldsymbol{D} = \{\boldsymbol{d}_1, \boldsymbol{d}_2, \cdots, \boldsymbol{d}_m\}$ 和 $\boldsymbol{T} = \{\boldsymbol{t}_1, \boldsymbol{t}_2, \cdots, \boldsymbol{t}_n\}$，其中每一列向量表示投影矩阵中每一个隐含因子在特定区域或时间上的权重，核张量中第 (i, j, k) 项表示对应的隐含因子 $\boldsymbol{o}_i$、$\boldsymbol{d}_j$ 和 $\boldsymbol{t}_k$ 之间的联系，具体如下。

（1）出发区域维度的投影矩阵 $\boldsymbol{O} \in \mathbb{R}^{M \times m}$ 表示出发区域在隐含空间的表达，其中 $\boldsymbol{O}(i,j)$ 表示第 i 个用户属于第 j 个出发区域空间聚类的可能性。

（2）到达区域维度的投影矩阵 $\boldsymbol{D} \in \mathbb{R}^{M \times m}$ 表示到达区域在隐含空间的表达，其中 $\boldsymbol{D}(i,j)$ 表示第 i 个用户属于第 j 个到达区域空间聚类的可能性。

（3）时间维度的投影矩阵 $\boldsymbol{T} \in \mathbb{R}^{N \times n}$ 表示时间在隐含空间的表达，其中 $\boldsymbol{T}(i,j)$ 表示第 i 个时间属于第 j 个时间模式的可能性。

（4）核张量 $\mathcal{C} \in \mathbb{R}^{m \times m \times n}$ 表示时空相关模式，即出发区域聚类、到达区域聚类和时间模式之间的相互联系。$\mathcal{C}(i,j,k)$ 表示第 i 个出发区域的空间聚类与第 j 个到达区域的空间聚类在第 k 种时间模式下的相互关系。

根据张量的 Tucker 分解[43]，我们可以将张量分解为投影矩阵和核张量的张量积：

$$\mathcal{X} \approx \mathcal{C} \times_o \boldsymbol{O} \times_d \boldsymbol{D} \times_t \boldsymbol{T}$$

其中，$\times_n$ 表示张量和矩阵在维度 n 上的乘积。

那么，若给定出发区域-到达区域-时间的张量 $\mathcal{X}$，本章的目标函数就是通过最小化下面的损失函数来求得最优的隐含投影矩阵 $\boldsymbol{O}$ 、$\boldsymbol{D}$ 、$\boldsymbol{T}$ 和核张量 $\mathcal{C}$：

$$\mathcal{J}_1 = \| \mathcal{X} - \mathcal{C} \times_o \boldsymbol{O} \times_d \boldsymbol{D} \times_t \boldsymbol{T} \|_F^2$$

这个目标函数可以看作用隐含投影矩阵 $\boldsymbol{O}$ 、$\boldsymbol{D}$ 、$\boldsymbol{T}$ 和核张量 $\mathcal{C}$ 近似原张量 $\mathcal{X}$ 的近似张量。张量分解是最小二乘目标优化下的最优近似。然而，如前所述，城市结构与城市上下文属性非常相关。同时，$\mathcal{X}$ 中的数据十分稀疏，这种稀疏性使得直接优化上式变得很难，也不易得到准确的解。因此，在本章中我们充分利用了城市的上下文信息和异构的数据，在缓解稀疏性的同时使得求解更加准确。

3. 建模城市上下文数据

如表 5.3 所示，一条 POI 信息是一个有用或有趣的地点。一条 POI 信息包含一个地理位置（经度、纬度），以及该位置的类别，如写字楼、小区、餐厅等。这些信息可以表达城市的上下文属性。

表5.3 POI类别信息

编号	POI 类别	编号	POI 类别
1	餐饮服务	5	公司商务
2	酒店服务	6	购物中心
3	旅游景点	7	交通设施
4	金融保险	8	教育培训

续表

编号	POI 类别	编号	POI 类别
9	商业大厦	12	体育娱乐
10	住宅小区	13	医疗保健
11	生活服务	14	政府机构

本章中，我们选取了 14 类与城市交通相关的 POI 来表示城市的上下文，表 5.3 列出了本章所使用的 POI 类别信息。对每一条 POI 数据，我们首先用它的坐标计算出它属于哪一个城市区域。利用映射后的 POI 数据，对于每一个区域 i，我们可以求出每一种 POI 的数量，从而可以构建一个 POI 的特征向量 $v_i=(c_1,c_2,\cdots,c_P)$，其中 P 表示了 POI 种类的个数，c_k 表示了第 k 种 POI 的数量。基于 POI 特征向量，我们可以使用 cosine 距离来衡量两个区域的相似性，即

$$W_{ij}=\frac{\boldsymbol{v}_i\cdot\boldsymbol{v}_j}{\|\boldsymbol{v}_i\|\cdot\|\boldsymbol{v}_j\|}$$

从而得到一个描述区域与区域之间相似性的拉普拉斯矩阵 $\boldsymbol{W}$。我们进一步假设，在 POI 特征相似的区域具有相似的交通模式。例如，两个居住区（POI 向量中均为住宅小区类别的 POI 数量很高，从而 POI 相似性很高）之间有着相似的交通模式（早晨上班，夜晚回家）。张量分解得到的隐含投影矩阵表达了各区域在出发区域维度和到达区域维度上的隐含表示。根据这些表示，我们可以得到隐含表达下的区域与区域之间的相似性。那么，$\boldsymbol{W}$ 可以被出发区域和到达区域两个维度上的隐含投影矩阵的内积近似估计。因而，我们优化如下的目标函数：

$$\mathcal{J}_2=\|\boldsymbol{W}-\boldsymbol{O}\boldsymbol{O}^{\mathrm{T}}\|_F^2$$

$$\mathcal{J}_3=\|\boldsymbol{W}-\boldsymbol{D}\boldsymbol{D}^{\mathrm{T}}\|_F^2$$

我们同时还对核张量和投影矩阵使用了非负约束和 L1 正则化。使用非负约束限制因子之间仅可加，这样求得的解通常更易于理解[21]。使用 L1 正则化不仅可以防止过拟合，也会使得核张量和投影矩阵变稀疏，从而提高解的可解释性。一般而言，核张量中的值表示了各个投影矩阵之间的相互联系，强制核张量稀疏可以保留那些主要的强联系，而将可能是噪声的弱联系去掉，也可以增加解的唯一性[44]。

最后，将 $\mathcal{J}_1$、$\mathcal{J}_2$、$\mathcal{J}_3$ 三者结合在一起，通过最小化如下的损失函数，可以得到隐含投影矩阵 $\boldsymbol{O}$、$\boldsymbol{D}$、$\boldsymbol{T}$ 和核张量 $\mathcal{C}$：

$$\begin{gathered}\mathcal{J}=\|\mathcal{X}-\mathcal{C}\times_o\boldsymbol{O}\times_d\boldsymbol{D}\times_t\boldsymbol{T}\|_F^2+\alpha\|\boldsymbol{W}-\boldsymbol{O}\boldsymbol{O}^{\mathrm{T}}\|_F^2+\\ \beta\|\boldsymbol{W}-\boldsymbol{D}\boldsymbol{D}^{\mathrm{T}}\|_F^2+\gamma\|\mathcal{C}\|_1+\delta\|\boldsymbol{O}\|_1+\epsilon\|\boldsymbol{D}\|_1+\varepsilon\|\boldsymbol{T}\|_1\\ \text{s.t. }\ \mathcal{C}\geqslant 0,\boldsymbol{O}\geqslant 0,\boldsymbol{D}\geqslant 0,\boldsymbol{T}\geqslant 0\end{gathered}$$

5.5.4　近梯度求解算法

1. 分块坐标下降算法

尽管上述目标函数对于$\mathcal{C}$、$\boldsymbol{O}$、$\boldsymbol{D}$、$\boldsymbol{T}$来说不是一个联合凸函数，但当固定任意三个变量时，对其余任意一个变量来说，都是凸的。因此，我们可以采用分块坐标下降（block coordinate descent）算法进行求解。分块坐标下降是一种常用的优化算法，为了寻找优化目标的一个局部最优解，分块坐标下降每次依据当前位置沿着一个坐标方向进行线性搜索，在整个过程中对每个坐标方向循环进行。即初始时变量的值为随机初始化的值（$\mathcal{C}_{(0)},\boldsymbol{O}_{(0)},\boldsymbol{D}_{(0)},\boldsymbol{T}_{(0)}$），在第$k$次循环时，我们通过式（5.1）～式（5.4）依次更新$\left(\mathcal{C}_{(k)},\boldsymbol{O}_{(k)},\boldsymbol{D}_{(k)},\boldsymbol{T}_{(k)}\right)$：

$$\mathcal{C}_k=\arg\min_{\mathcal{C}}\left[\mathcal{J}\left(\mathcal{C},\boldsymbol{O}_{(k-1)},\boldsymbol{D}_{(k-1)},\boldsymbol{T}_{(k-1)}\right)+\gamma\|\mathcal{C}\|_1\right] \tag{5.1}$$

$$\boldsymbol{O}_k=\arg\min_{O}\left[\mathcal{J}\left(\mathcal{C}_{(k-1)},\boldsymbol{O},\boldsymbol{D}_{(k-1)},\boldsymbol{T}_{(k-1)}\right)+\delta\|\boldsymbol{O}\|_1\right] \tag{5.2}$$

$$\boldsymbol{D}_k=\arg\min_{D}\left[\mathcal{J}\left(\mathcal{C}_{(k-1)},\boldsymbol{O}_{(k-1)},\boldsymbol{D},\boldsymbol{T}_{(k-1)}\right)+\epsilon\|\boldsymbol{D}\|_1\right] \tag{5.3}$$

$$\boldsymbol{T}_k=\arg\min_{T}\left[\mathcal{J}\left(\mathcal{C}_{(k-1)},\boldsymbol{O}_{(k-1)},\boldsymbol{D}_{(k-1)},\boldsymbol{T}\right)+\varepsilon\|\boldsymbol{T}\|_1\right] \tag{5.4}$$

分块坐标下降算法的流程如下。

算法 6　分块坐标下降

输入：城市交通张量$\{\mathcal{X}\}$，参数$\{\gamma,\delta,\epsilon,\varepsilon\}$
输出：$\mathcal{C}$，$\boldsymbol{O}$，$\boldsymbol{D}$，$\boldsymbol{T}$
初始化：$\left(\mathcal{C}_{(0)},\boldsymbol{O}_{(0)},\boldsymbol{D}_{(0)},\boldsymbol{T}_{(0)}\right),t=0$
while 未收敛 do
通过式（5.1）更新$\mathcal{C}_{(k)}$
通过式（5.2）更新$\boldsymbol{O}_{(k)}$
通过式（5.3）更新$\boldsymbol{D}_{(k)}$
通过式（5.4）更新$\boldsymbol{T}_{(k)}$
end while

---

2. 近似梯度下降算法

因为优化式子中含有不可导项，所以不能使用梯度下降的方法。本节我们介绍交替近似梯度（alternating approximate gradient，AAG）算法来更新$\left(\mathcal{C}_{(k)},\boldsymbol{O}_{(k)},\boldsymbol{D}_{(k)},\boldsymbol{T}_{(k)}\right)$。为了便于描述，我们用参数$\{\mathcal{W}\}$表示$(\mathcal{C},\boldsymbol{O},\boldsymbol{D},\boldsymbol{T})$，其中$\left(\boldsymbol{w}^1,\boldsymbol{w}^2,\boldsymbol{w}^3,\boldsymbol{w}^4\right)\in\mathcal{W}$分别表示$(\mathcal{C},\boldsymbol{O},\boldsymbol{D},\boldsymbol{T})$。

近似梯度下降算法的基本思想是最小化原损失函数在以当前结果为中心的一个区域内的简单的二次近似。在第k轮迭代到第i步的时候，近似梯度求解过程更

新 $\boldsymbol{w}_k^i$ 的过程是

$$\boldsymbol{w}_{(k)}^i = \arg\min_{w} \left[\left(\boldsymbol{w}^i - \widetilde{\boldsymbol{w}}_{(k)}^i \right)^{\mathrm{T}} \nabla_{w^i} \ell\left(\mathcal{W}_{(k+1)}^{1\sim(i-1)}, \boldsymbol{w}_{(k)}^i, \mathcal{W}_{(k)}^{(i+1)\sim I} \right) + \frac{\tau_{(k)}^i}{2} + \gamma_i \left\| \boldsymbol{w} \right\|_1 \right] \quad (5.5)$$

其中，$\widetilde{\boldsymbol{w}}_{(k)}^i$ 是一个插值点，其定义为

$$\widetilde{\boldsymbol{w}}_{(k)}^i = \boldsymbol{w}_{(k-1)}^i + \omega_{(k)}^i \left(\boldsymbol{w}_{(k-1)}^i - \boldsymbol{w}_{(k-2)}^i \right)$$

式（5.5）的解析解为

$$\boldsymbol{w}_{(k)}^i = \text{nonneg}\left(0, \boldsymbol{x}_{(k-1)}^i - \frac{1}{\tau_{(k)}^i} \nabla \ell_{w^i} \left(\widetilde{\boldsymbol{w}}_{(k)}^i \right) - \frac{\lambda_i}{\tau_{(k)}^i} \right)$$

其中，nonneg 表示每个元素的非负操作符。

特别地，对于每一部分来说，目标函数 $\mathcal{J}$ 的梯度为

$$\frac{\partial \mathcal{J}}{\partial \mathcal{C}} = 2\left(\mathcal{C} \times_o \left(\boldsymbol{O}\boldsymbol{O}^{\mathrm{T}} \right) \times_d \left(\boldsymbol{D}^{\mathrm{T}}\boldsymbol{D} \right) \times_t \left(\boldsymbol{T}^{\mathrm{T}}\boldsymbol{T} \right) - \mathcal{X} \times_o \boldsymbol{O}^{\mathrm{T}} \times_d \boldsymbol{D}^{\mathrm{T}} \times_t \boldsymbol{T}^{\mathrm{T}} \right)$$

$$\frac{\partial \mathcal{J}}{\partial \boldsymbol{O}} = 2\left(\boldsymbol{O}\left(\mathcal{C} \times_d \left(\boldsymbol{D}^{\mathrm{T}}\boldsymbol{D} \right) \times_t \left(\boldsymbol{T}^{\mathrm{T}}\boldsymbol{T} \right) \right)_{(o)} \mathcal{C}_{(o)}^{\mathrm{T}} - \left(\mathcal{X} \times_d \boldsymbol{D}^{\mathrm{T}} \times_t \boldsymbol{T}^{\mathrm{T}} \right)_{(o)} \mathcal{C}_{(o)}^{\mathrm{T}} - \alpha\left(\boldsymbol{W} - \boldsymbol{O}\boldsymbol{O}^{\mathrm{T}} \right)\boldsymbol{O} \right)$$

$$\frac{\partial \mathcal{J}}{\partial \boldsymbol{D}} = 2\left(\boldsymbol{D}\left(\mathcal{C} \times_o \left(\boldsymbol{O}\boldsymbol{O}^{\mathrm{T}} \right) \times_t \left(\boldsymbol{T}^{\mathrm{T}}\boldsymbol{T} \right) \right)_{(d)} \mathcal{C}_{(d)}^{\mathrm{T}} - \left(\mathcal{X} \times_o \boldsymbol{O}^{\mathrm{T}} \times_t \boldsymbol{T}^{\mathrm{T}} \right)_{(d)} \mathcal{C}_{(d)}^{\mathrm{T}} - \beta\left(\boldsymbol{W} - \boldsymbol{D}\boldsymbol{D}^{\mathrm{T}} \right)\boldsymbol{D} \right)$$

$$\frac{\partial \mathcal{J}}{\partial \boldsymbol{T}} = 2\left(\boldsymbol{T}\left(\mathcal{C} \times_o \left(\boldsymbol{O}\boldsymbol{O}^{\mathrm{T}} \right) \times_d \left(\boldsymbol{D}^{\mathrm{T}}\boldsymbol{D} \right) \right)_{(t)} \mathcal{C}_{(t)}^{\mathrm{T}} - \left(\mathcal{X} \times_o \boldsymbol{O}^{\mathrm{T}} \times_d \boldsymbol{D}^{\mathrm{T}} \right)_{(t)} \mathcal{C}_{(t)}^{\mathrm{T}} \right)$$

其中，$\mathcal{X}_{(k)}$ 表示张量 $\mathcal{X}$ 在纬度 k 上矩阵化后的矩阵。

5.6　实验一：交通流量预测

本节，我们通过交通流量预测的实验检测所提模型的有效性。我们使用 5.5.2 节所描述的数据集，为了便于实验，我们将数据集划分为训练数据和测试数据两部分，使用训练数据进行时空结构挖掘，并用所得的结果预测测试数据，利用预测的准确性评判方法的有效性。

5.6.1　实验设置

我们使用如下的交通流量预测任务。

***O-D-T* 预测**：预测在某个时间段 t_k 内，从出发区域 o_i 到到达区域 d_j 之间的交通流量。

为了对比实验结果，我们使用 RMSE 作为评价指标评价预测的准确性：

$$\mathrm{RMSE}=\sqrt{\frac{\sum_{ijk\in\mathcal{H}}\mathcal{X}_{ijk}-\hat{\mathcal{X}}_{ijk}}{|\mathcal{H}|}}$$

其中，$\mathcal{H}$ 是测试集合；$\mathcal{X}_{ijk}$ 是测试过程中集中观测到的第 i 个出发区域到第 j 个到达区域在第 k 段时间内的交通流量；$\hat{\mathcal{X}}_{ijk}$ 是预测的第 i 个出发区域到第 j 个到达区域在第 k 段时间内的交通流量。RMSE 求得的是所有测试集中预测误差的平均平方根，RMSE 越小，说明模型越好。

5.6.2 比较方法

为了验证所提正则化非负 Tucker 分解（regularized non-negative Tucker decomposition，rNTD）模型的有效性，我们采用了以下方法进行对比。

非负张量分解（basic non-negative tensor factorization，bNTF）：此方法是非负矩阵分解在高维的扩展，假设所有维度的变量可以映射到同一个隐含空间，通过求解下面的目标函数得到隐含投影矩阵：

$$\min_{O,D,T}\|\mathcal{X}-\sum_r \boldsymbol{o}_r\circ\boldsymbol{d}_r\circ\boldsymbol{t}_r\|^2$$

其中，$\circ$ 表示向量的外积。这个方法可以被看作非负 Tucker 分解在限制核张量仅超对角线上的元素非 0 时的特例。这种方法也称作 CP 分解。

正则化非负张量分解（regularized non-negative tensor factorization，rNTF）：这种方法将城市上下文信息引入非负张量分解中，优化下列目标函数：

$$\min_{O,D,T}\|\mathcal{X}-\sum_r \boldsymbol{o}_r\circ\boldsymbol{d}_r\circ\boldsymbol{t}_r\|^2+\alpha\|\boldsymbol{W}-\boldsymbol{O}\boldsymbol{O}^{\mathrm{T}}\|_F^2+\beta\|\boldsymbol{W}-\boldsymbol{D}\boldsymbol{D}^{\mathrm{T}}\|_F^2$$

非负 Tucker 分解（basic non-negative Tucker decomposition，bNTD）：这是本书提出方法的一个变种，没有考虑城市的上下文信息。目标函数为

$$\min_{\mathcal{C},O,D,T}\|\mathcal{X}-\mathcal{C}\times_o\boldsymbol{O}\times_d\boldsymbol{D}\times_t\boldsymbol{T}\|_F^2$$

5.6.3 参数设置

本节介绍本书所提方法对参数的敏感性以及如何选择参数，包括隐含空间的

大小 m、n，以及城市上下文信息正则化参数 α、β 对模型的影响。

本书所提方法的目标是为出发区域、到达区域、时间三个维度的相互作用找到一个 $m\times m\times n$ 维的隐含空间。如何选择 $m\times m\times n$ 对我们的模型很重要：如果 m、n 的值过小，城市的结构将不会被降维后的隐含空间很好地表达；如果 m、n 的值过大，找到的低秩结构将无法很好地捕捉到不同维度之间最主要的联系且计算的复杂度会大大提升。因而，设置 m 从 5 到 30 变化，n 从 2 到 10 变化，实验结果如图 5.16 所示，从图 5.16 中可以看到，随着 m、n 的增大，RMSE 会逐渐减小。当 $m\geqslant 20, n\geqslant 3$ 时，RMSE 会减小得非常缓慢。考虑到准确性和可解释性之间的权衡，我们选择 $m=20$ 和 $n=3$ 作为实验中隐含空间的维度。

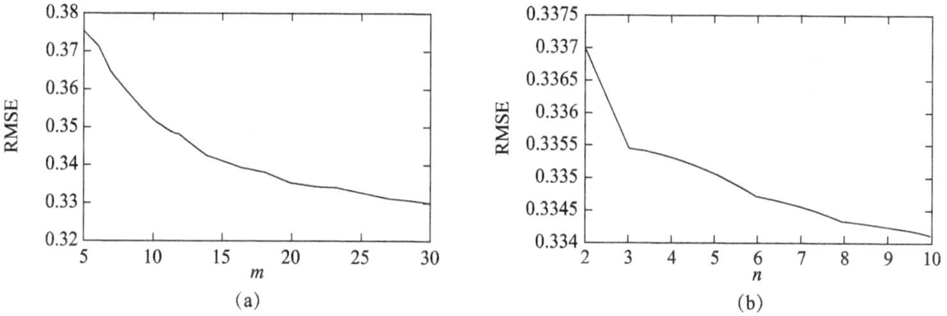

图 5.16　隐含空间维度对实验结果的影响

本书所提方法中的参数 α 、β 起着权衡协调目标函数中不同项的作用。图 5.17 显示了当 α、β 从 10^{-5} 到 1 变化时，对应 RMSE 的变化情况。当 α、β 较小时，实验性能接近于 bNTD 。图 5.17 中的结果显示，当参数 $\alpha=\beta=0.01$ 时，本书所提方法的效果最好。在接下来的实验中，我们将使用这个参数设置。为公平起见，我们也使用相同的方法设置相应的参数。

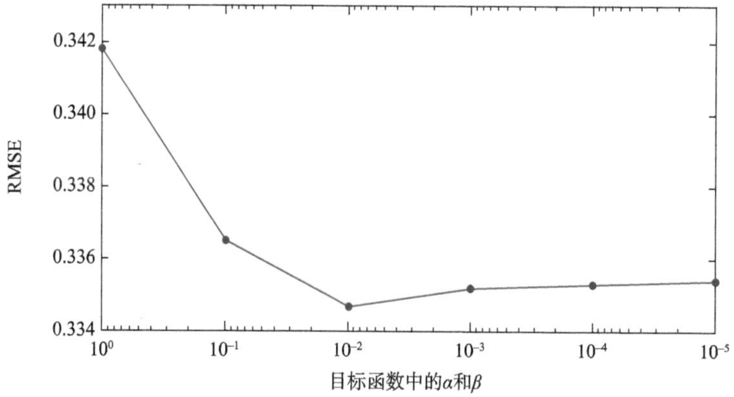

图 5.17　正则项参数 α、β 对实验结果的影响

5.6.4 实验结果

为了实验对比，我们随机选取 50%、70%和 90%的观测数据作为训练集得到城市的时空结构，进而得到重构的交通张量，去预测测试集中的交通流量，并计算 RMSE。我们重复 10 次这样的实验，表 5.4 记录了每种方法的平均结果。

表5.4 实验结果

观测数据占比	bNTF	rNTF	bNTD	rNTD
50%	0.3974	0.3952	0.3366	0.3359
70%	0.3970	0.3950	0.3361	0.3352
90%	0.3963	0.3943	0.3354	0.3347

从表 5.4 中可以看出如下结果。

（1）bNTF v.s. bNTD 和 rNTF v.s. rNTD 两组对比显示出张量的 Tucker 分解的优越性：Tucker 分解相对于 CP 分解更能捕捉多维数据之间的相关关系，获得更加稳定紧凑的结构。

（2）张量的 CP 分解模型不适于上述问题，主要的原因是 CP 分解仅仅将城市的空间信息和时间信息映射到同一个隐含语义空间，但是上述模型将时空的每一个维度都映射到不同的空间，同时用核张量去刻画不同维度之间不同聚类的相互联系。

（3）rNTD 相对于 bNTD 的性能提高，与 rNTF 相对于 bNTF 的性能提高一起说明在城市时空结构挖掘中城市上下文信息的重要性。

（4）本章提出的方法 rNTD 同时融合了城市时空相关的交通数据和城市上下文信息数据，在所有的实验中都取得了最好的效果。

5.7 实验二：城市时空结构发现

本节我们将给出本书所提方法发现的时空结构的直观结果。城市时空结构发现的目标是找到一个低秩（low-rank）的张量，从中不仅可以识别出每一个维度内部之间的聚类模式，也能找到不同维度之间的相互联系。

5.7.1　空间聚类

出发区域和到达区域的投影矩阵 $\boldsymbol{O}$ 和 $\boldsymbol{D}$ 给出了城市区域间的空间信息。$\boldsymbol{O}$ 和 $\boldsymbol{D}$ 中每列元素的最大值所在的维度表达了该区域属于哪个聚类。实验结果显示在图 5.18（a）和（b）中，相同颜色的区域属于同一个空间聚类，从中我们可以找出中关村商业区、金融街金融区、国贸中央商务区、望京区域等直观的北京区域。我们发现，尽管模型没有使用任何地理信息，但挖掘出来的空间聚类在地理上相连，这与城市交通的规律相同：相近地点的人们倾向于有相似的交通模式，这体现了本书所提方法的合理性和准确性。

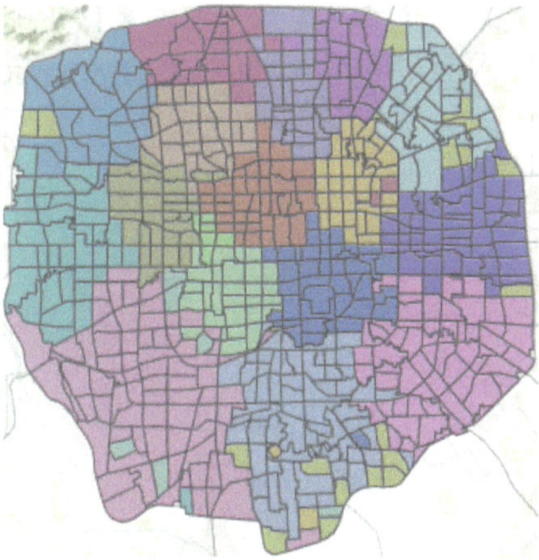

（a）出发区域维度上的空间聚类

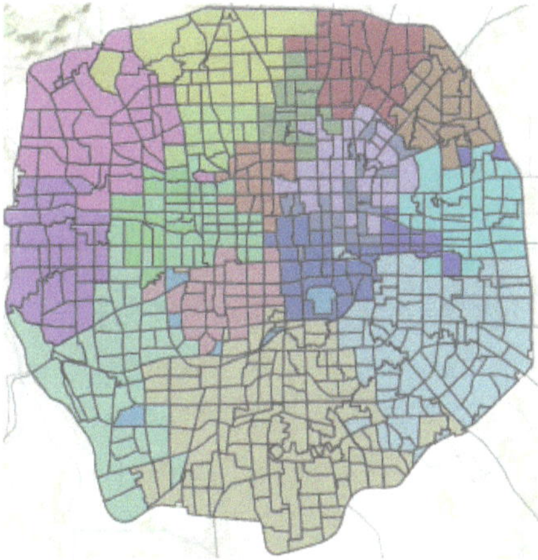

（b）到达区域维度上的空间聚类

图 5.18　北京区域的空间聚类

5.7.2　时间模式

在图 5.19 中，我们绘制了时间维度上的投影矩阵 $\boldsymbol{T}$ 上的每一列。在时间维度上，我们发现了三种时间模式：时间模式 1，在早晨达到高峰并很快降低；时间模式 2，在早晚很低，白天流量最高；而时间模式 3，从凌晨逐步下降并在下午逐步上升晚上达到最大。不难看出，三种时间模式分别对应了城市交通居住地到工作地早高峰、工作地到工作地日常活动、工作地到其他区域晚高峰的交通行为。此结果与文献[14]中得出的结论相似。尽管模式相近，本书所提方法同时还可以发现对应的空间聚类以及时空联系，从而使读者可以对城市的时空结构有更好的理解。

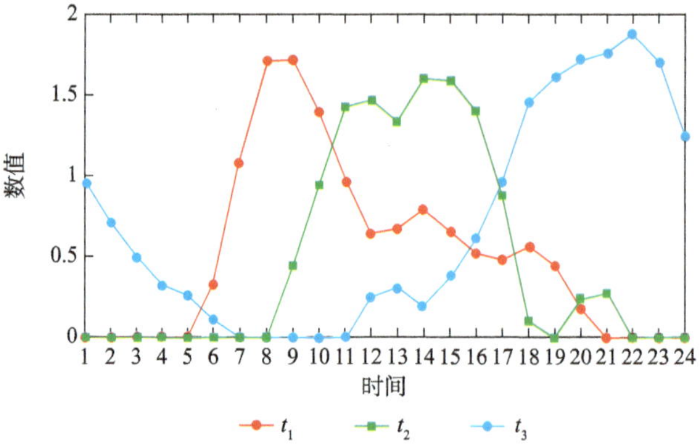

图 5.19　北京交通的时间模式

5.7.3　时空结构

我们最后给出城市的时空结构——空间聚类和时间模式之间的关系。我们选取北京市的中央商务区（central business district，CBD）区域作为案例研究。如图 5.20 所示，粗实线以内的区域是我们选择的一个到达区域的聚类样例，图 5.20（a）～（c）分别代表了三种时间模式。每一个子图给出对应模式下相应的出发区域的聚类与中央商务区的关系。我们可视化出每一种时间模式下以中央商务区为到达区域的所有聚类区域中，在核张量里对应的值不为 0 的所有出发区域聚类。

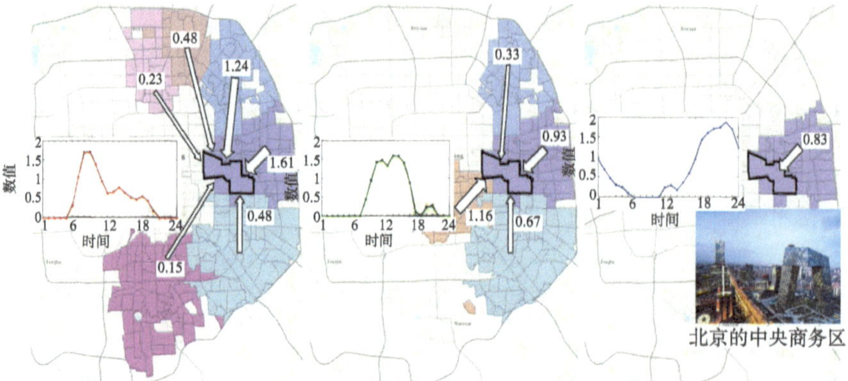

（a）时间模式1：早高峰　（b）时间模式2：日常活动　（c）时间模式3：晚高峰

图 5.20　核张量的可视化

可以看出，中央商务区作为一个典型的工作区具有如下交通特点。在早高峰时间模式下，到达中央商务区的大部分交通在时间上表现出早晨达到高峰，并很快下降的趋势，且早高峰时间模式下到达中央商务区的人多数居住在北京东部四环周边，说明工作在中央商务区的人们的居住地一般在远离市区的地方；而白天到达中央商务区的出发区域多为邻近的区域，反映了到中央商务区商务出行的交通主要来自周边；晚高峰时期到达中央商务区的交通流量很小，仅有周围本区域的少数流量。这反映了中央商务区是一个工作区域集中的地方，而且是北京交通较拥挤的区域之一。图 5.20 对改善北京交通、进行城市规划给了很直观的指导，例如，为了缓解早高峰的拥堵，应该增加图 5.20（a）中的区域到这个区域的公共交通，并且可以按照对应的时间模式变化规律安排公共交通的数量。

5.8　本章小结

人们正在面对城市日益严峻的挑战，随着城市规模的扩大，城市中的问题越来越复杂，通过人工设计、规划城市政策来解决这些问题已经变得越来越难。智慧城市的提出，旨在通过挖掘城市中产生的大量城市数据，并利用数据中的模式、规律、结构来解决这些挑战，使得城市变得更加智能。城市数据具有多源、异构、稀疏的特点，针对这些特点，本章主要研究了基于张量的城市数据活化方法，并提出了一种正则化非负张量分解模型来挖掘城市的时空结构。本章完成的工作总结如下。

第一，本章回顾了基于矩阵的数据活化方法，并给出了在数据挖掘领域的一些成功应用。通过这些方法和应用，总结了这些方法的优点和思想，并分析了其不足。这些方法为设计城市数据活化领域的模型给出了直观的帮助。

第二，本章介绍了张量的基本运算和张量分解的基本知识，并在此基础上，提出了使用正则化张量分解作为建模多源、异构城市数据的框架，以挖掘数据中的隐含模式和结构。

第三，本章形式化地定义了城市时空结构挖掘问题，提出了一个正则化非负张量分解模型，并给出了近梯度求解算法。通过同时建模交通数据和城市上下文数据，挖掘出直观可解释的城市空间聚类、交通的时间模式以及城市的时空结构。同时，本章在一个来自北京市的大规模数据集上给出实验结果，证明了挖掘出的城市时空结构可以帮助进行交通预测、城市规划等。

参 考 文 献

[1]Zheng Y，Capra L，Wolfson O，et al. Urban Computing：Concepts，methodologies，and applications[J]. ACM Transaction on Intelligent Systems and Technology，2014，5（3）：1-55.

[2]Castro P S，Zhang D，Chen C，et al. From taxi GPS traces to social and community dynamics：A survey[J]. ACM Computing Surveys，2013，46（2）：1-34.

[3]Kiers H A. Towards a standardized notation and terminology in multiway analysis[J]. Journal of Chemometrics：A Journal of the Chemometrics Society，2000，14（3）：105-122.

[4]Tucker L R. Some mathematical notes on three-mode factor analysis[J]. Psychometrika，1966，31（3）：279-311.

[5]Tan H，Feng G，Feng J，et al. A tensor-based method for missing traffic data completion[J]. Transportation Research Part C：Emerging Technologies，2013，28：15-27.

[6]Zhang F，Wilkie D，Zheng Y，et al. Sensing the pulse of urban refueling behavior[C]. Proceedings of the 2013 ACM International Joint Conference on Pervasive and Ubiquitous Computing，Zurich，2013：13-22.

[7]Wang Y，Zheng Y，Xue Y. Travel time estimation of a path using sparse trajectories[C]. Proceedings of the 20th ACM SIGKDD International Conference on Knowledge Discovery and Data Mining，New York，2014：25-34.

[8]Symeonidis P，Nanopoulos A，Manolopoulos Y. A unified framework for providing recommendations in social tagging systems based on ternary semantic analysis[J]. IEEE Transactions on Knowledge and Data Engineering，2009，22（2）：179-192.

[9]Tang J，Qi G J，Zhang L，et al. Cross-space affinity learning with its application to movie recommendation[J]. IEEE Transactions on Knowledge and Data Engineering，2012，25（7）：1510-1519.

[10]Zheng V W，Cao B，Zheng Y，et al. Collaborative filtering meets mobile recommendation：A user-centered approach[C]. Proceedings of the Twenty-Fourth AAAI Conference on Artificial Intelligence，New York，2010：236-241.

[11]Zheng V W，Zheng Y，Xie X，et al. Towards mobile intelligence：Learning from GPS history data for collaborative recommendation[J]. Artificial Intelligence，2012，184：17-37.

[12]Lin Y R，Sun J，Castro P，et al. MetaFac：Community discovery via relational hypergraph factorization[C]. Proceedings of the 15th ACM SIGKDD International Conference on Knowledge Discovery and Data Mining，Paris，2009：527-536.

[13]Yuan J，Zheng Y，Xie X. Discovering regions of different functions in a city using human mobility and POIs[C]. Proceedings of the 18th ACM SIGKDD International Conference on

Knowledge Discovery and Data Mining，Beijing，2012：186-194.

[14]Peng C，Jin X，Wong K C，et al. Collective human mobility pattern from taxi trips in urban area[J]. PloS one，2012，7（4）：e34487.

[15]Olshausen B A，Field D J . Sparse coding with an overcomplete basis set：A strategy employed by V1?［J]. Vision Research，1997，37（23）：607-609.

[16]Deerwester S，Dumais S T，Furnas G W，et al. Indexing by latent semantic analysis[J]. Journal of the American Society for Information Science，1990，41（6）：391-407.

[17]Hofmann T. Probabilistic latent semantic analysis[C]. Proceedings of the 15th Conference on Uncertainty in Artificial Intelligence，San Francisco，1999：289-296.

[18]Blei D M，Ng A Y，Jordan M I. Latent Dirichlet allocation[J]. The Journal of Machine Learning Research，2003，3：993-1022.

[19]Fischer A，Igel C.An introduction to restricted Boltzmann machines[C]. Progress in Pattern Recognition，in Iberoamerican Congress on Pattern Recognition，Berlin，2012：14-36.

[20]Gaussier E，Goutte C. Relation between PLSA and NMF and implications[C]. Proceedings of the 28th Annual International ACM SIGIR Conference on Research and Development in Information Retrieval，Salvador，Brazil，2005：601-602.

[21]Lee D D，Seung H S. Learning the parts of objects by non-negative matrix factorization[J]. Nature，1999，401（6755）：788-791.

[22]Ng A Y，Jordan M I，Weiss Y，et al. On spectral clustering：Analysis and an algorithm[J]. Advances in neural information processing systems，2002：849-856.

[23]Ding C，Li T，Peng W. Nonnegative matrix factorization and probabilistic latent semantic indexing：Equivalence chi-square statistic，and a hybrid method[C]. Proceedings of the 24th AAAI Conference on Artificial Intelligence，New York，2010：342-347.

[24]Zhu J，Ahmed A，Xing E P. MedLDA：Maximum margin supervised topic models[J]. The Journal of Machine Learning Research，2012，13（1）：2237-2278.

[25]Ahmed A，Aly M，Gonzalez J，et al. Scalable inference in latent variable models[C]. Proceedings of the Fifth ACM International Conference on Web Search and Data Mining，Seattle，2012：123-132.

[26]Heinrich G. Parameter estimation for text analysis[EB/OL]. http://arbylon.net/about.html [2021-03-03].

[27]Koren Y，Bell R，Volinsky C. Matrix factorization techniques for recommender systems[J]. Computer，2009，42（8）：30-37.

[28]Mnih A，Salakhutdinov R. Probabilistic matrix factorization[C]. Advances in Neural Information Processing Systems，Vancouver，2007：1257-1264.

[29]Zheng V W，Zheng Y，Xie X，et al. Collaborative location and activity recommendations with GPS history data[C]. Proceedings of the 19th International Conference on World Wide Web，Raleigh，2010：1029-1038.

[30]Mocks J. Topographic components model for event-related potentials and some biophysical considerations[J]. IEEE Transactions on Biomedical Engineering，1988，35（6）：482-484.

[31]M\O R M, Hansen L K, Herrmann C S, et al. Parallel factor analysis as an exploratory tool for wavelet transformed event-related EEG[J]. NeuroImage, 2006, 29（3）: 938-947.

[32]Muti D, Bourennane S. Multidimensional filtering based on a tensor approach[J]. Signal Processing, 2005, 85（12）: 2338-2353.

[33]Vasilescu M A O, Terzopoulos D. Multilinear image analysis for facial recognition[C]. International Conference on Pattern Recognition, Quebec City, 2002: 511-514.

[34]Savas B, Lars E. Handwritten digit classification using higher order singular value decomposition[J]. Pattern recognition, 2007, 40（3）: 993-1003.

[35]Jiang M, Cui P, Wang F, et al. FEMA: Flexible evolutionary multi-faceted analysis for dynamic behavioral pattern discovery[C]. Proceedings of the 20th ACM SIGKDD International Conference on Knowledge Discovery and Data Mining, New York, 2014: 1186-1195.

[36]Sun J, Tao D, Papadimitriou S, et al. Incremental tensor analysis: Theory and applications[J]. ACM Transactions on Knowledge Discovery from Data, 2008, 2（3）: 1-37.

[37]Sun J, Faloutsos C, Papadimitriou S, et al. GraphScope: Parameter-free mining of large time-evolving graphs[C]. Proceedings of the 13th ACM SIGKDD International Conference on Knowledge Discovery and Data Mining, San Jose, 2007: 687-696.

[38]Papadimitriou S, Sun J, Faloutsos C. Streaming pattern discovery in multiple time-series[C]. Proceedings of the 31st International Conference on Very Large Data Bases, Trondheim, 2005: 697-708.

[39]Sun J, Tao D, Faloutsos C. Beyond streams and graphs: Dynamic tensor analysis[C]. Proceedings of the 12th ACM SIGKDD International Conference, Philadelphia, 2006: 374-383.

[40]Jonsson P F, Cavanna T, Zicha D, et al. Cluster analysis of networks generated through homology: Automatic identification of important protein communities involved in cancer metastasis[J]. BMC Bioinformatics, 2006, 7（1）: 2.

[41]Mcauley J J, Leskovec J. Learning to discover social circles in ego networks[C]. Advances in neural information processing systems, Lake Tahoe, 2012: 548-556.

[42]Wenge R, Zhang X, Dave C, et al. Smart city architecture: A technology guide for implementation and design challenges[J]. China Communications, 2014, 11（3）: 56-69.

[43]Kolda T G, Bader B W. Tensor decompositions and applications[J]. SIAM Review, 2009, 51（3）: 455-500.

[44]Morten M, Hansen L K, Arnfred S M. Algorithms for sparse nonnegative Tucker decompositions[J]. Neural computation, 2008, 20（8）: 2112-2131.

第6章 面向城市经济发展的劳动力迁移预测与结构分析

劳动力迁移行为在生产要素的重新分配中起到重要作用，为理解社会经济动态提供了重要线索。然而传统的研究数据因统计粒度偏粗、成本高昂等问题，限制了研究的深入开展。此外，已有研究将劳动力的迁移行为视作城市推拉作用的结果，忽略了劳动力在迁移决策中追求利益、规避成本的主观意识。春节在中国具有特殊文化意义，其推动了劳动力于工作地和家乡之间的流动。因此本章将春运作为自然冲击实验来研究全国范围内的劳动力迁移问题。鉴于社交网络的广泛使用，用户在社交网络上留下的位置迁移轨迹，为探索全国范围内劳动力的迁移行为提供了前所未有的机会。

故为了解中国劳动力在城市间的迁移模式，本章通过刻画劳动力做迁移决策时在追求收益和规避成本之间的权衡行为，构建城市间劳动力迁移流量的预测模型。然后基于预测模型筛选的有效特征，挖掘劳动力的迁移模式，并对这些模式中蕴含的经济影响，如劳动力市场的过滤效应和核心城市的集聚效应，进行充分讨论。这对理解中国城市在区域发展中扮演的不同角色具有重要意义。除此之外，本章还基于迁移模式构建城市评价指标，发现了北京和重庆在区域带动发展方面的失效现象，由此进一步为促进区域经济一体化发展提供政策建议。

6.1 本章引言

在现代社会中，劳动力被广泛认为是主要的生产要素之一。即使信息经济时代的劳动力结构需求与传统经济时代有较大差别，劳动力对于促进社会平稳运行和经济发展仍然具有至关重要的作用，尽管劳动力的结构需求可能与传统经济时代有较大差别。在一个国家范围内，劳动力通常在其工作地与家乡之间流动。劳动力迁移行为本质上反映了在国家经济正常运转背景下，关键生产要素在不同城市间的重新配置。已有研究证明，劳动力迁移行为对诸多社会经济问题具有深远的影响[1, 2]，包括区域经济的均衡发展、国家交通体系设计、城市基础建设规划、户籍制度制定以及气候变化的缓解等重要议题[3]。因此，从国家层面深入理解劳动力迁移行为，能够为解决这些社会经济问题提供有力的支持和帮助。

众所周知，个体行为具有一定的随机性，但群体行为通常并不是随机的，而是广泛地与社会、经济[4, 5]甚至是政治因素[6]具有紧密关系。因此，伴随着群体人口数量的不断增加，群体行为的规律及模式逐渐显现[7, 8]。这说明劳动力迁移的规律能够通过建模的方式来进行探索。秉持着这一想法，近年来众多学者投入到人口迁移行为预测分析中，并取得了丰富的研究成果[9-11]。其中，有研究分析了不同的人口流动模式[12-14]，揭示了人口位置迁移这一行为决策背后的影响因素[15, 16]。

然而，目前大部分研究都基于一个假设，即人口的迁移行为只由城市的吸引力来影响和决定。这一假设忽略了个体在做行为决策时的主观意识。实际上，人口进行迁移决策时主观意识上会追求获取更大的利益，与此同时会平衡进入不同的劳动力市场对相关技能的要求。具体来说，在经济学视角下，劳动力迁移行为的一个驱动力是更高的经济利益或者说是经济上的帕累托最优[17-19]。伴随着科技的迅猛发展，劳动力市场的聚焦点也从劳动力规模向劳动力的科学技术能力转移。从认知的视角来看，不同的个体在进行决策时对于影响因素的敏感度也有所不同[20]。因此，劳动力迁移行为的成本并不能像传统研究中常使用的地理距离来简单刻画。综合来看，我们需要引入更加丰富的信息构建指标，从而描述劳动力在做决策时对不同影响因素的认知敏感度。

虽然关于劳动力迁移行为的研究已经取得了丰富的成果，但是已有研究中所采用的数据在一定程度上也限制了我们对此展开更深入的研究。具体来说，基于调查问卷的抽样数据或者政府统计部门开展的人口普查数据，构成了此前研究的主要研究对象[13, 21, 22]。但众所周知，抽样的有限范围、有偏的抽样对象选择以及调查结果质量的不可控，都会在一定程度上导致我们得到的调查数据不可靠。尽管政府官方的人口普查数据提供了国家范围的有效统计结果，但是该调查过程会消耗大量的人力、财力，并且时间成本高、统计粒度粗。在中国，人口普查通常是十年开展一次，且以统计省份间人口流动的数据为主①。因此，在综合考虑成本、粒度和可靠性的情况下，传统的调查统计数据不能够较好地满足我们对于劳动力迁移行为深入研究的需求。

近年来包括 Twitter、微博在内的众多社交媒体的蓬勃发展，奠定了广泛的用

① http://www.stats.gov.cn/tjsj/pcsj/

户基础。伴随着智能移动设备在日常生活中的普及，社交媒体能够捕捉到用户详细的地理位置信息，为我们开展劳动力迁移行为研究提供了前所未有的机会。为了能够清楚地分辨劳动力迁移行为与普通的位置转移，我们选择了春节这一特殊的时间段，对微博平台上的用户地理位置轨迹进行观测。春节是中国最重要的传统节日，与家人团聚庆祝新年的传统文化有力地驱动了广大外出务工人口克服旅程的艰辛等诸多不便，从外出工作的城市返回到自己的家乡。由此，春节可以看作整个国家层面上对于劳动力迁移的一个自然冲击实验[23, 24]，形成了在春节除夕夜前后 40 天内的全国范围内的交通拥堵高峰现象——春运[25-27]。因此，海量用户于春运期间在社交媒体上留下的大规模足迹，为全国范围内的劳动力迁移流量建模提供了理想的数据来源。

在本章中，我们收集了 2017 年春运期间用户在新浪微博平台上发布的全量微博信息，得到用户的位置迁移轨迹，从而描绘出中国劳动力在城市间迁移的完整图景。为了系统地探索劳动力迁移行为的驱动力，本章在经典的引力模型（gravity model，GM）[28-30]中引入不同的经济指标和多种成本度量指标，从而提出扩展的引力模型以对城市间劳动力迁移流量进行更精准的预测。本章也进一步通过聚类算法挖掘劳动力迁移的主要模式，并对不同模式所反映出的不同群体在追求利益和规避成本间的微妙权衡进行探讨。分析结果证明了劳动力迁移决策中存在利益驱动的内在动机以及不同劳动力市场对于知识能力要求的外在约束。我们的研究也体现了社交媒体与宏观经济系统之间不可忽视的紧密关联性，而该关联性对于社会经济问题的政策制定提供了深刻的洞察力。

6.2　相 关 工 作

由经济学理论可知，人口是信息经济时代最重要的生产要素之一。人口在不同国家、地区间的迁移意味着生产要素的重新分配。理解人口位置迁移行为对于深入分析经济系统具有重要意义。因此，人口位置迁移行为吸引了诸多学者进行研究并已取得了丰富的成果。

首先针对人口在出发地和目的地间迁移的流量预测问题，早在 1990 年就有学者提出迁移规律应该遵循 GM [31]，即在地区 i 与地区 j 之间的人流量满足 $T_{ij} = k P_i P_j / d_{ij}^{\alpha}$ ，其中 d_{ij} 表示两地的距离，而 P_i 是地区 i 的人口数量。由于该模型形式简洁，因而被广泛地应用于通勤、高速公路、海运等场景内[32]，并扩展延伸出诸多变形。例如，Balcan 等[33]讨论了全球范围内通勤者在出发地和目的地间的流动行为，得到人流量的模型形式为$T_{ij}=CP_i^{\alpha}P_j^{\lambda}\mathrm{e}^{-d_{ij}/k}$，其中$C$为调整常数，$k$为调整参数，表示随距离增大而产生的衰减作用。研究结果表明，当距离不超过300km时，$(\alpha,\lambda)\approx(0.46,0.64)$，$k=82\text{km}$；而当距离超过300km时，$(\alpha,\lambda)\approx(0.35,0.37)$，$k=\text{N/A}$（表示不适用）。距离分层情况下，在短距离的流动模式中，出发地和目的地的参数呈现明显差异。这种短距离的不对称性被认为可能反映了家庭和办公地的差异[32]。

虽然GM是目前普遍的建模方式，但是其针对不同地区要依赖于不同的可调参数。因此Simini等[9]提出了能够捕捉局部迁移的随机过程，其具有无参数特性，从而在流量预测中仅需要将人口分布的信息作为输入。该模型称为辐射模型（radiation model），具体形式表示为$\langle T_{ij}\rangle=T_i\,m_i n_j/[(m_i+s_{ij})(m_i+n_j+s_{ij})]$，其中$\langle T_{ij}\rangle$表示地区$i$与地区$j$之间的平均人流量，$m_i$表示出发地的人口数，$n_j$表示目的地的人口数，$s_{ij}$表示以地点$i$为中心、以$r_{ij}$为半径的圆内的总人口数。目前已有大量研究扩展了GM和辐射模型，但是我们发现这些研究的假设仍然存在一定的问题。已有研究将地区的人口数量或者人口密度视作人口流动的主要影响因素，而忽略了个体进行迁移决策时的主观意愿和内在经济驱动力，如劳动力在进行迁移决策时考虑的未来工作机会和潜在收益等。因此，有必要在用户位置迁移行为特征分析中，考虑其主观意识中对经济利益的追求和对迁移成本的规避。具体内容将在6.3节进行阐述。

由行为特征分析切入，人口的流动模式与经济系统的耦合性已在诸多研究中被讨论。在宏观视角下，Fagiolo和Mastrorillo[34]研究了国家移民情况如何影响双边贸易的问题。研究结果发现，国家间移民与双边贸易间存在高度的相关关系，并且发现高移民数量有助于促进国家间的双边贸易。Frias-Martinez等[35]发现人口流动行为的特征在预测未来社会经济指标方面具有明显价值。

相较于宏观视角的分析，更多学者聚焦于迁移模式和个体社会经济地位的研究。首先，从迁移距离特征角度，Frias-Martinez等[36]基于移动电话数据分析了拉丁美洲国家用户的位置迁移行为模式，发现经济水平较高的用户比经济水平较低的用户具有更大的流动范围。Carra等[37]则针对丹麦、英国和美国，发现了个人通勤距离和收入间成比例的关系，并且发现了经典求职理论与实证分析相矛盾的问题，因而结合通勤行为和收入的关系，提出了新的工人求职模型。其次，出行时间也被发现与个体经济水平间存在密切关系。Lotero等[38]发现清晨出行的高峰时间会随着收入水平的提高而推迟，并且进一步发现平均出行距离与出行时间的比值（定义为城市流动性效率）会随着城市发展水平的提高而增加。除了出行时间和出行距离，Florez等[39]还从城市交通数据中发现，群体的收入水平与其通勤出行的多样性之间存在显著的正相关关系。

综上可知，目前用户位置迁移行为与经济系统的研究主要聚焦在微观层面，即出行模式与收入水平的关系上。在宏观视角下，大多数研究仅将用户位置迁移特征作为特征工具用于经济指标的预测，而个体位置迁移行为决策中所体现的追求利益、规避成本的经济学含义则未被充分考虑。群体位置迁移模式所反映的生产要素重新分配和城市间的交互作用关系，也未被深入讨论。而这些对于理解经济系统运行、统筹城市间经济协调发展具有重要意义。因此，本章将聚焦这些未被充分考虑的因素和问题展开具体探讨。

6.3　劳动力迁移流量预测

针对 6.2 节所述的劳动力迁移流量预测研究的局限性，本节将具体描述采用的研究数据，说明如何在预测模型中刻画劳动力迁移决策中追求利益和规避成本的主观意识，并分析模型预测结果。

6.3.1　数据描述

微博是中国受众较广的社交媒体之一。根据新浪微博的官方公布数据可知，2018 年的月活跃用户规模多达 4 亿人，其庞大的用户群体为开展全中国层面的研究奠定了数据基础。基于全量微博数据，我们可以观察由春节导致的大规模人口流动，这为感知劳动力迁移轨迹提供了绝佳的机会。值得注意的是，春节具有区别于普通节日的重要性，尤其是对于中国人具有非凡的意义，体现了人们心中根深蒂固的家庭观念和传统文化的传承[40, 41]。尽管旅程的距离、成本和艰辛是巨大的挑战，几乎所有外出务工人员都会尽其所能在春节期间返回家乡与家人团聚共度春节，这一点已经在众多学者的研究中达成共识[41, 42]。例如，2018 年中国南方雪灾导致了铁路运输受阻，但这并未改变外出务工人员回家过年的决定——在广州火车站一度滞留了数十万名旅客等待乘车返乡。此外，基于中国交通运输部的统计报告，2018 年春运期间铁路、公路、水路、飞机客运总量高达 29.7 亿人次，这一客运量几乎等于中国总人口迁移了两次。如此庞大的人口流动规模清楚地表明了中国人在春节期间渴望回家的强烈愿望。除了文化层面的支持，已有研究也在不同情景下通过春运期间收集的数据讨论了劳动力迁移问题[23, 25]。这表明，本节通过收集春运期间的微博数据构建用户位置迁移轨迹，并使用该数据表示劳动力迁移具有合理性。

我们收集了 2017 年春运期间①（1 月 13 日至 2 月 21 日）的全量微博内容。每条微博信息是一个四元组 (m,u,t,g)，其中 m 和 u 分别表示微博记录和用户的唯一标识；t 代表微博记录发布的时间戳；g 则表示用户发表微博时所处的地理位置，该标签通过微博发布 IP（Internet protocol，互联网协议）识别，包含了国家、省份和城市信息。整个数据集具有超过 40 亿条微博信息，覆盖了 371 个城市。为了得到城市层面上每一个用户完整的位置变化轨迹，我们根据用户的唯一标识按照时间顺序重新组织微博，即对于用户 u，春运期间发布的所有微博形成列表 $L(u)=[(t_{u,1},g_{u,1}),(t_{u,2},g_{u,2}),\cdots,(t_{u,m},g_{u,m})]$，其中 $t_{u,i}$ 表示用户 u 发表微博的时间，满足 $t_{u,1}<t_{u,2}<\cdots<t_{u,m}$，$g_{u,i}$ 表示发表微博时所处的城市。然后，对 $L(u)$ 中发布于相同地理位置且时间顺序上紧邻的微博进行过滤，即对于 $[(t_{u,i},g_{u,i}),(t_{u,i+1},g_{u,i+1}),\cdots,(t_{u,i+k},g_{u,i+k})]\subseteq L(u)$，当 $g_{u,i}=g_{u,i+1}=\cdots=g_{u,i+k}$，并且 $g_{u,i-1}\neq g_{u,i}$，$g_{u,i+k+1}\neq g_{u,i+k}$ 时，进行过滤仅保留 $(t_{u,i+k},g_{u,i+k})$，最终得到了 $\tilde{L}_u=[(\tilde{t}_{u,1},\tilde{g}_{u,1}),(\tilde{t}_{u,2},\tilde{g}_{u,2}),\cdots,(\tilde{t}_{u,n},\tilde{g}_{u,n})]$，其中 $\tilde{g}_{u,i}\neq\tilde{g}_{u,i+1}$，$i\in[1,n-1]$。然后，将用户的轨迹切分为多个二元组 $(\tilde{g}_{u,1},\tilde{g}_{u,2}),(\tilde{g}_{u,2},\tilde{g}_{u,3}),\cdots,(\tilde{g}_{u,n-1},\tilde{g}_{u,n})$，即当一个用户从城市 A 转移到城市 B 然后又到了城市 C 时，我们将获得两个二元轨迹，分别是城市 A 到 B 以及城市 B 到 C。进一步，我们将所有用户的二元轨迹叠加生成 $[(g_1,g_2,f_{1,2}),\cdots,(g_i,g_j,f_{ij})]$，其中 f_{ij} 表示从城市 g_i 到 g_j 转移的人次。基于此，我们构建了城市间劳动力迁移的有向网络 G，节点 g_i 表示城市，边 (g_i,g_j) 表示城市间存在劳动力流动，边的权重 f_{ij} 则表示城市间劳动力流动的人次。与有向网络 G 对应的是无向网络 G_u，其中无向边的权重为 F_{ij}，表示在城市 g_i 与 g_j 间劳动力流动的人次，且 $F_{ij}=f_{ij}+f_{ji}$。最终从微博数据中，我们得到网络 G_u 含有 61 759 条无向边，G 含有 120 361 条有向边，共计有 41 454 268 人次的城市间迁移流量。

值得注意的是，在网络构建过程中用户位置转移的完整路径被保留，是因为考虑到了劳动力的工作地再选择的情况。虽然统计结果显示，其中有高达 73%的迁移用户只在两个城市间进行转移，但在春节过后许多外出务工人员会重新选择工作地，这在中国已经形成一种普遍现象，并因此导致了很多东南地区城市在春节后出现劳动力短缺的问题，也称为春节用工荒②。因此为了综合考虑这种重新选择工作地的情况，我们保留了用户完整的迁移路径来构建网络。

进一步，通过简单分析，我们发现有相当一部分劳动力在相距甚远的城市间进行流动。这在一定程度上再次印证了春运期间，距离的远近并不会阻碍人们返

① http://xxgk.mot.gov.cn/2020/jigou/ysfws/202006/t20200623_3315329.html

② http://gd.people.com.cn/n2/2016/0218/c123932-27756758.html

乡的决心。例如，在乌鲁木齐与其他城市间进行移动的人中大约有 17.5 万人次（占据总量近 83.5%）是发生在距离超过 2000km 的城市对之间的。再如，约 30.4 万人移动于昆明和与其相距 2000km 以上的城市之间，占往返于昆明和其他城市间所有人数的 54.4%。这些情况说明长距离的迁移行为在春节期间是较为普遍的，也再一次印证了采用春运期间的人口流动数据来研究劳动力迁移问题的合理性。

除了微博数据，我们还从中国国家铁路集团有限公司公布的铁路时刻表中收集了全国铁路线路数据，总共包含了 5878 班火车行驶于 12 382 个有向的城市对之间。如图 6.1 所示，在这 12 382 个有向城市对之间，微博用户位置迁移流量（即劳动力迁移流量）与铁路班次间具有较为明显的正相关关系（相关系数 r =0.37）。这在一定程度上说明了使用微博数据来研究劳动力迁移行为的合理性。但根据铁路线路数据形成的这些城市对数量只占网络 G 中城市对数量的 1/5，这说明了依据单一交通工具获取的人口流动数据受限于基础设施的建设，并不能够全面反映劳动力迁移行为。这反过来说明了社交媒体中用户地理位置信息的独特价值——其确实提供了一个更为接近事实的视角来讨论全国范围内劳动力的迁移行为。

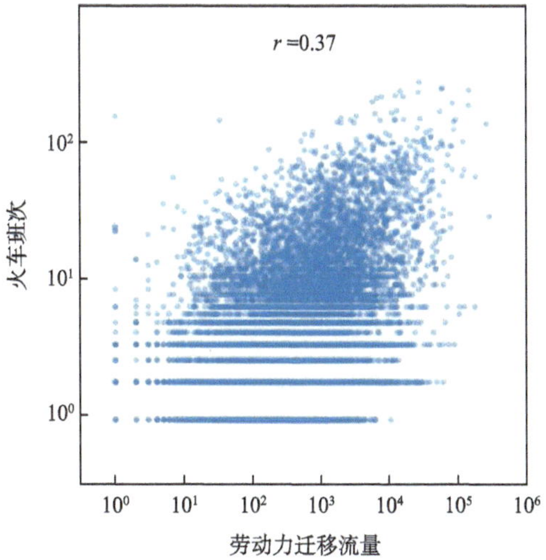

图 6.1　城市间劳动力迁移流量与火车班次的相关关系

为了探讨劳动力迁移行为的经济驱动因素，我们进一步收集了各城市的地区生产总值（gross domestic product，GDP，本章中以亿元为单位）、人均地区生产总值（per capita GDP，本章中以元为单位）以及城市常住人口数。此外我们还收集了三个重要指标，包括高新技术产业从业人员比例、人均可支配收入（本章中以元为单位）以及研发（research and development，R&D）资金投入（本章中以亿元为单位）。在本章中，高新技术产业以信息技术产业、金融产业、房地产业以及科学研究和技术服务产业为代表。

为了刻画劳动力迁移成本，本章采用了三种城市间距离的度量指标，分别是地理距离（球面距离）、驾车距离以及驾车时长。地理距离是通过城市中心的经纬度进行计算的。具体地，对于城市 i 和 j，其经纬度分别是 (x_i, y_i) 和 (x_j, y_j)，那么它们之间的距离可以定义如下：

$$d_{ij} = D\arcsin\left(\sqrt{\sin^2 a + \cos(rx_i)\cos(ry_j)\sin^2 b}\right) \tag{6.1}$$

其中，$rx_i = \pi x_i/180$；$ry_i = \pi y_i/180$；$a = (y_i - y_j)/2$；$b = (x_i - x_j)/2$；D 表示地球的直径。城市间的驾车距离和驾车时长是通过爬虫获取了百度地图应用程序接口（application programming interface，API）中的驾车路径规划而得到的。由于地理环境的巨大差异，地区间的交通条件不同。当地理距离相同时，可能会由于路况差异而导致驾车时长和驾车距离明显不同。在这种情况下，地理距离就难以提供相应的信息。因此我们认为驾车距离和驾车时长更能够反映真实的交通成本，故将其也作为劳动力迁移成本的度量指标。

6.3.2 模型描述

经典 GM 认为人口迁移行为与地点的吸引力和可达性具有紧密的关系。地点的吸引力通常以人口规模作为度量指标，而地点的可达性则由起止地点的地理距离度量。因此根据 GM，城市 i 与城市 j 之间无向的人口流量为 $F_{ij} = aP_iP_j/d_{ij}^{\gamma}$，其中 P_i 表示城市 i 的常住人口，d_{ij} 表示两个城市间的地理距离，a 和 γ 是调整参数，$\gamma > 0$。该模型体现了人口迁移流量随着城市人口的增加而增加，但随着城市间距离的增长而减少。

但是GM 中的人口因素并不能够充分捕捉到劳动力迁移的核心驱动力。从经济学视角来看，当劳动力进行迁移决策时，追求利益最大化或者直观上的收益提升是主要的影响因素之一[17-19, 43]。从社会学视角来看，劳动力迁移的主要目的是提升生活环境[44, 45]。也就是说，具有丰富就业机会、较高工资水平以及其他优厚待遇的城市将会对其他城市的劳动力产生“拉”力，吸引劳动力迁移至此；而生活条件较为恶劣的地区则会对本地劳动力产生“推”力，使其离开本地向其他城市迁移。无论经济学还是社会学视角均体现了劳动力迁移的主观要素，即对利益最大化的追求。

本章基于经典GM，通过引入经济因素提出了扩展引力模型（GM_e），以分析劳动力迁移的潜在驱动力，具体定义如下：

$$F_{ij} = a\frac{E_i^{\alpha} E_j^{\beta}}{C_{ij}^{\gamma}} \tag{6.2}$$

其中，E_i 表示城市 i 的经济指标；C_{ij} 表示城市 i 与城市 j 之间的迁移成本；参数 α 、β 、γ 均为正值。就经济指标的选择，我们首先考虑 GDP。GDP 作为衡量地区经济发展水平最重要的经济指标之一，在各地区统计部门也较易获得。此外，由图 6.2（a）可知，GDP 与人均可支配收入具有很高的正相关关系。这表明劳动力可能会更倾向于到 GDP 较高的地区就业，从而获取更高的收入。而图 6.2（d）中显示出 GDP 与 R&D 资金投入呈高度正相关关系。从直观上看，这是由于加大了研发资金投入而使得经济发展，但同时也表明了该地区的劳动力市场对于劳动力技术能力水平要求更高。与此同时，高新技术产业（如信息技术产业、金融产业、房地产业以及科学研究和技术服务产业）的从业人员占比，与 GDP 也都具有正相关关系。该结果进一步说明若一个地区具有较高的经济发展水平，则其能够提供的劳动力水平也较高，并且对应的劳动力市场对于劳动力的技术水平要求也更高。以上结果表明，GDP 作为经济指标能够综合体现地区的潜在收入、劳动力技术能力水平和劳动力市场需求的信息。因此，将 GDP 作为经济指标引入模型 GM_e，从而形成模型 $\mathrm{G\text{-}GM}_e$。考虑到 GDP 中包含的人口信息，因此引入人均 GDP 作为经济指标作为对比，从而形成模型 $\mathrm{avgG\text{-}GM}_e$。如果考虑城市间劳动力流动的方向，则可进一步引入 $\mathrm{G\text{-}GM}_e$ 的新变形模型 $\mathrm{dirG\text{-}GM}_e$，即 $f_{ij} = aE_i^{\alpha}E_j^{\beta}/C_{ij}^{\gamma}$，其中 E_i 与 E_j 分别表示迁移轨迹的出发地和目的地 GDP，f_{ij} 表示从城市 i 出发到达城市 j 的劳动力迁移流量。由于模型 $\mathrm{G\text{-}GM}_e$ 和 $\mathrm{avgG\text{-}GM}_e$ 的无向特征，因此简化设定参数 α 和 β 为 1。针对以上模型中的迁移成本指标，本章采用如上所具体描述的三种度量方式，分别是地理距离、驾车时长和驾车距离。

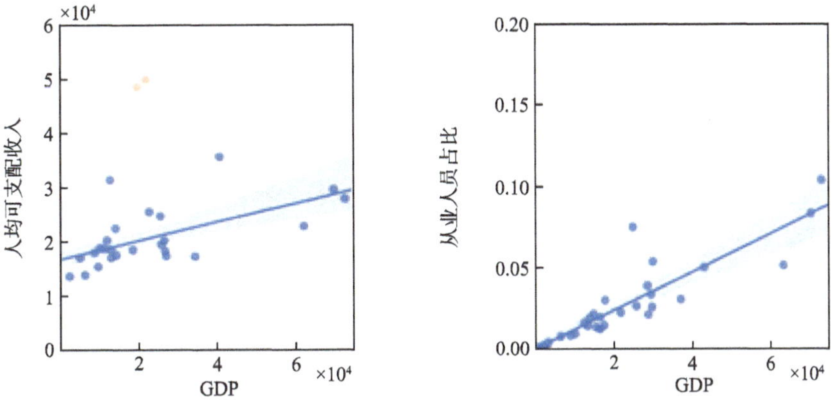

(a) r =0.63　　(b) 信息技术产业，r =0.88

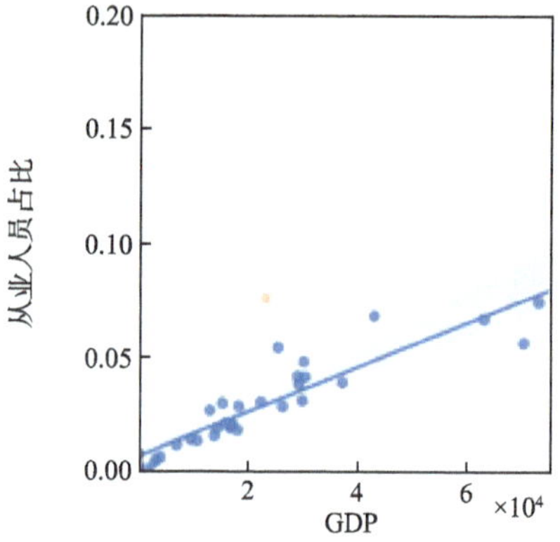

(c) 金融产业，r=0.91

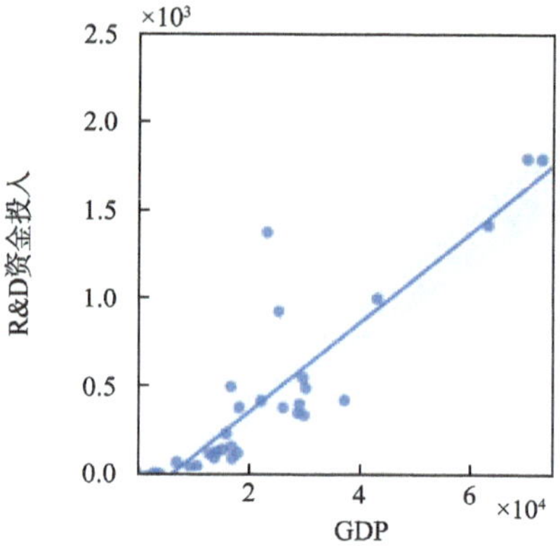

(d) r=0.89

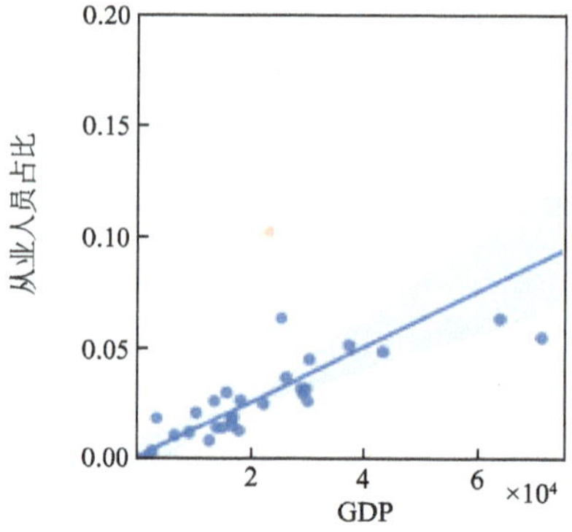

(e) 房地产业，r=0.85

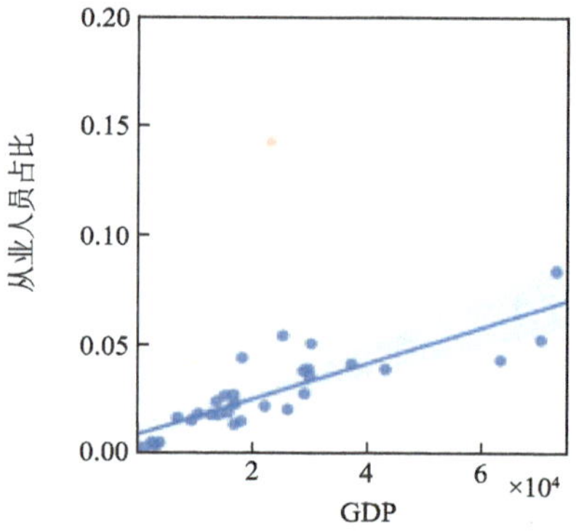

(f) 科技研究和技术服务产业，r=0.84

图 6.2　GDP 与人均可支配收入、R&D 资金投入和高新技术产业从业人员占比的相关关系

本章采用对数线性回归的最小二乘方法[46]对以上模型进行参数估计。以模型 dirG-GM$_e$ 为例，由于城市间的劳动力迁移流量为正值，因此首先对模型两侧取对数，得到 $\log f_{ij} = \log a + \alpha \log E_i + \beta \log E_j - \gamma \log C_{ij}$；然后通过最小化误差项 $E = \sum_{i,j} |p(i,j) - y_{ij}|^2$ 进行参数拟合，其中 $y_{ij} = \log f_{ij}$ 且 $p(i,j) = \tilde{\alpha} \log E_i + \tilde{\beta} \log E_j - \tilde{\gamma} \log C_{ij} + \log \tilde{a}$。最小二乘方法拟合后的结果通过 R^2 和被广泛使用的 Sørensen 指标（SSI 指标）来评价，后者定义如下：

$$\mathrm{SSI} = \frac{2\sum_i \sum_j \min(F_{ij}, \hat{F}_{ij})}{\sum_i \sum_j F_{ij} + \sum_i \sum_j \hat{F}_{ij}} \tag{6.3}$$

其中，F_{ij} 和 $\hat{F}_{ij}$ 分别表示城市间劳动力迁移流量的真实值和预测值。SSI 指标的取值范围是[0,1]，指标值越大则说明模型具有越好的预测能力。

6.3.3　结果分析

根据最小二乘法对上述模型进行参数估计，我们得到了城市间劳动力迁移流量的预测值，具体拟合参数和 R^2 如表 6.1 所示。图 6.3 呈现了迁移成本度量指标为驾车时长时，四种模型预测值和真实值比较的结果。图 6.4 则进一步比较了四种模型在 SSI 指标测度下的拟合优度。

表6.1　劳动力迁移流量预测模型的参数拟合结果

距离指标	模型	γ	α	β	R^2
地理距离	GM**	0.314***	—	—	0.024
	avgG-GM**	0.757***	—	—	0.084
	G-GM**	0.287***	—	—	0.025
	dirG-GM**	0.307***	0.928***	0.935***	0.587
驾车距离	GM**	0.391***	—	—	0.037
	avgG-GM**	0.861***	—	—	0.108
	G-GM**	0.341***	—	—	0.035
	dirG-GM**	0.337***	0.902***	0.909***	0.598
驾车时长	GM**	0.390***	—	—	0.062
	avgG-GM**	0.731***	—	—	0.133
	G-GM**	0.317***	—	—	0.051
	dirG-GM**	0.363***	0.917***	0.924***	0.591

注：表中参数上标有***表示显著性检验 $p < 0.001$，而在模型名称上标有**表示模型在 F 检验中满足 $p < 0.01$。

首先分析不同经济收益刻画指标下的模型预测能力。如图 6.4 所示，在排除不同的迁移成本度量指标后，模型 G-GM$_e$ 和 dirG-GM$_e$ 相较于 GM 和 avgG-GM$_e$ 明显具有更高的预测能力。这一方面说明将经济指标引入 GM 模型刻画劳动力迁移行为具有合理性，另一方面则说明 GDP 作为经济指标相较于城市常住人口和人均 GDP 能够更好地刻画劳动力迁移时对潜在经济收益的估计。具体而言，首先 GDP 与常住人口规模比较，我们发现 GDP 与常住人口间存在高度的正相关关系（$r = 0.83$）。但是由图 6.4 可知，采用常住人口作为城市引力刻画指标的 GM 模型的预测能力远低于以 GDP 为经济刻画指标的 G-GM$_e$ 模型。因此我们认为这在一定程度上体现了一些经济发达城市在人口统计上存在的问题。例如，北京或者上海这种国际大都市具有大规模的浮动人口，它们并不具备常住人口资格，但是确实为城市贡献了大量 GDP，从而使得 GDP 总量比常住人口规模更能真实反映所有劳动力对于城市发展的贡献。

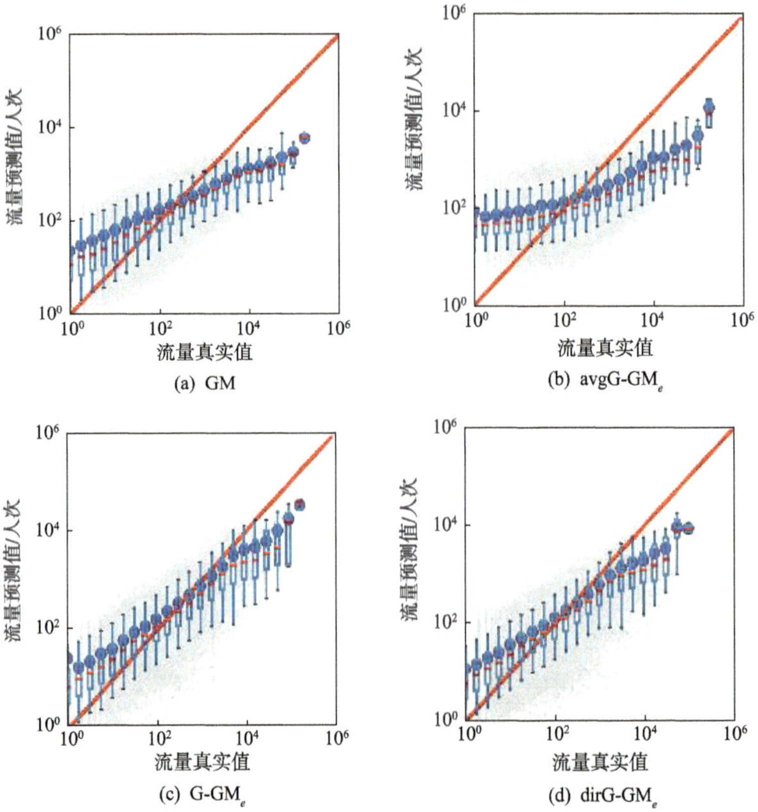

图 6.3　C_{ij} 为驾车时长的劳动力迁移流量预测模型结果

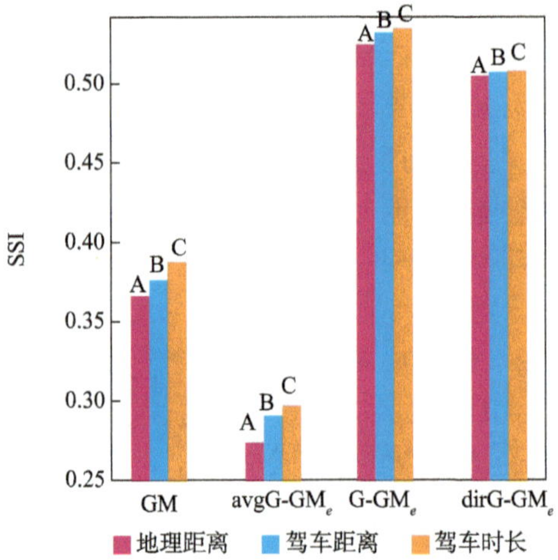

图 6.4　模型 GM 、avgG-GM$_e$ 、G-GM$_e$ 和 dirG-GM$_e$ 的 SSI 指标评价结果

此外，通过模型 G-GM$_e$ 和 avgG-GM$_e$ 的比较可以看出，人均 GDP 对于衡量一个城市潜在的经济吸引力远不如 GDP。我们也确实发现人均 GDP 在衡量一些城市经济水平时容易产生较大的偏差。例如，内蒙古自治区的鄂尔多斯具有全中国最高的人均 GDP，但其人口仅占北京的 10%，其极高的人均 GDP 来自丰富的矿产资源。事实上，鄂尔多斯具有全国近 1/6 的煤矿储备和 1/3 的天然气储备①。因此鄂尔多斯依靠丰富的矿产资源和稀少的人口规模而具有极高的人均 GDP，但其并不具备吸引大量劳动力前往并为大量劳动力提供就业机会的能力。在这些情况下，GDP 提供了更为全面、综合的视角来了解一个城市的发展，因此我们选择以 GDP 作为经济指标。图 6.4 还表明，所有采用驾车时长作为迁移成本度量指标的模型，其预测精度相较于使用驾车距离和地理距离的模型表现更加优秀。这一结果也与已有研究相对应[47]，即人们在选择目的地时认为驾车时长这一衡量标准比距离更重要。

接下来，我们聚焦于模型的参数估计结果。表 6.1 表明，所有模型对应的参数均为正值且具有显著性。这说明城市对经济越发达、距离越短，则城市对之间的劳动力迁移流量越大，符合上述内容中对模型参数的假设。这也解释了潜在的经济收益和迁移成本确实是劳动力迁移决策的重要驱动力。此外可以注意到，在以驾车时长为迁移成本度量指标的有向模型 dirG-GM$_e$ 中，劳动力迁移轨迹的出发地参数 α 和目的地参数 β 非常接近（分别是 0.917 和 0.924）。这显示出劳动力迁移时出发城市与目的城市对于劳动力的影响程度相似。所以从简化的角度出发可以合理地忽略迁移轨迹的方向性，而 dirG-GM$_e$ 模型也能够相应简化为无向的 G-GM$_e$ 模型。因此本章以下研究将默认针对模型 G-GM$_e$ 展开。

当两个城市的经济状况存在较大差异时，人们可能直觉上预期该城市对间会出现更大规模的劳动力流动。为了验证这一点，我们还将两个城市之间的经济差异作为额外的吸引力因素引入 G-GM$_e$ 模型中，形成了新模型 diffG1-GM$_e$。该模型的具体定义为 $F_{ij}=aE_iE_j|E_i-E_j|^{\delta}/C_{ij}^{\gamma}$，其中$|E_i-E_j|$表示城市 i 与城市 j 之间的 GDP 差异。进一步，为突出强调经济差异这一因素，还提出了模型 diffG2-GM$_e$，即 $F_{ij}=a|E_i-E_j|^{\delta}/C_{ij}^{\gamma}$。然而如图 6.5 所示，diffG1-GM$_e$ 模型在 G-GM$_e$ 模型基础上增加了城市经济差异的因素后，反而在 SSI 度量的预测结果上有所下降；而仅包含城市经济差异因素的模型 diffG2-GM$_e$ 的 SSI 指标却远低于模型 G-GM$_e$。这些结果意味着城市间的经济差异并不是劳动力迁移流量预测的关键因素。如图 6.2 所示，GDP 能够体现一个城市劳动力市场对于技术能力的要求，且能够体现提供劳动力的技术能力水平。所以当劳动力来自发展落后的城市时，其能够提供的技术能力水平难以满足发达城市劳动力市场的要求。因此虽然发达城市对于欠发达地区的劳动力具有极

① http://www.ordos.gov.cn/sq_127930/csgk/sqjj/202006/t20200610_2683030.html

大的潜在经济收益，但是仍然不能够激发劳动力的实际迁移行为。这在一定程度上解释了 diffG1-GM$_e$ 和 diffG2-GM$_e$ 模型预测能力弱于 G-GM$_e$ 模型的原因。

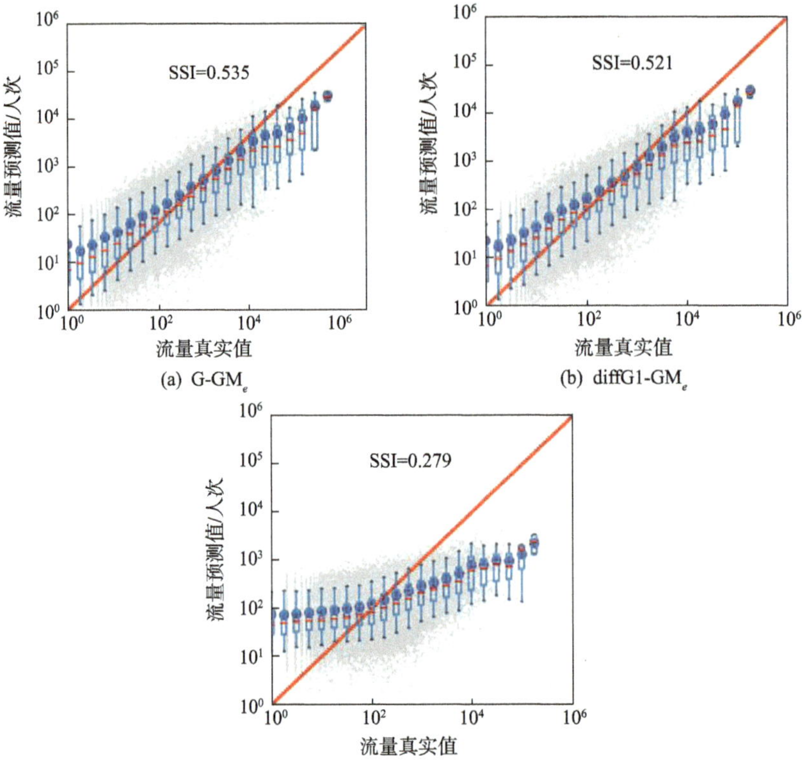

(a) G-GM$_e$　(b) diffG1-GM$_e$　(c) diffG2-GM$_e$

图 6.5　模型 G-GM$_e$、diffG1-GM$_e$ 及 diffG2-GM$_e$ 的预测结果

6.4　劳动力迁移模式挖掘

G-GM$_e$ 模型解释了经济利益（GDP）和出行成本（驾车时长）是劳动力迁移决策的重要驱动力。但是考虑到人群的多样性，即背景差异，不同的个体会对驱动因素具有不同的敏感度。因此本节进一步挖掘城市间劳动力迁移轨迹中蕴含的主要模式，从而揭示中国城市经济的发展状况。

为此，我们采用 K-均值（K-means）[48]进行劳动力迁移模式的挖掘。具体地，劳动力在城市 i 与城市 j 之间的迁移轨迹可以定义为六元组，即 $\boldsymbol{p}_k=(i,j,E_i,E_j,C_{ij},F_{ij})$。其中 E_i 和 E_j 分别表示城市 i 与城市 j 的 GDP，C_{ij} 为两城

市间的驾车时长，而 F_{ij} 为城市间的劳动力迁移流量。所有的六元组共同构成了劳动力迁移轨迹的集合 $D=\{\boldsymbol{p}_1,\boldsymbol{p}_2,\cdots,\boldsymbol{p}_m\}$。那么轨迹 $\boldsymbol{p}_k$ 的特征向量定义为 $\boldsymbol{v}_k=(\tilde{E}_{ij},\tilde{C}_{ij},\tilde{F}_{ij})$。$\tilde{E}_{ij}$ 为标准化后的 E_i 与 E_j 的乘积，即 $\tilde{E}_{ij}=(E_iE_j-\min(E\cdot E))/(\max(E\cdot E)-\min(E\cdot E))$；$\tilde{C}_{ij}$ 为标准化后的驾车时长，$\tilde{C}_{ij}=(C_{ij}-\min(C))/(\max(C)-\min(C))$；同样地，$\tilde{F}_{ij}=(F_{ij}-\min(F))/(\max(F)-\min(F))$。由此，通过最小化 $E=\sum_{k=1}^{n}\sum_{v\in P_k}\mathrm{dist}(\boldsymbol{v},\boldsymbol{m}_k)^2$ 可以将迁移轨迹集合 D 划分为 n 个簇 $P=\{P_1,P_2,\cdots,P_n\}$，其中 P_k 表示第 k 个簇，$\boldsymbol{m}_k$ 为簇 P_k 的中心点，$\boldsymbol{m}_k=\sum_{v\in P_k}\boldsymbol{v}/|P_k|$。在本章中，我们采用余弦相似性来计算两个轨迹间的距离，从而将问题转化为最大化各簇内轨迹的相似性。通过 CLUTO 开源计算包①，对 K-means 求解。

而聚类算法中的聚类个数需要进行设定，因此我们分别采用轮廓系数[49]（silhouette coefficient）和肘部法则[50]（elbow method）两种方法来决定最优的聚类个数。首先，对于任意一个轨迹向量 $\boldsymbol{p}_i$，其轮廓系数为 $s(i)=(b(i)-a(i))/\max(a(i),b(i))$，其中 $a(i)$ 表示轨迹向量 $\boldsymbol{p}_i$ 与相同簇内的其他轨迹向量的平均距离，$b(i)$ 表示轨迹向量 $\boldsymbol{p}_i$ 与距离最近的一个簇内所有点的平均距离，而两点间的距离被定义为 $1-\mathrm{dist}(\boldsymbol{v}_i,\boldsymbol{v}_j)$。整个聚类结果的轮廓系数为所有节点轮廓系数的平均值，其取值范围为–1～1。当轮廓系数越大时，说明聚类结果越优。而如图 6.6（a）所示，轮廓系数在聚类个数为 3 时达到最大 0.93，因此由轮廓系数决定的最优聚类个数为 3。而根据肘部法则，则认为最优的聚类个数在聚类算法损失函数的临界点处取得。

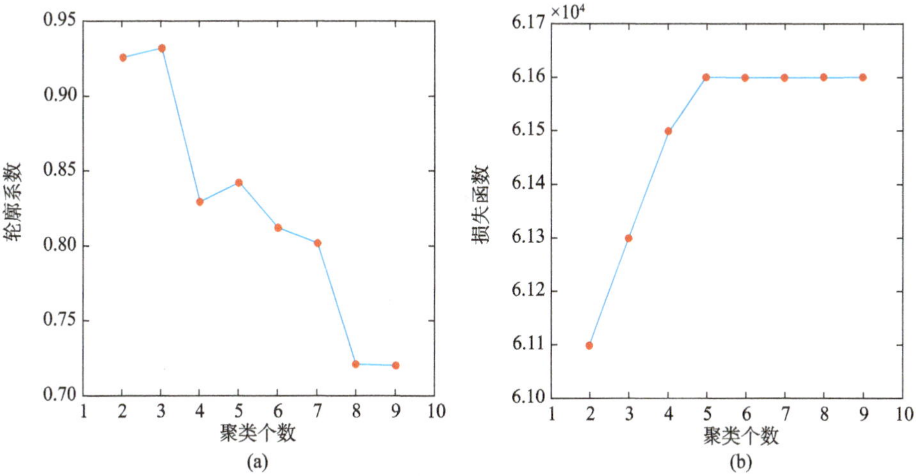

图 6.6　基于轮廓系数和肘部法则的聚类个数设定分析

① http://glaros.dtc.umn.edu/gkhome/views/cluto

在本章中，聚类方法的损失函数实际上是最大化簇内余弦相似性。如图 6.6（b）所示，当聚类个数为 5 时，损失函数出现临界点。综合轮廓系数和肘部法则的分析结果，最优的聚类个数范围应该为 3～5。因此，我们分别设定聚类个数为 3、4、5 以对劳动力迁移轨迹进行聚类。通过比较可知，相较于聚类个数为 4，聚类个数为 3 和 5 时，划分的组间差异不够清晰。综上，聚类个数为 4 的划分结果最优。我们认为每种模式下的代表性城市具有的相应模式下的迁移流量超过一定的阈值（在模式 1、2、4 中的阈值设定为 50%，模式 3 的阈值设定为 40%），且具备最多的劳动力迁移流量。由此我们选出每种模式下排名前 5 的代表性城市。对各模式下的劳动力迁移流量分布、驾车时长和城市对的 GDP 乘积分布等因素均进行了统计。下面将对劳动力迁移模式的结果（聚类个数为 4）进行详细分析。

模式 1：核心城市与周边城市间的迁移模式。第一组城市对形成的迁移轨迹呈现出星状的形态。其中星状结构的中心节点对应了五个代表性城市，分别是广州、郑州、长沙、武汉和合肥。这些城市均是省会城市，在局部区域中对周边城市有较好的经济影响力，且城市对的平均 GDP 乘积较高（约为 1.7×10^7）。该模式下，迁移的时间成本最小（驾车时长为 1.3×10^4s）且产生了最大的劳动力迁移流量，约占总流量的 29%（平均每对城市间的流量为 18 522 人次）。由此该模式是城市间主要的劳动力流动模式，也体现了中国城市最主要的经济发展模式。

模式 2：发达城市间的迁移模式。第二组城市对主要集中在发达城市间，如北京、上海、重庆、苏州、青岛。这些城市均是劳动力迁移的主要目的地。该结果体现了在模式 2 下的劳动力迁移对城市的经济水平更加敏感。与此同时，该模式下城市对间的驾车时长是四组模式中第二低的，仅为 3.7×10^4s，而城市对的平均 GDP 乘积最高，为 3.1×10^7。该模式下的迁移流量占总流量的 28%，平均流量为 3182 人次。由此可知，该模式是中国城市第二大的经济发展模式。

模式 3：欠发达城市间的迁移模式。模式 3 中劳动力迁移轨迹的地理分布情况显示，其主要聚焦在中西部等欠发达地区间，如晋中、三门峡、咸宁等城市。与前两种模式相比较而言，模式 3 中的城市对具有相对较低的 GDP 乘积（8.8×10^6），更长的驾车时长（5.4×10^4s），以及较低的迁移流量（约占总流量的 20%，平均每对城市间的流量为 1045 人次）。在该模式下，劳动力追求的潜在收益较低，但是需要支付的迁移成本却更高。

模式 4："情绪化"迁移模式。在该模式下的迁移轨迹几乎覆盖了中国的整个区域，尤其是国家偏远的省份，包括新疆、西藏、黑龙江和海南等。其中最具代表性的城市也集中在边疆地区，分别是通化、海口、牡丹江、呼伦贝尔和黔南州。相较于其他模式，该模式下的城市对具有最小的 GDP 乘积（1.7×10^6），但却有最长的驾车时长（1.5×10^5s）。这意味着该模式下的劳动力迁移更可能是一种

"情绪化"的迁移，而不是追求经济效益驱动的。此外，该模式下城市对的平均迁移流量是最小的，仅为 195 人次。因此说明该模式并不是主流的中国劳动力迁移模式。

这四种模式是劳动力在进行迁移决策时对潜在利益的追求（以 GDP 衡量）和成本规避（以驾车时长衡量）之间进行权衡的自然结果。我们进一步用模型 $G\text{-}GM_e$ 对每一种模式下的迁移轨迹进行建模，发现四种模式下的预测结果均有明显的提升（图 6.7）。这进一步说明了四种模式的挖掘结果具有明显的有效性，也说明了劳动力确实具有不同的迁移偏好。而事实上，模型拟合参数 γ 体现了个人对于迁移成本的敏感性，在一定程度上能够反映劳动力在经济效益和迁移成本间的权衡博弈。

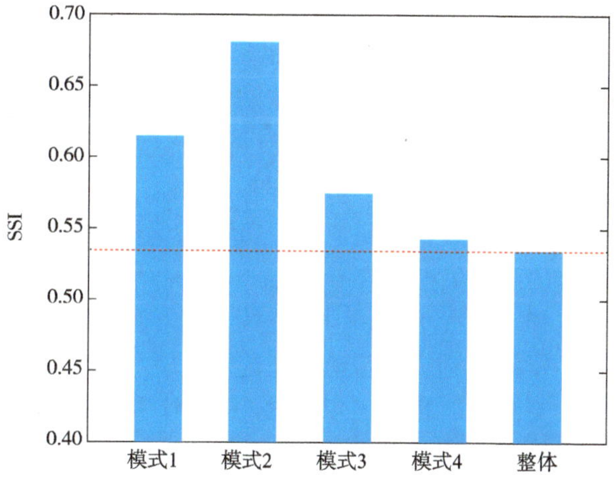

图 6.7　迁移模式分组的 SSI 指标评价结果

通过对四种模式下的轨迹进行建模，可知参数 γ 的拟合结果差异明显（参数拟合结果均具有显著性且 $p < 0.001$，模型均通过 F 检验）。其中，模式 1 中劳动力群体具有最小的 γ（0.191），表明了该组劳动力对经济吸引力更加敏感，而对迁移的驾车时长敏感性最低。而随着城市间驾车时长的增加，劳动力对于迁移成本的敏感性提升。正如在模式 2 中，γ 上升至 0.387，这说明劳动力更倾向于向近距离的发达城市迁移。

综观四种模式下的劳动力迁移流量，模式 1 和模式 2 体现了中国城市经济发展的两种主流模式。其中模式 1 主要反映了地方核心城市的辐射作用，而模式 2 则主要反映了国家级核心城市的作用。长期以来，包括中国在内的诸多亚洲国家存在一定不均衡的经济发展，这导致了北京、上海、东京、首尔等各种特大城市的出现[51]；模式 2 代表的劳动力迁移模式确实印证了该情况，并且证明了发达城市的巨大经济吸引力。可喜的是，中国的经济失衡正在得到扭转。正如模式 1 体现的地方核心城市对周边城市的经济集聚效应，这可以促进区域经济的发展，缓解特大城市的压力。值得注意的是，模式 1 中劳动力迁移流量最大，但是城市对数量相对较少，说明我国区域经济发展越来越重要，仍然具有很大的提升空间。

与模式 1 和模式 2 相比，模式 3 呈现了一种相对落后的发展模式，即劳动力承担着较大的出行成本，但是获得的利润较少。这种看似不合理的行为决策背后，可能是由于发达城市（具有高 GDP 的城市）劳动力市场的过滤效应。由于来自落后城市的劳动力没有受过良好的教育，难以满足发达城市劳动力市场对于技术能力的高要求，因此这部分劳动力难以进入区域核心城市或者其他发达城市，而不得不退而求其次选择欠发达地区来寻求有限的经济收益提升机会。因此在这种模式下，考虑到有限的经济收益提升，劳动力对于迁移成本的敏感度进一步提升达到最大（$\gamma = 0.419$）。

模式 4 中的迁移轨迹具有最长的驾车时长和最差的经济情况。因此，我们认为其更可能是受到情感动机，而不是逐利动机的影响。考虑到春运作为冬季长假的特殊性，在近年来越来越多的北方地区人口选择海南作为避寒和庆祝春节的地方。因此该模式被视作因旅游观光、避寒等非营利性原因的短时间迁移。综上所述，研究结果表明地方核心城市的集聚效应和发达城市劳动力市场的过滤效应是中国经济发展不均衡的两个关键因素。

通过以上分析可知，模式 1 反映了地方核心城市的发展模式，即通过对周边城市产生辐射影响，模式 2 则进一步说明了这些发展水平相近的发达城市之间彼此相互促进的模式。与模式 3 和模式 4 相比，模式 1 和模式 2 所体现的发展模式有利于促进地区的可持续发展。因此，我们用城市中模式 1 和模式 2 的流量占比来衡量城市发展模式的可持续性，从而提出评价指标：

$$\mathrm{DI}(i) = \frac{\sum_{(i,j)\in E(1)\cup E(2)} F_{ij}}{\sum_{(i,j)\in E} F_{ij}} \tag{6.4}$$

其中，$E(1)$ 表示属于模式 1 的劳动力迁移轨迹；$E(2)$ 表示属于模式 2 的劳动力迁移轨迹；E 表示所有迁移轨迹；F_{ij} 表示在城市 i 与城市 j 之间的劳动力迁移流量。评价指标 $\mathrm{DI}(i)$ 的取值范围为 0～1，指标值越大则说明该城市的发展模式越具有可持续性。结果显示全国各城市的发展模式存在明显的差异。从地理分布的角度来看，$\mathrm{DI}(i)$ 指标在全国范围内呈现从西部地区向东部沿海地区逐级递增的趋势。该结果在一定程度上反映了中国众多地区，尤其是西部和东北地区，具有不均衡和非理性的发展模式。

从劳动力迁移模式的角度不仅能够对单个城市进行评价，同样能够适用于更大范围的区域发展模式评价。因此我们定义了各省（自治区、直辖市）内城市具备的四种模式的流量占比情况来讨论省（自治区、直辖市）的发展可持续性程度，具体的指标计算如下：

$$p(k,P)=\frac{\sum_{i\in P}\sum_{(i,j)\in E(k)}F_{ij}}{\sum_{i\in P}\sum_{(i,j)\in E}F_{ij}} \tag{6.5}$$

其中，k 取值为 1～4，表示四种迁移模式；P 表示省（自治区、直辖市），$i\in P$ 意味着城市 i 属于省（自治区、直辖市）P；而 E 表示所有迁移轨迹；$E(k)$ 表示模式 k 对应的迁移轨迹。图 6.8 揭示了各省（自治区、直辖市）劳动力迁移模式的分布情况（未包含我国港澳台的数据）。结果显示各省的劳动力流动模式分布差异明显，其中模式 3 和模式 4 占比较高的省（自治区、直辖市）主要集中于经济发展较落后地区，包括西藏、新疆和云南等地。

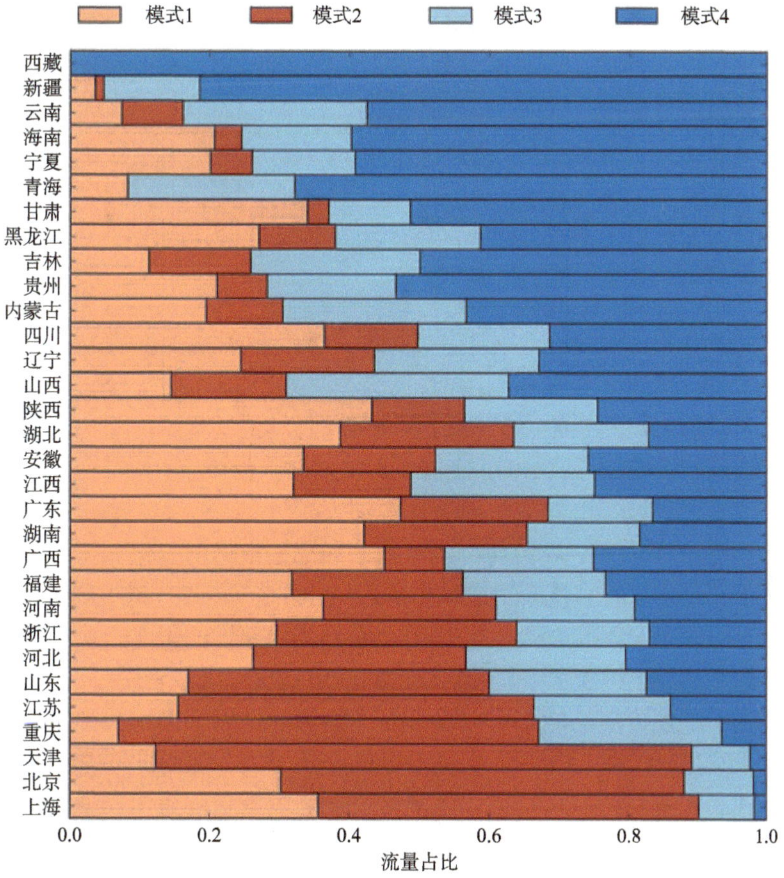

图 6.8　基于 $p(k,P)$ 的各省（自治区、直辖市）人口迁移模式评价结果

6.5　区域经济发展启示

众所周知，围绕城市群建设的区域经济发展是城市发展成熟阶段的空间组织形式。一方面，由于缺乏紧密联系的小城市，难以充分利用和发挥大规模生产协作网络的优势，发展缺乏活力和动力。另一方面，从大城市的角度来看，大城市病应该通过空间的扩张和城市功能优化来缓解。因此，有必要通过适当的区域发展模式，加强特定区域内不同城市之间的联系，形成一个相对共赢的城市对集合。因此发挥地方核心城市对周边城市的带动作用，对促进区域发展具有重要意义。如上所述，模式 1 的劳动力迁移反映了地方核心城市的集聚效应，因此被认为是区域经济发展的最佳模式。

为了更详细地了解城市与周边城市间的关系，我们提出了城市的局部性指标来评价一个城市在区域经济发展中的功能。具体地，城市 i 的局部性特征 $c(i,r)$ 为该城市与最邻近的前 r 个城市之间的劳动力迁移流量累计占比：

$$c(i,r)=\frac{\sum_{(i,j)\in T_i(r)}F_{ij}}{\sum_{(i,j)\in T_i}F_{ij}} \tag{6.6}$$

其中，$T_i(r)$ 表示城市 i 与最邻近的前 r 个城市构成的城市对集合，其中最邻近城市按照驾车时长由短到长排序获得；T_i 是城市 i 与其他所有城市间构成的城市对集合。如果随着 r 的增加，$c(i,r)$ 迅速增加到 1，则认为城市 i 具有良好的局部性，能够较好地发挥区域经济发展作用。

图 6.9 呈现了随着 r 的增加，各个城市局部性指标的变化。图中每一条线表示一个城市，而曲线的颜色表示该城市的经济水平，即 GDP 越大则颜色越红。如图 6.9 所示，大部分城市都在一定程度上受到其局部性的影响。换句话说，对于一个特定的城市，更多的劳动力从其邻近的城市转移过来或者转移向邻近的城市。在这种情况下，地方核心城市可以发挥更大的辐射作用。例如，欠发达城市可以借助周边发达城市的带动作用而促进自身的经济发展。但与此同时，我们发现一些发展模式出人意料的城市。被国务院城市规划政策定位为国家中心城市的北京和重庆，虽然具有良好的经济发展水平（高 GDP），其局部性指标的表现却难以与经济水平相匹配。特别是与中国其他重要城市——广州、上海、深圳相比较，北京和重庆对周边城市发展的贡献较弱，其中尤以重庆的表现最差。众所周知，广州和深圳引领着珠江三角洲地区的发展，而上海在长江三角洲的发展过程中起到重要作用，这些城市在局部性指标上的表现明显优于北京和重庆。而北京作为

中国的首都，被河北省所环绕，长期以来，人们一直期望北京能够充分发挥区域辐射带动作用来促进河北等周边地区的经济发展。但是本章的研究结果显示，这种作用并不十分乐观。这一点也在 2014 年政府将京津冀一体化作为国家发展战略上得以体现。政府也希望能够进一步促进北京在区域发展中发挥与其能力相匹配的带动作用。

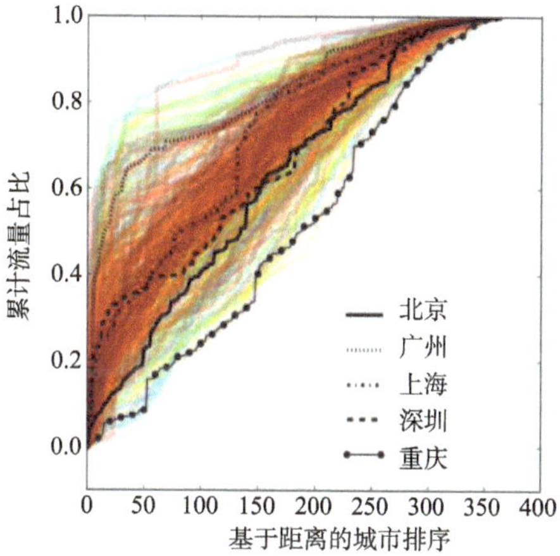

图 6.9　基于 $c(i,r)$ 的城市局部性特征分析结果

以上结果说明了北京和重庆在区域经济发展带动作用方面的失灵现象，接下来我们进一步来探讨导致其失灵的原因。为了理解核心城市与其周边城市间的关系，我们提出了匹配度指标，即计算随着距离（以驾车时长表示）的增加，周边城市的平均 GDP 与核心城市 GDP 的比值，具体定义如下：

$$l(i,r)=\frac{\sum_{(i,j)\in T_i(r)}E_j}{rE_i} \tag{6.7}$$

其中，$T_i(r)$ 表示根据驾车时长排序，城市 i 与其相距最近的前 r 个城市构成的城市对集合；$E(i)$ 表示城市 i 的 GDP。如图 6.10 所示，北京和重庆与周边城市的经济匹配状况，普遍不如上海、深圳和广州（图中点 A 是因为对于深圳而言，广州的 GDP 更高，所以导致点 A 异常高；点 B 是由于天津是北京周边城市中唯一 GDP 表现优秀的城市）。这意味着周边城市的经济差距可能是特大城市失灵的重要因素。也就是说，GDP 较低的周边城市的技术发展有限，导致劳动力无法得到相应的技术能力培训，所以这些城市的劳动力技术水平难以满足北京、重庆这些特大城市劳动力市场的技能要求。这在一定程度上阻碍了劳动力的流动，最终损害了区域经济发展。所以，要协调城市间劳动力流动，推进区域经济发展，除了政策性促进城市间的经济合作，提高相对欠发达地区的劳动力技术能力水平也是一个实质性的要求。

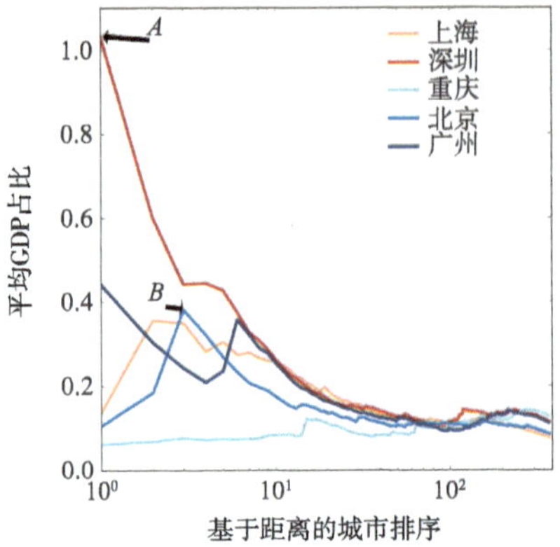

图 6.10　基于 $l(i,r)$ 的核心城市比较分析结果

6.6　本 章 小 结

劳动力作为知识经济时代主要的生产要素之一，其迁移行为意味着生产要素在不同城市间的重新分配，因此研究劳动力迁移行为对于理解社会经济的动态变化具有重要意义。社会媒体的广泛使用为我们提供了一个前所未有的机会，能够从更加丰富的维度和精细的粒度来理解人类的行为模式。因此本章基于社交媒体平台上用户留下的在线足迹（online footprint）来探索劳动力在城市间的迁移行为模式。研究结果证明了使用社交媒体研究个体以及群体迁移行为的可行性，并且证实了对社会经济问题进行“准实时”的政策制定的可能性。因为传统上，社会经济相关的政策制定总会受制于漫长的数据调查过程，这往往会导致数据与现实情况“不同步”的问题，从而影响政策制定的有效性和灵活性。而本章采用社交媒体的“实时”数据能够较好地克服这种基于问卷调查的传统方法的局限性。

本章将春运作为一个自然冲击实验来研究劳动力迁移是有趣且合理的。春节相较于普通的节日和假期是完全不同的。春节对于中国人具有非同寻常的意义，其将扎根在中国人心中对家乡的眷恋之情逐渐演变成了一种传统文化遗产。即使面对旅途中的诸多困难，中国外出务工人员仍然会努力在春节期间离开务工城市，返回家乡，这一点已经被诸多学者的研究成果充分证实。因此春运为我们提供了一个宝贵的机会，来观察劳动力每年在家乡和工作地间的流动情况。对于区域经济发展的政策制定者而言，有必要将社交媒体公开数据集纳入其政策制定工具中，并结合中国文化背景下特殊时间进行充分的运用，从而弥补传统工具在成本和时效上的缺陷，为量化制定“准实时”的政策奠定数据基础。

本章系统地讨论了全国范围内劳动力在城市间迁移行为背后的核心驱动力。通过将经济因素引入经典的引力模型，我们提出了 G-GM_e 模型。该模型在城市间劳动力迁移流量预测中相较于GM 模型具有更加优秀的表现。这表明对潜在经济收益的追求和对迁移成本的规避，是理解劳动力迁移模式的核心因素。研究结果进一步表明，GDP 和城市间驾车时长是刻画潜在经济收益和迁移成本的优秀指标。特别地，GDP 不仅反映了城市能够提供的潜在经济效益，还能够表示城市劳动力市场对于技术能力方面的要求。这两方面对于理解劳动力迁移决策都是至关重要的。考虑到人们对于经济收益和迁移成本的敏感性不同，通过综合劳动力的内在经济驱动力和劳动力市场的外在约束的共同作用，本章进一步探讨了劳动力四种不同的迁移模式，并且发现了这些迁移模式中蕴含的与我国区域经济发展密切相关的有趣现象，如地方核心城市的集聚效应和劳动力市场对于技术能力的过滤效应。对迁移模式的深入分析还清晰地揭示了一些特大城市，如北京和重庆，在区域辐射带动方面的失效现象。

从研究结果中可以看出，以省级区域的核心城市为主导的区域经济发展模式在中国不断发展，并贡献了最大的劳动力迁移流量；但以北京和重庆为例的特大城市区域带动作用失灵现象则说明，该区域发展模式仍然面临着巨大的挑战。本章发现了周边地区劳动力水平与特大城市劳动力市场的要求不匹配是造成失灵现象的原因。因此，对于政策制定者而言，核心城市——北京和重庆在区域带动方面的功能失效情况需要得到充分重视。如何消除发达城市劳动力市场自然设置的技术能力要求壁垒是解决该问题的关键点。在这种情况下，提升核心城市周边地区劳动力的受教育水平，根据核心城市企业的需求对周边地区劳动力进行对应的职业技能培训，都是提高劳动力能力和满足劳动力市场需求的有效方法。这对于充分发挥北京或重庆对周边城市的辐射带动作用，促进京津冀一体化等国家重要的区域经济发展战略具有重要意义。

本章对于解决一些至关重要的社会经济问题也有一定的管理上的启示作用。城市间劳动力迁移流量预测模型可为相关部门评价和设计户籍制度、管理流动人口以及规划城市间交通建设，提供量化和准实时的分析工具。与此同时，本书揭示的劳动力迁移模式不仅对政府的政策制定和评价具有作用，而且可以对企业管理和个人决策提供帮助。例如，对于中国东南沿海地区的企业管理者而言，在面临劳动力短缺问题时，迁移决策中关于经济利益和迁移成本的权衡分析能够为其提供精准招聘的有效建议。

参 考 文 献

[1]Abel G J，Sander N. Quantifying global international migration flows[J]. Science，2014，343（6178）：1520-1522.

[2]Shen J. Changing patterns and determinants of interprovincial migration in China 1985–2000[J]. Population Space and Place，2012，18（3）：384-402.

[3]Shayegh S. Outward migration may alter population dynamics and income inequality[J]. Nature Climate Change，2017，7（11）：828-832.

[4]Li R，Dong L，Zhang J，et al. Simple spatial scaling rules behind complex cities[J]. Nature Communications，2017，8（1）：1-7.

[5]Luo S，Morone F，Sarraute C，et al. Inferring personal economic status from social network location[J]. Nature Communications，2017，8（1）：1-7.

[6]Castaneda H. Migration is part of the human experience but is far from natural[J]. Nature Human Behaviour，2017，1（8）：1-1.

[7]Liu Y，Sui Z，Kang C，et al. Uncovering patterns of inter-urban trip and spatial interaction from social media check-in data[J]. PloS one，2014，9（1）：e86026.

[8]Chepizhko O，Giampietro C，Mastrapasqua E，et al. Bursts of activity in collective cell migration[J]. Proceedings of the National Academy of Sciences of the United States of America，2016，113（41）：11408-11413.

[9]Simini F，Gonzalez M C，Maritan A，et al. A universal model for mobility and migration patterns[J]. Nature，2012，484（7392）：96-100.

[10]Yan X，Zhao C，Fan Y，et al. Universal predictability of mobility patterns in cities[J]. Journal of the Royal Society Interface，2014，11（100）：20140834.

[11]Yan X Y，Wang W X，Gao Z Y，et al. Universal model of individual and population mobility on diverse spatial scales[J]. Nature Communications，2017，8（1）：1-9.

[12]Levy M. Scale-free human migration and the geography of social networks[J]. Physica A-Statistical Mechanics and Its Applications，2010，389（21）：4913-4917.

[13]Blumenstock J. Inferring patterns of internal migration from mobile phone call records：Evidence from Rwanda[J]. Information Technology for Development，2012，18（2）：107-125.

[14]Ghosh A，Berg V，Bhattacharya K，et al. Migration patterns across the life course of families：Gender differences and proximity with parents and siblings in Finland[J]. arXiv，2017，1708（02432）.

[15]Fan C C. Interprovincial migration，population redistribution，and regional development in China：1990 and 2000 census comparisons[J]. The Professional Geographer，2005，57（2）：

295-311.

[16]Li X，Xu H，Chen J，et al. Characterizing the international migration barriers with a probabilistic multilateral migration model[J]. Scientific Reports，2016，6（1）：32522.

[17]Decressin J，Fatas A. Regional labor market dynamics in Europe[J]. European Economic Review，1995，39（9）：1627-1655.

[18]Carrington W J，Detragiache E，Vishwanath T. Migration with endogenous moving costs[J]. The American Economic Review，1996，86（4）：909-930.

[19]Taylor J E. The new economics of labour migration and the role of remittances in the migration process[J]. International Migration，1999，37（1）：63-88.

[20]Khasin M，Khain E，Sander L M. Fast migration and emergent population dynamics[J]. Physical Review Letters，2012，109（24）：248102.

[21]Zagheni E，Garimella V R K，Weber I，et al. Inferring international and internal migration patterns from Twitter data[C].Proceedings of the 23rd International Conference on World Wide Web，Seoul，2014：439-444.

[22]Hawelka B，Sitko I，Beinat E，et al. Geo-located Twitter as proxy for global mobility patterns[J]. Cartography and Geographic Information Science，2014，41（3）：260-271.

[23]Xu J，Li A，Li D，et al. Difference of urban development in China from the perspective of passenger transport around Spring Festival[J]. Applied Geography，2017，87：85-96.

[24]Liu Y，Liu X，Gao S，et al. Social sensing：A new approach to understanding our socioeconomic environments[J]. Annals of the Association of American Geographers，2015，105（3）：512-530.

[25]Li J，Ye Q，Deng X，et al. Spatial-temporal analysis on Spring Festival travel rush in China based on multisource big data[J]. Sustainability，2016，8（11）：1184.

[26]Wang L，Zhang Q，Cai Y，et al. Simulation study of pedestrian flow in a station hall during the Spring Festival travel rush[J]. Physica A-Statistical Mechanics and Its Applications，2013，392（10）：2470-2478.

[27]Wang X，Liu C，Mao W，et al. Tracing the largest seasonal migration on earth[J]. arXiv，2014，1411（0983）.

[28]Zipf G K. The PJVD hypothesis：On the intercity movement of persons[J]. American Sociological Review，1946，11（6）：677-686.

[29]Krings G，Calabrese F，Ratti C，et al. Urban gravity：A model for inter-city telecommunication flows[J]. Journal of Statistical Mechanics：Theory and Experiment，2009，2009（7）：L07003.

[30]Lambiotte R，Blondel V D，de Kerchove C，et al. Geographical dispersal of mobile communication networks[J]. Physica A-Statistical Mechanics and Its Applications，2008，387（21）：5317-5325.

[31]Erlander S，Stewart N. The Gravity Model in Transportation Analysis - Theory and Extensions[M]. Utrecht：Vsp，1990.

[32] Barthélemy M. Spatial networks[J]. Physics Reports，2013，499（1）：1-101.

[33] Balcan D，Colizza V，Goncalves B，et al. Multiscale mobility networks and the spatial spreading of infectious diseases[J]. Proceedings of the National Academy of Sciences of the United States of America，2009，106（51）：21484-21489.

[34]Fagiolo G, Mastrorillo M. Does human migration affect international trade? A complex-network perspective[J]. PloS one, 2014, 9（5）: 1-11.
[35]Frias-Martinez V, Soguero-Ruiz C, Frias-Martinez E, et al. Forecasting socioeconomic trends with cell phone records[C]. Proceedings of the 3rd ACM Symposium on Computing for Development, Bangalore, 2013: 1-10.
[36]Frias-Martinez V, Virseda-Jerez J, Frias-Martinez E. On the relation between socio-economic status and physical mobility[J]. Information Technology for Development, 2012, 18(2): 91-106.
[37]Carra G, Mulalic I, Fosgerau M, et al. Modelling the relation between income and commuting distance[J]. Journal of the Royal Society Interface, 2016, 13（119）: 20160306.
[38]Lotero L, Hurtado R, Floria L M, et al. Rich do not rise early: Spatio-temporal patterns in the mobility networks of different socio-economic classes[J]. Royal Society Open Science, 2016, 3(10): 150654.
[39]Florez M, Jiang S, Li R, et al. Measuring the impact of economic well being in commuting networks–A case study of Bogota, Colombia[C]. Proceedings of the Transportation Research Board 96th Annual Meeting, Washington, 2018: 1-19.
[40]董才生，陈氚. 春运问题的人口社会学分析[J]. 人口学刊，2008，（1）：31-34.
[41]陈友华，苗国. 春运难题的建构与消解——社会风险视角下的社会学分析[J]. 公共管理高层论坛，2008，（2）：4.
[42]李泉. 文化内容呈现方式与呈现心态[J]. 世界汉语教学，2011，3：388-399.
[43]Taylor J E, Rozelle S, de Brauw A. Migration and Incomes in source communities: A new economics of migration perspective from China[J]. Economic Development and Cultural Change, 2003, 52（1）: 75-101.
[44]Ravenstein E G. The laws of migration[J]. Journal of the Statistical Society of London, 1885, 48（2）: 167-235.
[45]Lee E S. A theory of migration[J]. Demography, 1966, 3（1）: 47-57.
[46]Goh S, Lee K, Park J S, et al. Modification of the gravity model and application to the metropolitan Seoul subway system[J]. Physical Review E, 2012, 86（2）: 026102.
[47]Zhao J, Li R, Liang X, et al. Second ring is the most jammed road in Beijing: A view from taxis and Weibo[C]. International Conference on Service Systems and Service Management, Kunming, 2016: 1-6.
[48]MacQueen J. Some methods for classification and analysis of multivariate observations[C]. Proceedings of the Fifth Berkeley Symposium on Mathematical Statistics and Probability, Berkely, 1967: 281-297.
[49]Rousseeuw P J. Silhouettes: A graphical aid to the interpretation and validation of cluster analysis[J]. Journal of Computational and Applied Mathematics, 1987, 20（1）: 53-65.
[50]Thorndike R L. Who belongs in the family[J]. Psychometrika, 1953, 18（4）: 267-276.
[51]United Nations. Department of Economic and Social Affairs. The World's Cities in 2016[M]. New York: World Heritage Encyclopedia, 2016.

第 7 章 面向城市战略选择的双层网络分析与能力评价

城市网络是一种典型的具有复杂空间交互作用形式的多层网络，其交互关系包括人流、信息流和物流等。系统地探索多层城市网络，对于理解复杂的城市系统运行、制定城市规划和区域发展的政策至关重要。然而，从多层网络的角度来认识城市网络的研究仍然处于起步阶段。一方面，不同来源的数据间存在一定的壁垒，难以满足构建城市多层网络的要求。另一方面，目前已有的研究以多模态交通方式构建的多层城市交通网络为主，聚焦于具体的交通建设规划问题，对于城市定位等战略性问题则较少涉及。

有鉴于此，本章基于社交媒体上用户行为数据来构建双层城市间网络。该网络具体由两层构成，分别表示城市间信息的流动和人口的流动。首先，由网络的拓扑结构特征分析证实了信息资源与人力资源在城市间流动的结构之间存在高度正相关关系，并且基于结构指标的量化分析结果，说明了人口流动对信息流动具有更强的增强性。本章还将网络的结构特征用于评价城市能力，即城市对于两种资源的联合利用能力以及城市的跨层资源聚集能力，并进一步得到城市经济发展规划与定位的相关启示，从而支持宏观政策制定。

7.1 本章引言

多层网络，即一组相互耦合的、分层的网络，为我们理解社会网络、生化网络等复杂巨系统提供了重要的分析工具[1]。城市间存在多种复杂的交互关系，包括在经济、社会、文化以及环境等方面的关系[2，3]。具体而言，城市间不仅由物理的交通网络连接，也由虚拟的电子通信网络、贸易网络、劳动力市场的流动网络以及水供给网络连接[4]。因此城市间网络被广泛认为是一种典型的多层网络。对城市间多层网络的建模能帮助我们加深对各种单层网络间复杂交互关系的理解，并且能够为城市规划的政策制定和实践提供支持[5,6]。

然而，对于城市间网络的研究仍然有较大的空间。目前已有的大部分研究主要聚焦在城市间的单层网络，主要包括城市间的交通网络[7,8]、电话通信网络[9]、企业合作网络[10]以及人口流动网络[11,12]。仅有少数的研究聚焦于多层城市间网络，以多层的城市交通网络为主，探讨不同交通模式的关系[13-15]。综上，以往的研究缺乏对城市间网络不同层次之间的各种相互作用展开详细的探讨，而从多层网络框架的视角对城市间网络进行建模，可为我们理解城市间网络提供更具有解释性的方法。具体而言，人、物质以及信息是构成城市的关键要素，而这些要素在城市间的交流为构建城市间拓扑结构提供了比较理想的思路[16]。但是在实际研究中，真实的数据来源能够提供的信息与我们希望开展研究的数据需求之间存在着明显的差距[17]。例如，传统的研究中主要采用基于调查的问卷数据[18-20]，这种数据需要较长的调查周期、耗费巨大的经济成本，却只能局限于一个较小的数据规模。此外，不同类型的城市间关系数据，由于受限于不同数据来源间存在的壁垒而难以打通。因此数据的局限性限制了城市间多层网络的深入研究。

社交媒体（如 Twitter、微博等）的广泛应用，为我们在全社会范围内同时捕获用户的线上、线下行为提供了一个前所未有的机会。社交媒体中记录了个体粒度上维度丰富的用户生成内容，如用户间的信息流动行为（线上足迹）和用户地理位置的迁移行为（线下足迹）。因此本章在微博平台上收集了 2013 年 9 月的完整数据集，构建了双层城市间网络（分别由城市间用户信息流动网络与城市间人口流动网络构成），并探索了该城市间网络的结构特征，以深入理解城市复杂系统。本章主要探索以下三个问题。

首先，双层的城市间网络具有怎样的结构特征？虽然学者已经分别针对信息流动网络和人口流动网络展开了研究，并且获得了一定的成果，但是研究多聚焦于单层的网络探索。而本章利用微观用户数据构建双层城市间网络，克服了传统调查宏观数据的局限，从而可为我们在国家层面上系统性地探索城市间的双层结构特征奠定坚实的基础。

其次，城市间信息流动网络层与人口流动网络层之间是如何交互的？本章以中国城市间双层网络作为实例，揭示信息流动网络层与人口流动网络层之间的相关关系，并提出结构指标以讨论信息资源和人力资源流动间彼此增强的效应。

最后，基于双层城市间网络的分析，我们能够得到怎样的城市规划政策启示？本章提出基于双层网络的分析框架，为理解城市经济发展和规划提供一个新的视角。本章展示了网络科学思维如何促进我们对城市发展、定位规划的理解。考虑到社交网络的广泛性，本分析框架能够比较容易地推广到其他国家。

7.2　相 关 工 作

本节主要从多层网络研究、城市网络研究以及城市政策与网络科学研究三个方面对已有研究工作进行梳理。

7.2.1　多层网络

多层网络（multilayer network）被定义为一组有向或无向网络[21]。图 7.1 呈现了一个简单的多层网络示意图。图 7.1 中，两个网络层中的节点和边分别由蓝色和黑色进行着色表示；同时出现在两个网络层中的节点由虚线连接，表示其对应关系。

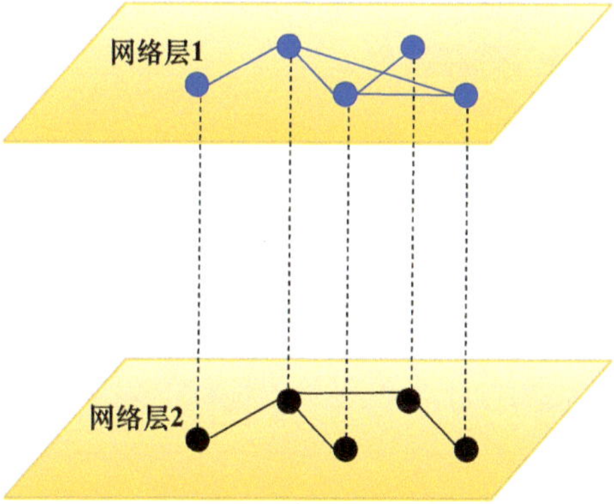

图 7.1　多层网络示意图

Kivelä 等[21]讨论了多层网络理论研究的发展历史并总结了相关的概念。一些研究则聚焦于多层网络的动力学过程和结构特性，涉及传播动态演化过程[1, 22]、网络结构鲁棒性[23]、社群结构的发现和演化特征[24, 25]以及多层网络间的协同演化[26]和同步性[27]等。已有研究也证实了彼此耦合的多层网络比单层网络在面对随机故障时更具有弹性[23]，而网络的最大弹性与多层网络间存在协同关系的非平凡组织相关[26]。

除了以上的多层网络理论研究，基于多层网络概念对现实生活情景展开的实证研究也已取得了丰富的研究成果。例如，Szell 等[28, 29]探讨了在线游戏中多种用户关系的多层网络结构特征。多种商品国际贸易的多层网络[30-32]、银行间多层网络[33]以及多语言系统[34]等也得到了广泛的研究。Baggio 等[35]分析了多层的社会生态网络，发现相较于食物资源的变动，社会关系的变化对社群关系鲁棒性的影响更大。Strano 等[15]比较了大伦敦区域与纽约地铁和街道构成的多层交通网络，并发现了地铁网络会导致地铁线路末端的街道拥堵这一令人意外的结果。除此之外，一项关于金融体系的多层网络研究[36]表明，基于市场的系统性风险指标会导致系统性风险的明显低估。以上研究表明，多层网络的相关理论为理解复杂的城市间网络提供了有效的工具。

7.2.2　城市网络

Euler 提出了哥尼斯堡的七桥问题[37]，进而开始了用图论的方法理解城市的开创性工作。21 世纪初，复杂网络研究开始兴起[38]，为理解城市间的交互提供了更好的分析工具和框架。基于网络科学，学者能够自然地将城市间复杂的交互结构抽象映射为复杂网络。在网络中，节点表示城市，节点之间的连接表示城市间的交互关系，包括飞机航线、铁路线路或者电信线路等。

大量学者随之投入到相关研究工作中，相关文献数量也迅速增加，形成了包括世界城市网络[39, 40]、城市间网络系统[41]等在内的城市网络的研究对象。例如，Guimera 等[42]构建了全球范围内的飞机航线网络，并且基于社群内部和社群间的交互模式确定了各城市在全球航线网络中所充当的角色。Krings 等[9]收集了比利时运营商的匿名移动电话通信数据，从而构建了用户在城市间的通信网络，研究了 571 个城市间的信息交互关系。然而，现有的工作大多聚焦于单层的城际网络，并且大多基于物理交通或者通信方面的基础设施构建城际网络。目前仅有较少的研究基于多层网络框架来刻画城市间网络[13-15, 43]，并且由于缺乏统一时间和地理粒度的多源数据，这些关于多层城市间网络的研究也仅关注了多模态交通方式形成的多层城市交通网络，仅讨论了综合交通系统的多模态特征对城市或地区可达性的影响。

7.2.3　城市政策与网络科学

网络科学的研究方法已被应用于制定城市政策的问题中[44]。通过构建城市政策研究和网络科学研究之间的联系，可以为政策制定者理解、审视以及制定城市政策提供新的视角和分析框架。根据研究对象的网络层次，以往的研究可以被划分为两类，分别是城市内网络和城市间网络。这两种层次的城市网络研究也探讨了各类实际问题。

关于城市内网络，主要是通勤网络和交通网络，通常被用于探讨城市结构和功能布局的相关政策。Hajrasouliha 和 Yin[45]研究了布法罗 302 个街区的人流量，发现街道网络的物理连接和视觉连接均对人流量具有明显的影响。基于他们的研究结果，作者对城市街道网络的规划提出了关于街道网络物理连接和视觉连接的政策建议。Bielik 等[46]分析了德国魏玛的城市街道网络，发现街道网络配置、人流的可达性以及街道环境的可步行性彼此间密切相关，据此为城市街道规划提供了相应的启示和建议。Wang 等[47]以杭州市内公交交通网络为例，揭示了站点的空间分布和站点社群结构对城市公交系统空间规划的重要影响，从而提出了公交站点网络的规划建议。

城市间网络则普遍被用于分析区域规划体系等，进而提供一些宏观层面的政策建议。Meijers 等[48]通过城际网络分析框架，讨论了西欧城市的功能分布，并指出了城市功能分布的规划政策应该着重考虑城市化经济的局部规模以及中小城市的规模。Liu 等[49]则分析了中国 22 个区域的城际交通网络，发现中国西部大部分城市群缺乏各种形式的多中心性，不利于区域发展。Hui 等[50]聚焦于中国大湾区的城市间网络结构，并且基于研究结果提出了相应的政策建议，他们认为只有加强中国香港和澳门之间的伙伴关系，充分发挥其协同效应，才能够促进中国大湾区的长期发展。

虽然上述研究已经将网络科学的应用范畴扩展到了城市政策研究中，但是仍然具有很大的局限性，具体体现在以下两个方面：首先，目前关于城市政策的研究基本均是基于单层城市网络，尤其是基于交通或者通信方面的基础设施构建城际网络，忽略了城市间多种类型的复杂关系；其次，从宏观视角对城市定位的战略性政策研究仍然较少，已有研究主要聚焦于城市轨道、建筑以及其他具体基础设施的建设规划，但是基本的发展战略，如国家级或者区域级的中心城市定位规划，对于长期的城市系统发展至关重要却缺乏足够研究。

本章基于人口流动和信息流动行为构建全国层面的城市间双层网络。在已有研究中，Marshall[51]、Raspe 和 van Oort[52]发现信息流动行为会促进人口流动的集聚。与此同时，人口流动也被发现会对信息资源的分布产生重要的影响[53, 54]。这些文献为本章采用量化方式讨论两种行为间的复杂关系提供了经济学理论基础。本章将通过“线上-线下”行为与经济系统的耦合性关系讨论城市间协调发展的问题，为城市定位规划提供支持。

7.3　城市间信息流与人流的关系

本节具体描述研究使用的数据和城市间双层网络的构建过程，并从三个方面探讨城市间信息流与人流的复杂关系，具体包括双层网络结构特征、双层网络的结构相关性以及增强性。

7.3.1　数据描述及网络构建

本章采用了微博平台 2013 年 9 月的全量微博数据。微博是中国主流的社交平台之一，吸引了数以亿计的广大用户使用。根据新浪官方发布的数据，在 2018 年微博平台的活跃用户高达 4.46 亿人。所以微博平台的全量数据在一定程度上为我们开展全国范围内的城市研究奠定了数据基础。该数据集共包含了大约 40 亿条微博数据，每一条微博数据记录了用户匿名化的唯一标识、信息发布时间、发布信息所处的城市位置，并且当该条微博为转发信息时，其转发的微博信息也会被记录。为了讨论双层城市间网络的拓扑结构与城市经济发展间的关系，我们从各省统计年鉴收集了 2013 年各城市的地区生产总值（GDP，本章中均以亿元为单位）数据，作为城市经济发展的度量指标。

在本章中，双层城市间网络是基于用户线上和线下行为构建的，分别为城市间的线上信息流动网络层和城市间线下人口流动网络层。其中，信息流动网络层基于社交媒体平台中用户间的微博转发关系抽取得到，即当一条微博信息被其他用户转发时，这条微博信息就从初始的发布城市流动到了转发微博的发布城市。我们由此构造了城市间的信息流动网络 $G^{[I]}=(V^{[I]},E^{[I]})$，其中节点的集合 $V^{[I]}$ 表示所有用户发布信息的所在城市，边的集合 $E^{[I]}$ 表示城市间存在信息流动关系；我们对城市用户之间的转发量进行汇总，就得到了各边的权重 $W^{[I]}=\{w_{ij}^{[I]}\}$。此外，整月的微博信息完整地记录了用户的位置迁移轨迹，由此可以构建人口流动网络层。考虑到用户的迁移行为更多地发生在居住城市与商业性质的目的地之间，我们将每个用户在一个月内发布微博次数最多的城市作为其居住地，由此构建了用户在其居住城市和商业性质目的地之间的人口流动网络 $G^{[T]}=(V^{[T]},E^{[T]})$，其中边的权重 $W^{[T]}=\{w_{ij}^{[T]}\}$ 表示城市间流动的人次。

为了构建双层城市间网络，我们将上述的单层信息流动网络和单层人口流动网络结合构成双层城市间网络 $G^{[M]}=(V^{[M]},E^{[M]})$。网络 $G^{[M]}$ 以 0-1 邻接矩阵 $\boldsymbol{A}=[A^{[I]},A^{[T]}]$ 表示节点间的连接关系，并且对于任意一层 $l\in\{I,T\}$ 有 $A^{[l]}=\{a_{ij}^{[l]}\}$。当节点 i 与节点 j 在网络层 l 上存在连接关系时，$a_{ij}^{[l]}=1$，否则 $a_{ij}^{[l]}=0$。类似地，对应于 0-1 邻接矩阵我们构建了权重邻接矩阵 $\boldsymbol{W}=[W^{[I]},W^{[T]}]$，其中 $W^{[l]}=\{w_{ij}^{[l]}\}$，$l\in\{I,T\}$。

值得注意的是，有些节点可能仅出现在 $V^{[I]}$ 或者 $V^{[T]}$ 中。因此当节点 $i\in V^{[I]}$ 并且 $i\notin V^{[T]}$ 时，我们将在网络层 T 中添加孤立节点 i，即 $a_{ij}^{[T]}=0$，反之亦然，从而保证多层网络中节点的统一性。我们进一步将上述定义扩展到有向加权网络，即得到有向信息流动网络 $G_{\mathrm{d}}^{[I]}$、有向人口流动网络 $G_{\mathrm{d}}^{[T]}$ 以及有向多层城市间网络 $G_{\mathrm{d}}^{[M]}$。类似地，网络 $G_{\mathrm{d}}^{[M]}$ 对应的 0-1 邻接矩阵为 $\mathbf{Ad}=[\mathrm{Ad}^{[I]},\mathrm{Ad}^{[T]}]$，权重矩阵则是 $\mathbf{Wd}=[\mathrm{Wd}^{[I]},\mathrm{Wd}^{[T]}]$。对于每一个网络层 $l\in\{I,T\}$，均有 $\mathrm{Ad}^{[l]}=\{\mathrm{ad}_{ij}^{[l]}\}$，$\mathrm{Wd}^{[l]}=\{\mathrm{wd}_{ij}^{[l]}\}$。

7.3.2 网络结构特征

为探索信息流动与劳动力流动之间的关系，我们首先分析信息流动网络和人口流动网络的基本特征。网络结构特征分析的指标定义如下。

（1）节点度 $k_i^{[l]}$：对于网络层 l 中的节点 i，其节点度为 $k_i^{[l]}=\sum_j a_{ij}^{[l]}$，其中 $j\in V^{[l]}$ 且 $j\neq i$。在城市间网络中，节点度表示在信息流动关系（或人口流动关系）中城市具有的关系数量。当一个城市的节点度高时，说明该城市与较多的城市间存在信息流动或人口流动关系。一个网络层中所有节点的平均节点度 $\bar{k}^{[l]}$ 表示城市平均交互关系数量，其中 $\bar{k}^{[l]}=\sum k_i^{[l]}/N^{[l]}$，其中 $N^{[l]}$ 为网络 $G^{[l]}$ 的节点总数。

（2）节点强度 $s_i^{[l]}$：对于网络层 l 中的节点 i，其节点强度为 $s_i^{[l]}=\sum_j w_{ij}^{[l]}$，其中 $j\in V^{[l]}$ 且 $j\neq i$。在城市间人口流动网络中，节点强度表示城市与其他城市间的人口流动总人次。类似平均节点度的定义，平均节点强度为 $\bar{s}^{[l]}=\sum s_i^{[l]}/N^{[l]}$。

（3）无权聚集系数[55] $\mathrm{cc}_i^{[l]}$：对于网络 $G^{[l]}$ 中的节点 i，无权聚集系数表示通过该节点形成三元组的可能性，具体的计算方式为 $\mathrm{cc}_i^{[l]}=\sum_{i\in V^{[l]}}2T_i^{[l]}/(k_i^{[l]}(k_i^{[l]}-1))$，其中 $T_i^{[l]}$ 表示在网络层 l 中通过节点 i 形成的三元组结构。网络整体的聚集程度也由所有节点的平均无权聚集系数度量，即

$\overline{\mathrm{cc}}^{[l]}=\sum \mathrm{cc}_i^{[l]} / N^{[l]}$ 。

（4）加权聚集系数[56] $\mathrm{wcc}_i^{[l]}$：对于加权网络 $G^{[l]}$，节点的聚集系数被定义为三元子图中边权重的几何平均值，即 $\mathrm{wcc}_i^{[l]}=\sum_{(i,j)\in E^{[l]}}(\hat{w}_{ij}^{[l]}\hat{w}_{ik}^{[l]}\hat{w}_{jk}^{[l]})^{1/3} / (k_i^{[l]}(k_i^{[l]}-1))$，其中 $\hat{w}_{ij}^{[l]}$ 表示标准化后的边权重，$\hat{w}_{ij}^{[l]}=w_{ij}^{[l]} / \max(w_{ij}^{[l]})$，$\max(w_{ij}^{[l]})$ 表示边权重的最大值。平均加权聚集系数则为 $\overline{\mathrm{wcc}}^{[l]}=\sum \mathrm{wcc}_i^{[l]} / N^{[l]}$ 。

（5）节点强度的幂律系数 e：节点强度分布是一种简单的反映城市间关系强度分布模式的方式。节点强度的分布 $P(s,l)$ 由拥有强度为 s 的节点数量比例表示，即 $P(s,l)=n(s,l)/N^{[l]}$，其中 $n(s,l)$ 表示网络 $G^{[l]}$ 中节点强度为 s 的节点数，$N^{[l]}$ 为网络 $G^{[l]}$ 中所有的节点个数。当节点强度符合 $P(s,l)=s^{-e}$ 时，我们认为节点强度分布符合幂律分布[38]，其中幂律系数 e 表明了节点强度的分布情况。

基于以上结构指标，信息流动网络层和人口流动网络层的拓扑特性分析结果如表 7.1 所示。首先，在信息流动网络和人口流动网络中分别具有 355 和 376 个节点，即一些城市仅出现在其中一个网络层中。这说明这些城市与其他城市在信息或人口方面的联系较为薄弱。然后，相较于信息流动网络，人口流动网络具有较低的平均节点度 $\bar{k}$ 和平均聚集系数（ $\overline{\mathrm{cc}}$ 和 $\overline{\mathrm{wcc}}$ ）。这说明相较于人力资源，城市间在信息资源方面具有更加紧密的关系。该结果符合我们的普遍认知，即信息在网络空间的传播打破了时空的限制，而人口的流动性却受限于时间和空间的流动成本[57, 58]。

表7.1　信息流动网络层和人口流动网络层的拓扑特性

结构特征	$G^{[I]}$	$G^{[T]}$	$G_d^{[I]}$	$G_d^{[T]}$
N	355	376	355	376
E	99 012	59 300	53 896	35 888
$\bar{k}$	303	190	557	315
$\bar{s}$	991 133	143 607	991 133	143 607
$\overline{\mathrm{cc}}$	0.935	0.766	—	—
$\overline{\mathrm{wcc}}$	1.3×10^{-4}	5.4×10^{-5}	—	—
$\bar{w}$	3 264	752	1 776	455
e	−1.6	−1.8	—	—

表 7.1 显示两个单层网络均具有明显的无标度特征。其中，信息流动网络与人口流动网络的节点强度均符合幂律分布，幂律系数分别是−1.6 和−1.8。我们发现在这两个单层网络中，平均无权聚集系数 $\overline{\mathrm{cc}}$ 与平均加权聚集系数 $\overline{\mathrm{wcc}}$ 之间均存在巨大的差异。例如，在信息流动网络 $G^{[I]}$ 中，平均无权聚集系数为 0.935，而平

均加权聚集系数仅为 1.3×10^{-4}。该结果说明无论在信息流动网络还是人口流动网络中，尽管大部分城市都是彼此相互连接的，但是大部分资源仍然是由少数城市掌控的，由此导致了加权与否的平均聚集系数呈现巨大的差异。这一结果再次印证了单层网络突出的无标度特征，也说明了在中国城市化进程中，信息资源与人力资源在空间聚集和扩散方面具有严重的不均衡特性。中国城市经济发展的不均衡和差异性也证实了该结果，例如，北京市 2017 年人均 GDP 为 128 994 元，约是甘肃省人均 GDP（28 497 元）的 4.5 倍。

7.3.3 相关性

7.3.2 节对两个单层网络的结构特征分析，为我们从宏观视角理解城市间信息流动和人口流动提供了一个较为直观的认知。下面我们从节点和边的细粒度视角，进一步探讨信息流动网络层与人口流动网络层的拓扑特性的关系。我们采用 Pearson 相关系数和 Spearman 排序相关系数来度量两个单层网络各种拓扑结构特征之间的相关性。

首先 Pearson 相关系数度量了城市信息流动网络层和人口流动网络层结构特征的线性相关程度。以节点度的相关系数计算为例，具体的计算方式如下：

$$P_{cc}(k)=\frac{\langle k_i^{[I]}k_i^{[T]}\rangle-\langle k_i^{[I]}\rangle\langle k_i^{[T]}\rangle}{\sigma^{[I]}\sigma^{[T]}} \tag{7.1}$$

其中，$\sigma^{[l]}=\sqrt{\langle k_i^{[l]}k_i^{[l]}\rangle-\langle k_i^{[l]}\rangle^2}, l\in\{I,T\}$。上述的 Pearson 相关系数主要考虑了数值的相关性。

为了进一步确定排序等级的一致性，我们采用 Spearman 排序相关系数作为补充，它是一种非参数测度且能够评价单调关系的相关系数。以节点度序列 $\{k_i^{[I]}\}$ 和 $\{k_i^{[T]}\}$ 为例，Spearman 排序相关系数的具体计算方法如下：

$$S_{cc}(k)=\frac{\langle r_i^{[I]}r_i^{[T]}\rangle-\langle r_i^{[I]}\rangle\langle r_i^{[T]}\rangle}{\sigma(r_i^{[I]})\sigma(r_i^{[T]})} \tag{7.2}$$

其中，$r_i^{[l]}$ 表示在网络 $G^{[l]}$ 中节点度为 $k_i^{[l]}$ 节点的排名；$\sigma(r_i^{[l]})=\sqrt{\langle(r_i^{[l]})^2\rangle-\langle r_i^{[l]}\rangle^2}$，$l\in\{I,T\}$。

除了用以上定义的无向网络拓扑特征指标（节点度 $k_i^{[l]}$、节点强度 $s_i^{[l]}$、无权聚集系数 $\mathrm{cc}_i^{[l]}$ 和加权聚集系数 $\mathrm{wcc}_i^{[l]}$）来分析两层网络间的相关性，我们还使用了五种有向网络结构指标，包括有向边权重 $\mathrm{wd}_{ij}^{[l]}$、节点的入边强度 $\mathrm{si}_i^{[l]}$ 和出边强度 $\mathrm{so}_i^{[l]}$，以及平均邻居节点入边强度 $\mathrm{ai}_i^{[l]}$ 和出边强度 $\mathrm{ao}_i^{[l]}$。其中，节点的入边强度 $\mathrm{si}_i^{[l]}$

（出边强度$so_i^{[l]}$）度量了城市的信息资源（人力资源）的流入（流出）总量。对于网络$G^{[l]}$，$l\in\{I,T\}$，节点的入边强度为$si_i^{[l]}=\sum_j wd_{ji}^{[l]}$，节点的出边强度为$so_i^{[l]}=\sum_j wd_{ij}^{[l]}$。类似地，$ai_i^{[l]}$和$ao_i^{[l]}$则分别表示节点$i$的邻居节点的平均入边强度和出边强度。

基于以上定义的有向及无向结构特征指标，城市间信息流动网络和人口流动网络的Pearson相关性和Spearman排序相关性结果如表7.2所示。结果显示，信息流动网络和人口流动网络呈现较高的正相关关系，且所有相关性均具有显著性（p均小于0.001）。除了在指标cc_i、w_{ij}和ao_i方面的相关性稍低，其他指标的相关性都极高，相关系数均大于0.8。这些指标相关系数的比较能够反映出更多细节的结构相关性信息。具体来看，首先，相较于无权聚集系数cc_i，加权聚集系数wcc_i不只是反映了城市间的连接数量，还体现了连接的强度，因而可以捕捉到城市间网络更丰富的信息。结果显示wcc_i相较于cc_i具有明显更高的相关性，说明信息流动网络和人口流动网络虽然在整体的连接结构上仍然具有一定差异，但是在连接强度较高的部分结构上具有很高的相关性。其次，wd_{ij}比w_{ij}具有更高的相关性，这主要是因为w_{ij}相较于wd_{ij}忽略了城市间连接的方向，模糊了更多细节信息。最后，与邻居节点的平均入边强度ai_i相比较，邻居节点的平均出边强度ao_i具有较低的相关性，这说明信息资源流入和人力资源流入的城市结构的相关性更强，而信息资源和人力资源流出的城市结构却存在更大的差异性。

表7.2　信息流动网络层和人口流动网络层的结构特征相关性

	s_i	cc_i	wcc_i	w_{ij}	wd_{ij}	si_i	so_i	ai_i	ao_i
P_{cc}	0.916	0.250	0.948	0.567	0.870	0.810	0.856	0.793	0.475
S_{cc}	0.906	0.585	0.770	0.639	0.870	0.903	0.810	0.844	0.566

综上可知，虽然信息流动网络和人口流动网络存在一定的差异，但是两者之间存在极高的正相关关系，即当一个城市具有更丰富的信息资源时，它也更可能具有丰富的人力资源，反之亦然。该结论与已有研究结果彼此印证。Marshall[51]、Raspe和van Oort[52]、Bettencourt等[59]通过研究发现信息流动会刺激人力资源的聚集，Faggian等[53]、Trippl[54]也发现人口流动会对信息资源的分布产生至关重要的作用。

7.3.4　增强性

7.3.3节讨论了两个单层网络间的基本拓扑结构，并且揭示了城市间信息流动和人口流动的高相关性。本节进一步讨论城市间两类资源流动的强化关系，即某一层网络中城市间存在的连接关系会促进另一层网络中相应连接关系建立的现象。为此我们引入增强性度量指标[60]，即两节点之间在某一层网络中存在连边时，在另一层网络中存在连边的条件概率为

$$P(A^{[l]}|A^{[l']})=\frac{\sum_{ij}a_{ij}^{[l]}a_{ij}^{[l']}}{\sum_{ij}a_{ij}^{[l']}} \tag{7.3}$$

其中，$A^{[l]}$表示网络$G^{[l]}$的 0-1 邻接矩阵；$a_{ij}^{[l]}$表示在网络$G^{[l]}$中城市i与城市j之间是否存在连接关系，$l\in\{I,T\}$。若城市i与城市j之间存在连接关系，则$a_{ij}^{[l]}=1$，否则为 0。条件概率$P(A^{[l]}|A^{[l']})$的取值范围为 0～1，值越大则表示当城市i与城市j在网络层l'中存在连接关系时，其在网络层l中也存在连接关系的可能性越大。

图 7.2（a）呈现了城市间信息流动关系和人力流动关系的增强作用。其中，条件概率$P(A^{[I]}|A^{[T]})$较高（0.94），说明当两个城市在人口流动层具有连接关系时，其在信息流动层也具有很高的概率存在连接关系。这意味着，当一个人从一个城市流动到另一个城市时，也会促进这两个城市之间信息资源的流动。与条件概率$P(A^{[I]}|A^{[T]})$相比，虽然$P(A^{[T]}|A^{[I]})$偏低（0.63），但是信息流动对人口流动的促进作用仍然突出。因此，这两个较大的条件概率突出了信息资源和人力资源之间的交互关系，也再次证实了已有研究的结论，即信息流动和人口流动会彼此促进进一步流动[51，52，61]。尽管如此，$P(A^{[I]}|A^{[T]})$与$P(A^{[T]}|A^{[I]})$的差异也说明了人力资源对于信息资源的增强作用强于信息资源对人力资本的增强作用。对于城市而言，充分利用好资源间的增强作用对于促进整体发展具有重要的实际意义。

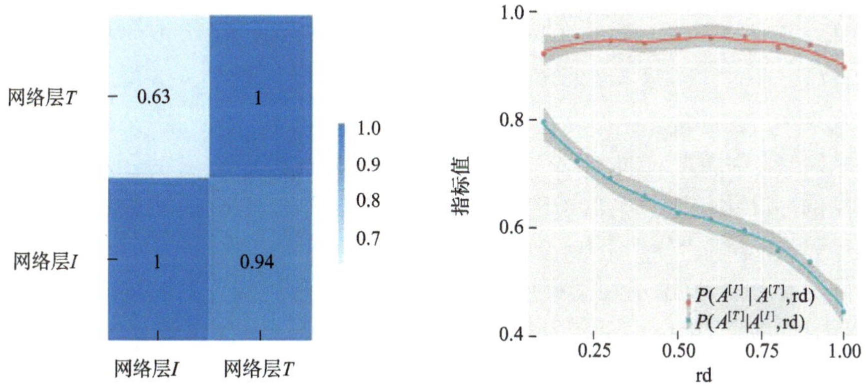

（a）　　　　　　　　　　　　（b）

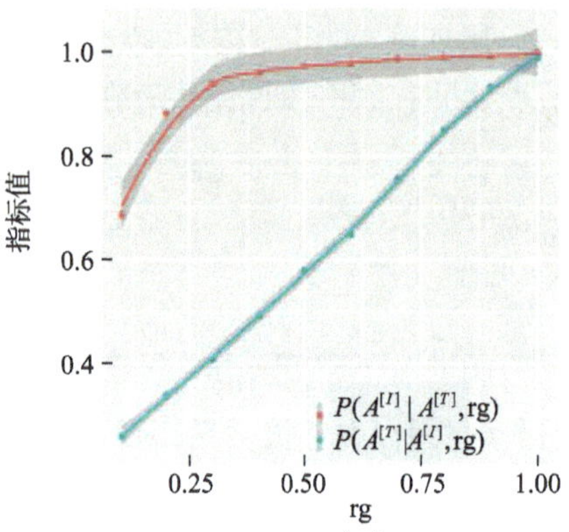

(c)

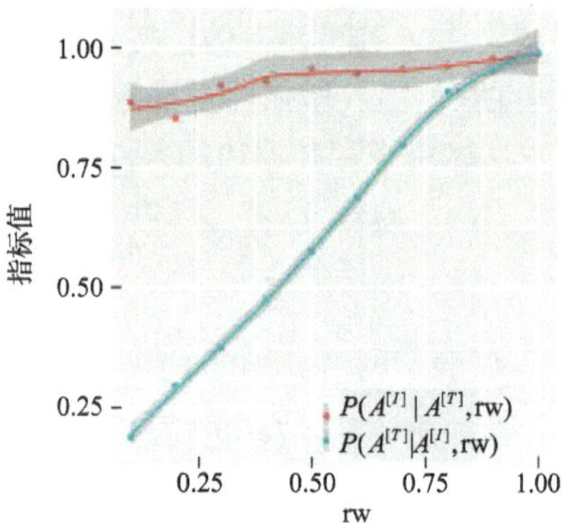

(d)

图 7.2　双层网络间的增强性

为进一步了解城市间的地理距离、经济水平和连接强度对于增强作用的影响，我们扩展了资源增强作用 $P(A^{[l]}|A^{[l']})$ 的定义，提出了新的度量指标。具体地，针对地理距离的定义如下：在网络层 l' 中，给定具有连接关系的城市对，以及该城市对间的距离关系，则在网络层 l 中相应城市对间存在连接关系的条件概率为

$$P(A^{[l]}|A^{[l']}, \text{rd})=\frac{\sum_{(i,j)\in E^{[l']}(\text{rd})} a_{ij}^{[l]} a_{ij}^{[l']}}{\sum_{(i,j)\in E^{[l']}(\text{rd})} a_{ij}^{[l']}} \tag{7.4}$$

其中，rd 表示城市对间关于距离的标准化排序。例如，若边 (i, j) 在网络层 l 的 100 条边中按照距离由近至远排序为第一，那么该边的标准化排序为 0.01。考虑到标准化排序的离散特征，为直观地观测距离对增强作用产生的影响，在具体使用中将城市对间的连接关系按照距离由小到大分为 10 组，对应的标准化排序分别为 $0.1, 0.2, \cdots, 1$ 。$E^{[l']}(\text{rd})$ 表示在网络层 l' 中标准化排序为 rd 的所有边集合，$l' \in \{I, T\}$ 。城市 i 到城市 j 的距离通过城市经纬度计算得到。类似地，针对城市经济水平和连接强度，我们分别提出了 $P(A^{[l]}|A^{[l']}, \text{rg})$ 和 $P(A^{[l]}|A^{[l']}, \text{rw})$ 。其中，rg 表示网络层 l' 中城市对的 GDP 几何平均值的标准化排序，rw 表示城市对间的连接强度的标准化排序。类似于地理距离的处理方式，rg 和 rw 也被按照从小到大的顺序分为 10 组，分别是 $0.1, 0.2, \cdots, 1$ 。

图 7.2（b）显示了在某一层网络中，给定具有连接关系的城市对以及该城市对距离的标准化排序后，该城市对在另一层网络中存在连接关系的概率。图 7.2（b）中的曲线显示了随着距离的逐渐增大，增强作用的变化趋势。结果显示，信息资源对人力资源的增强作用受到城市间距离变化的影响，即随着距离的增大，增强作用明显降低。这说明信息资源对人力资源的增强作用仍然受

限于地理距离。而与之对比的条件概率 $P(A^{[I]} \mid A^{[T]}, \mathrm{rd})$ 却始终保持在一个稳定的较高的位置，大约为 0.95，并没有受到地理距离变化的明显影响。这说明人力资源流动对于信息流动的增强作用基本不受限于城市间的距离，始终保持高水平的增强力度。

图 7.2（c）呈现了城市对的经济水平对于两种增强作用的影响。根据 $P(A^{[I]}|A^{[T]}, \mathrm{rg})$ 和 $P(A^{[T]}|A^{[I]}, \mathrm{rg})$ 随城市对经济水平提高的整体变化趋势可知，城市对的平均经济水平越高，信息资源和人力资源的彼此增强作用也越强。这些结果与之前在经济领域的研究结论是一致的。一方面，与欠发达地区相比较，发达城市能够吸引更多具有高技术能力水平的人才；这些人才是技术和知识的主要载体与传播者，因此发达城市更容易促进信息的传播[54, 61]。所以，在经济发达城市之间，人口流动对于信息流动的增强作用较经济欠发达地区更强。另一方面，$P(A^{[T]}|A^{[I]}, \mathrm{rg})$ 随 rg 增大而增长的趋势体现了人们在进行迁移决策时追求利益最大化的主观目标[62]。因此当受到来自信息流动的增强作用时，人们因为更多的就业机会和更好的潜在经济收益，倾向于向经济发达城市流动。尽管 $P(A^{[I]}|A^{[T]}, \mathrm{rg})$ 和 $P(A^{[T]}|A^{[I]}, \mathrm{rg})$ 具有相同的变化趋势，但是变化程度仍然具有较大的差异，其中 $P(A^{[T]}|A^{[I]}, \mathrm{rg})$ 变化幅度更大。这体现了信息流动对人口流动的增强性，相较于人口流动对信息流动的增强性，对城市对之间的经济水平更敏感。

最后对城市间连接强度对两种资源间增强作用的影响进行了探讨，结果如图 7.2（d）所示。我们发现 $P(A^{[T]}|A^{[I]}, \mathrm{rw})$ 呈现出随连接强度增强而增长的趋势。这说明当城市间在信息交互方面的连接关系更紧密时，其对相同城市间人口流动的促进作用也会更强。与此同时，我们也注意到人口流动对信息流动的增强作用始终保持在较高的水平上，并不会因为人口流动频次的变化而产生明显变化。

7.4　城市资源利用和聚集能力评价

考虑到城市间信息资源与人力资源流动所蕴含的经济学含义，双层城市间网络的结构特征为评价城市能力提供了有效的量化指标。因此，本节利用城市间网络结构特征对城市的资源联合利用能力以及跨层资源聚集能力分别进行评价。

7.4.1 资源联合利用能力

在现代经济发展中，信息资源和人力资源都被认为是至关重要的生产要素[63, 64]，因此联合利用这两种资源对于促进城市经济发展具有重要意义。在网络科学中，网络中节点的可达性作为反映节点核心地位的重要度量指标，被广泛使用。在双层城市间网络中，一个城市的可达性体现了这个城市在国家层面的重要性；当一个城市的可达性仅依赖于一种资源时，说明该资源对城市经济发展和相关产业布局具有重要作用，与此同时也说明城市欠缺对信息资源和人力资源的联合利用。因此，探索信息资源和人力资源在复杂城市系统中的联合作用为理解城市发展模式、发现城市发展存在的问题提供了重要机会。

为此，我们借助了边的相互依存性特征这一指标。该指标由 Strano 等[15]提出，用于度量边的多模态的重要性，即多层网络间的耦合性对边的可达性产生的附加值。对双层城市间网络而言，边的相互依存性特征捕捉了信息流动和人口流动关系对城市 i 和城市 j 直接连接关系的贡献程度，具体定义如下：

$$\lambda(i,j)=\frac{\varphi_{ij}}{\sigma_{ij}} \tag{7.5}$$

其中，σ_{ij} 表示在双层网络中节点 i 和节点 j 之间最短路径的个数；φ_{ij} 表示在所有最短路径中，每条最短路径中的连接同时存在于两个单层网络中的比例总和。例如，节点 A 和节点 B 之间有两条最短路径（长度为 4）且分别被命名为最短路径Ⅰ和最短路径Ⅱ，分别由蓝色和绿色线条标识。最短路径Ⅰ和Ⅱ分别有 3 个连接和 2 个连接是同时在两个单层网络中存在的。在这种情况下，对于节点 A 和 B 而言，它们最短路径中的连接同时存在于两个单层网络中的比例总和为 $\varphi_{ij}=3/4+2/4$。因此，当两个节点间所有最短路径的连接都存在于两个单层网络中时，边 (i,j) 的相互依存性为 1；如果所有连接都来自单层网络，那么相互依存性为 0。

为了更好地理解信息资源和人力资源间的耦合性对城市间连接可达性的附加值，我们进一步讨论了城市对的地理距离和经济水平与 $\lambda(i,j)$ 之间的关系。图 7.3（a）呈现了随着城市对之间距离的增加和城市对平均 GDP 的提高 $\lambda(i,j)$ 的变化趋势，其中横轴表示地理距离（平均 GDP）的标准化排序。结果显示，当城市 i 和城市 j 之间的距离逐渐增加时，$\lambda(i,j)$ 明显呈现下降趋势。这说明两种资源的联合作用在地理距离较近的城市对间更加突出。而伴随着城市对经济水平的不断提升，两种资源耦合性对城市间可达性的附加值也逐渐增长。

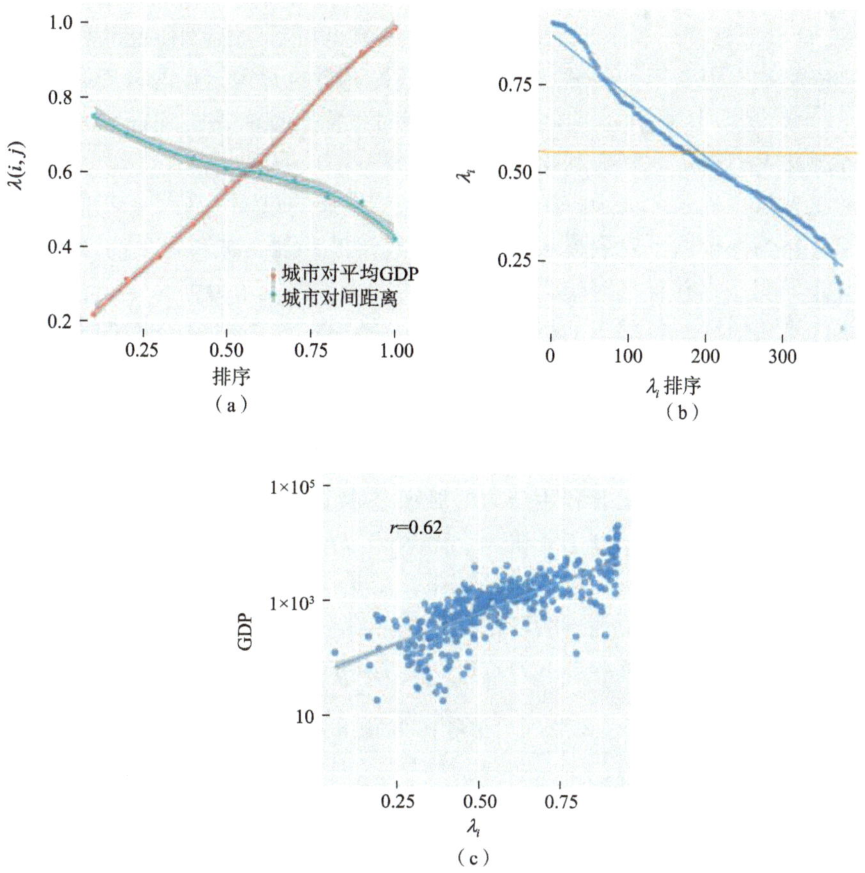

图 7.3　网络节点和边的交互依赖性

类似地，我们进一步引入了节点的交互依赖性指标来度量多层网络耦合性对节点可达性的附加值[14, 15, 60]，即

$$\lambda_i = \frac{1}{N^{[M]}} \sum\nolimits_{j \neq i} \frac{\varphi_{ij}}{\sigma_{ij}} \tag{7.6}$$

其中，$N^{[M]}$ 表示网络 $G^{[M]}$ 中涉及的城市总数；λ_i 表示在整个城市系统中，两种资源的联合利用水平对城市重要性的附加值，λ_i 的取值范围为 0～1，λ_i 越高，则说明两种资源的联合作用水平越高，城市 i 在城市网络中重要性的贡献程度也越好；而当 λ_i 较低时，说明城市发展更多地依赖于单一资源。图 7.3（b）呈现了在双层城市间网络中所有城市的节点交互依赖性指标的值分布。我们发现城市间的差异较大，其范围为 0.06～0.93；而随着排序的增加，λ_i 具有线性下降的趋势，且所有城市的平均水平 $\lambda = \sum_i \lambda_i / N^{[M]}$ 大约在 0.56 的水平（图中黄线表示）。

图 7.3（c）表明 λ_i 与城市 i 的 GDP 水平具有很高的正相关关系（相关系数 $r=0.62$ 且显著性突出，$p<0.001$）。这再一次印证了经济学研究的相关结论，即信息资源和人力资源均是城市经济发展至关重要的元素，且两种资源彼此相互促进[51, 52, 54, 61]。因此在促进城市经济发展时，需重点考虑如何提高 λ_i，即评估信息资源和人力资源的联合利用水平。

考虑到信息资源和人力资源对于城市经济发展的重要性[63-65]，我们认为可以将指标 λ_i 作为评价城市发展模式合理性和经济可持续性的指标。结果显示，城市间 λ_i 值差异明显，并且具有较强资源联合利用水平的城市分散在全国各地；但在中国东部沿海地区，各城市的指标值整体水平较高。指标 λ_i 不均衡的地理位置分布特点凸显了中国城市经济发展不均衡的现状，其中，西部地区和东北地区城市明显落后于其他地区的发展。

此外，表 7.3 总结了具有较高资源联合利用能力的城市信息。通过该表格，我们发现具有最强资源联合利用能力的城市基本上都是区域核心城市。例如，前十名的城市包括了广州、合肥、杭州、南京和成都，这些城市都是省会城市。而上海、重庆和北京则不仅是区域核心城市，更是国家级的中心城市。除此之外，嘉兴、东莞和青岛虽然不是省会城市，但仍然在其所在的省份中具有良好的经济发展水平，它们在信息资源和人力资源的联合利用方面仍然表现优异。

表7.3　λ_i 排名前20的城市列表

排名	城市（省份）	排名	城市（省份）	排名	城市（省份）	排名	城市（省份）
1	上海（上海）	6	深圳（广东）	11	嘉兴（浙江）	16	武汉（湖北）
2	广州（广东）	7	天津（天津）	12	安庆（安徽）	17	福州（福建）
3	合肥（安徽）	8	南京（江苏）	13	郑州（河南）	18	东莞（广东）
4	重庆（重庆）	9	成都（四川）	14	廊坊（河北）	19	青岛（山东）
5	杭州（浙江）	10	北京（北京）	15	西安（陕西）	20	济南（山东）

7.4.2　跨层资源聚集能力

经济学理论已经表明，劳动力和信息在合作和竞争的交互过程中能够带来外部性[63, 64]，即知识共享和技术水平的提高能够产生外部经济反馈。因此促进城市间信息的传播和人口的流动有利于促进整个国家的经济增长。所以了解城市促进资源流动的能力，能够帮助政策制定者更加有效地进行城市定位和城市规划的政策设计与调整。

为揭示城市在信息资源和人力资源之间的相互调动作用，我们引入了跨层的聚集系数来研究城市促进跨层三元组形成的能力。众所周知，在单层网络中，聚集系数度量了一个节点的邻居节点彼此连接从而形成三元组的概率。类似地在多层网络中，一个节点的跨层聚集系数则度量了在某一层网络中的邻居节点在另一层网络中存在连接关系并形成一个跨层的三元关系的可能性。在双层城市间网络中，这个指标表明了一个城市利用一种资源的连接关系促进另一种资源在其连接城市间传播的能力。例如，假设一个跨层的三元组被定义为以节点 i 为中心并在网络层 l 中具有边 (i,j) 和 (i,q)，那么节点 i 的跨层聚集系数则描述了在网络层 l' 中边 (j,q) 存在的可能性。基于 Battiston 等[60]的研究成果，我们在加权的双层网络情境下扩展了关于跨层聚集系数的计算，具体方式如下：

$$\mathrm{wcc}_i^{[l,l']}=\frac{1}{k_i^{[l]}(k_i^{[l]}-1)}\sum\nolimits_{(i,j)\in E^{[l]}}(\hat{w}_{ij}^{[l]}\hat{w}_{iq}^{[l]}\hat{w}_{jq}^{[l']})^{1/3} \tag{7.7}$$

其中，$l,l'\in\{I,T\}$，$\mathrm{wcc}_i^{[l,l']}\in[0,1]$；$\hat{w}_{ij}^{[l]}$ 是网络层 l 中边 (i,j) 的标准化权重，即 $\hat{w}_{ij}^{[l]}=w_{ij}^{[l]}/\max(w^{[l]})$，$\max(w^{[l]})$ 表示网络层 l 中边权重的最大值。$\mathrm{wcc}_i^{[l,l']}$ 越高，则说明城市 i 具有更强的能力来利用 l 层的资源促进 l' 层资源的流动。

通过以上定义的跨层聚集系数，我们对全国范围内的所有城市进行评价。结合城市的地理位置分布，我们发现具有较高的跨层资源聚集能力的城市在地理位置分布方面较为分散；而且无论 $\mathrm{wcc}_i^{[I,T]}$ 还是 $\mathrm{wcc}_i^{[T,I]}$，其地理位置分布上都具有层级性特征，即指标数值均呈现从西部地区向东部地区依次递增的情况。但相比于 $\mathrm{wcc}_i^{[T,I]}$ 的地理位置分布，我们发现 $\mathrm{wcc}_i^{[I,T]}$ 的分布更加不均匀。这在一定程度上说明大多数城市没有办法较好地利用信息资源的流动来带动人力资源的流动。

除此之外，我们还发现 $\mathrm{wcc}_i^{[I,T]}$ 和 $\mathrm{wcc}_i^{[T,I]}$ 与城市 i 的 GDP 具有很强的正相关性。通过图 7.4 可知，$\mathrm{wcc}_i^{[I,T]}$ 与 GDP 的相关系数为 0.84，$\mathrm{wcc}_i^{[T,I]}$ 与 GDP 的相关系数为 0.77，并且相关性均通过显著性检验（$p<0.001$）。该结果说明经济发展较好的城市也相应地具有较强的跨层资源聚集能力，能够利用信息流动（人口流动）来促进人口流动（信息流动）。由于图 7.4 显示的高正相关性，我们可以将跨层聚集系数作为 GDP 的补充指标对城市发展进行评价。此外，GDP 的调查统计需要耗费大量的时间、人力和物力成本，而跨层聚集系数基于的是社交媒体的公开数据，具有低成本和高时效性的突出优势。

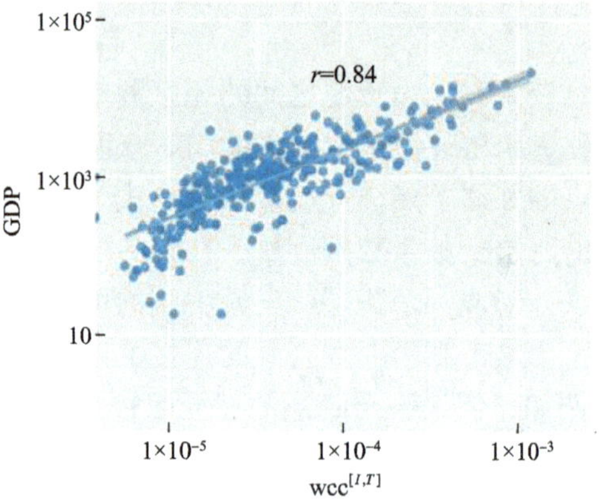

（a）

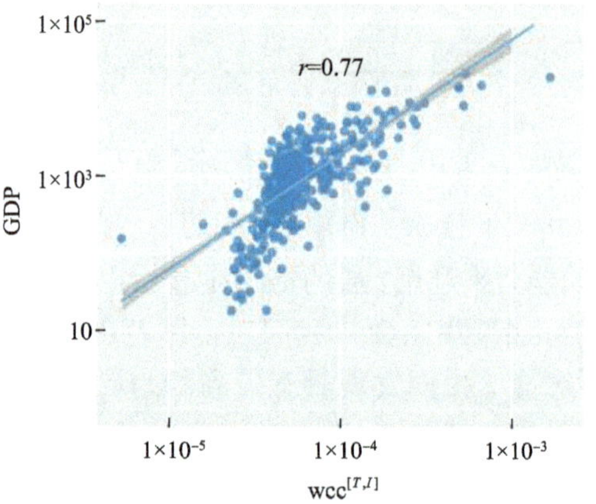

（b）

图 7.4　城市跨层资源聚集能力与 GDP 的相关关系

跨层聚集系数对城市发展的评价，也能够提供一些关于城市产业布局和国家视角下的城市定位规划的洞察。众所周知，城市定位规划是国家政府机构促进城市或者区域长期可持续发展的主要政策工具，对一个国家的发展具有重要作用。然而在一些发展中国家，制定的相关城市定位规划却常常是低效甚至无效的[66]。在这种情况下，我们提出的跨层聚集系数对于发展中国家制定城市定位规划政策具有重要意义。另外，值得注意的是，$\mathrm{wcc}_i^{[I,T]}$（$\mathrm{wcc}_i^{[T,I]}$）与 GDP 的相关性强于 GDP 与节点交互依赖性 λ_i 的相关性。通过跨层聚集系数和节点交互依赖性定义的比较，我们发现节点交互依赖性更加具有全局的视角，而跨层聚集系数能够更多地捕捉到局部结构的特征。已有研究也证实了人口流动[67]和贸易活动[68, 69]均受限于地理距离的影响，因此城市间交互行为也具有一定的局部性特征，而跨层聚集

系数 $wcc_i^{[I,T]}$ 和 $wcc_i^{[T,I]}$ 恰能够捕捉到这些局部结构的特征，因而与 GDP 呈现出更强的相关性。

通过观察表 7.4 中具有较高 $wcc_i^{[I,T]}$ 和 $wcc_i^{[T,I]}$ 的城市，可以发现如下三个特点。

首先，表 7.4 中具有较强跨层资源聚集能力的城市几乎都是核心城市，尤其是省会城市或者是国家中心城市。就 $wcc_i^{[I,T]}$ 而言，排名前 20 的城市中有 14 个是核心城市；而就 $wcc_i^{[T,I]}$ 而言，排名前 20 的城市中有 13 个城市是省会城市或者国家中心城市。

表7.4　$wcc_i^{[I,T]}$ 和 $wcc_i^{[T,I]}$ 排名前20的城市列表

$wcc_i^{[I,T]}$				$wcc_i^{[T,I]}$			
排序	城市（省份）	排序	城市（省份）	排序	城市（省份）	排序	城市（省份）
1	北京（北京）	11	东莞（广东）	1	北京（北京）	11	成都（四川）
2	上海（上海）	12	武汉（湖北）	2	广州（广东）	12	福州（福建）
3	广州（广东）	13	苏州（江苏）	3	上海（上海）	13	嘉兴（浙江）
4	杭州（浙江）	14	长沙（湖南）	4	杭州（浙江）	14	宁波（浙江）
5	深圳（广东）	15	厦门（福建）	5	天津（天津）	15	佛山（广东）
6	南京（江苏）	16	宁波（浙江）	6	深圳（广东）	16	汕尾（广东）
7	成都（四川）	17	郑州（河南）	7	武汉（湖北）	17	重庆（重庆）
8	重庆（重庆）	18	福州（福建）	8	南京（江苏）	18	郑州（河南）
9	天津（天津）	19	安庆（安徽）	9	合肥（安徽）	19	西安（陕西）
10	合肥（安徽）	20	西安（陕西）	10	东莞（广东）	20	廊坊（河北）

其次，表 7.4 也揭示了城市具有不同的产业发展重点。以高新技术产业为发展重心的城市具有较强的能力来利用信息资源的流动实现人力资源的聚集，而以劳动密集型产业为发展重心的城市则更倾向于利用人力资源的转移实现信息和知识的传播。例如，苏州在 $wcc_i^{[I,T]}$ 和 $wcc_i^{[T,I]}$ 的排名中具有明显的差异，分别是第 13 名和第 27 名，这说明苏州虽然在两个指标评价中都表现优秀，但其更善于利用信息资源的流动促进人力资源的流动。苏州 2017 年国民经济和社会发展统计公报显示，苏州高新技术产业的年产值达到了 1.5 万亿元，构成了工业产业总量的 47.8%。

事实上，在由沪苏浙皖三省一市的联合组群构成的“G60 科创走廊”中，苏州因其高新技术产业的快速发展和高度的城市化水平，被认为是“G60 科创走廊”中最重要的城市之一。

最后，广东省在 $wcc_i^{[T,I]}$ 指标排名中表现突出，有 5 个城市位于前 20 名中；浙江省则紧随其后，有 3 个城市进入前 20 的名单列表。该结果表明广东省在利用人力资源的流动促进信息资源的传播方面，具有极强的能力。正如广东省统计局公布的数据显示，劳动力密集型产业，尤其是纺织和服装业以及电子和电信设备工业，仍然是广东省的支柱性产业。因此，我们的分析结果与广东省劳动密集型产业具有传统优势的现状所一致。

表 7.4 还给我们提供了一些在城市规划和定位方面的启示。到目前为止，在国务院批复的城市总体规划中有 54 个城市具有明确的定位和发展方向。这些城市大致可以分为三种类型，分别是国家中心城市、区域中心城市和特殊功能城市（特殊功能主要指文化、旅游等方面的定位）。图 7.5 展示了城市经济发展水平（GDP）、城市的定位类型和跨层资源聚集能力指标之间的关系。其中，国家中心城市由标注为“A”的橙色圆点表示，区域中心城市由标注为“B”的黄色圆点表示，其他城市则由标注为“C”的蓝色圆点表示。表示各城市的圆点大小与其 GDP 大小成比例，圆点越大则 GDP 越高。从图 7.5 中可以发现，随着跨层聚集系数指标 $wcc_i^{[I,T]}$ 和 $wcc_i^{[T,I]}$ 的增大，城市具有更好的经济发展水平和更高级别的城市定位类型。

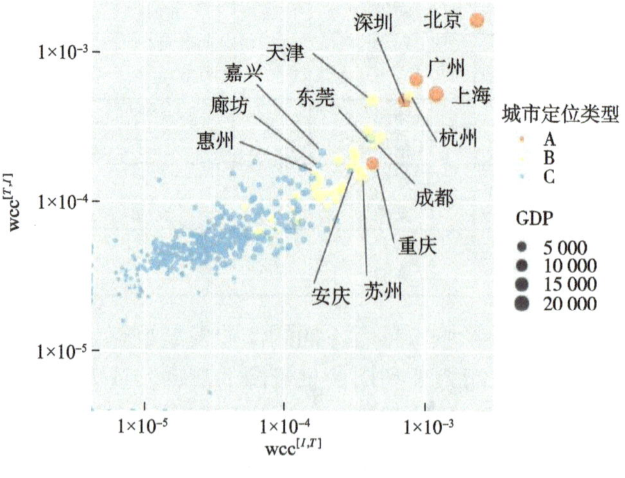

图 7.5　政策定位类型与城市特性的关系

7.5 城市定位规划启示

基于 7.4 节对城市资源联合利用能力和跨层资源聚集能力的评价分析，可以得到以下三个方面的城市定位规划启示，分别是增强资源的联合利用水平、评估城市跨层资源聚集能力以及整合城市规划工具箱，具体阐述如下。

7.5.1 增强资源的联合利用水平

为了促进城市经济发展，需要加强城市对人力资源和信息资源的联合利用水平。劳动力和知识信息为城市经济发展的关键要素，这已在经济学相关研究中达成共识[64, 65]。人口、资源等方面的协调发展则是城市群建设的核心目标[70, 71]。但是在现实情况中，人力资源和信息资源的联合利用水平在城市评估中并没有得到充分的重视。因此本章提出了节点交互依赖性指标，衡量了两种资源的耦合性水平对城市可达性的附加值。该指标为评价城市联合利用两种资源的水平提供了有力工具，进一步为城市发展提供启示。

正如在以中国为例的分析中，本章呈现了如何利用提出的指标来支持城市系统的建设发展。首先，我们的分析结果显示，在一定程度上，城市的经济发展水平与资源的联合利用水平成正比。大部分的国家中心城市和省会城市对人力资源和信息资源具有较强的联合利用水平。如表 7.3 所示，在 λ_i 指标评价排名前 20 的城市中有 1/2 都是省会城市，包括了广州、合肥、杭州、南京、成都和郑州等。这强调了城市发展需要重视资源的联合利用。其次，评价结果表现不佳的城市需要加强资源的联合利用水平。特别地，沈阳、哈尔滨和长春作为东北三省（辽宁、黑龙江和吉林）的省会城市，在 λ_i 指标评价中仅分别排名第 41、42 和 57，这在全国所有省会城市中明显落后。东北三省作为中国传统的重工业基地，在信息资源和人力资源的联合利用中得到的附加值明显较少，这进一步阻碍了该地区的经济发展。实际上，作为中国的“铁锈地带”，东北三省在近年来呈现出经济衰退的现象——在中国 GDP 增长率为 6.7%的背景下，2016 年辽宁省甚至出现了负增长的情况。因此，这些城市的政府部门应该深入思考如何联合利用人力资源和信息资源来促进这些城市的发展。

7.5.2　评估城市跨层资源聚集能力

在制定城市规划和城市定位的相关政策时，有必要考虑城市的跨层资源聚集能力。近年来，城市群作为一种高度发达的一体化城市空间形态[70]，被认为是城市规划最重要的方向之一。不同规模的核心城市是组织和连接其他城市以促进区域乃至国家发展的关键部分。然而在传统研究中，核心城市大多是基于人口规模和经济发展水平来确定的[70, 72]。例如，日本行政管理部门规定，核心城市应该拥有 100 万人以上的人口规模[73]；美国提出大都市地区应该具有一个超过 5 万人的核心城市化区域[74]。而上述研究均忽略了一个至关重要的评价指标，即核心城市聚集资源促进区域发展的基本能力。事实上，城市群之间的紧密联系和由核心城市驱动的资源流动对于城市群的形成具有重要意义。因此，本章从双层城市间网络的角度提出了评价城市促进资源流动能力的指标。以中国为例的分析结果展示了如何利用这些指标来支持城市规划和城市定位政策的制定。

通过与国务院批复的城市总体规划进行比较，本章的分析结果支持了大多数城市的战略定位，但也发现了一些城市的能力与城市定位之间存在一定的偏差。基于图 7.5，针对三种不同城市，我们可以得到如下定位启示。

首先，有必要对重庆作为国家中心城市定位的合理性进行梳理，并且研究如何提高重庆作为国家中心城市的跨层资源聚集能力。根据国务院批复的城市总体规划可知，在国家城市总体规划中将五个城市定位为国家中心城市，分别是北京、上海、广州、深圳和重庆。这五个城市均位于图 7.5 的右上角，说明这些城市在跨层聚集系数指标评价中表现优秀；但同时发现，重庆明显落后于其他四个城市。根据指标 $\mathrm{wcc}_i^{[I,T]}$ 和 $\mathrm{wcc}_i^{[T,I]}$ 的评价，五个国家中心城市的排序分别是：北京>上海/广州>深圳>重庆。重庆作为国家中心城市，其具备的跨层资源聚集能力在全国范围内并不具备突出的优势地位。例如，重庆利用信息资源对人口的聚集能力（由 $\mathrm{wcc}_i^{[I,T]}$ 度量）在全国范围内仅排名第 17，甚至弱于成都；而成都与重庆地理位置相近，在一定程度上属于重庆的“兄弟”城市。因此，重庆的国家中心城市定位与其实际的跨层资源聚集能力存在一定的偏差。

其次，我们的研究结果支持了国家层面的多中心发展政策[2]。大型城市群以实现集聚和协同发展为目标，通过区域中心城市进行功能联动。区域中心城市在国家层面的多中心结构中具有不可替代的作用。图 7.5 佐证了我国城市总体规划政策中定位为区域中心的大部分城市在跨层资源聚集方面表现优秀。例如，苏州在 $\mathrm{wcc}_i^{[I,T]}$ 指标的评价中表现优秀，即其拥有较强的利用信息资源促进人力资源流动的能力。与此对应的是，苏州是长江三角洲区域的重要中心城市之一，是国家级高新技术产业化基地。惠州被定位为珠江三角洲区域的重要中心城市之一，其也具备良好的跨层资源聚集能力。作为浙江的省会城市以及长江三角洲区域的中心城市，杭州也在跨层聚集系数的指标评价中表现突出。

最后，现行的城市定位政策仍然需要完善。我们的研究成果发现一些城市在促进跨层资源聚集方面表现良好，但是在现行政策中却没有得到与之能力匹配的政策定位，因而没有办法充分利用这些城市的能力，促进区域经济发展。因此有关部门有必要重新思考这些城市的定位，充分利用这些城市的能力，更加有效率、有效果地促进区域发展。从表 7.4、图 7.5 可以看出，嘉兴在利用人力资源的流动对信息资源的聚集方面能力较强，但是其在现行政策中仅定义为旅游城市；东莞位于珠江三角洲，其在指标评价方面的表现仅次于广州和深圳，但是在国家城市定位规划中没有明确的定位；廊坊的跨层资源聚集能力位居河北省第二名，仅次于省会城市石家庄，对于支持京津冀协同发展潜力巨大，但其在国家城市规划政策中也缺乏明确的定位。

7.5.3　整合城市规划工具箱

目前迫切需要将社会媒体纳入城市规划工具箱中，从而全方面充分地支持城市政策制定和评价。众所周知，城市系统是一个典型的跨学科研究问题[75]。基于不同的学科，传统的研究方法被归纳为四种类型，包括定量优化建模、空间优化建模、基于 Agent 的建模和经济建模[76]。而在这些方法中，城市经济统计数据和地理信息系统是主要的分析和建模工具，其中包括了地图、遥感图像、统计数据等。例如，Arefiev 等[76]综合运用模糊集理论和地理信息系统提出了评价方法来支持俄罗斯圣彼得堡的城市规划。Rahayu 等[77]通过对利益相关者的一系列访谈，探讨了印度尼西亚的城市群发展规划问题。但是这些传统工具仍然存在一定的局限性。地理信息系统和宏观经济调查的数据收集受到了财政资源、相关设施和专业人员限制，尤其是在发展中国家这个问题更加严重[78-80]。另外，是否能够得到最新的统计数据也是发展中国家制定及时、有效的城市规划政策的一个重要瓶颈[80]。

在信息经济时代，信息在城市间的传播意味着基本生产要素的重新分布，这是城市规划必须考虑的问题，但现有的城市规划工具箱很难提供相关信息。另外，人口作为城市系统的重要组成部分，其通过日常生活中的各种行为影响着城市系统的运转。在这种背景下，记录了海量用户各种微观行为的社交网络在一定程度上见证了城市系统的运行和发展。因此，社交网络应该被视为传统城市规划工具箱的一个重要补充工具，用于支持城市政策制定。在本章中，社交网络提供的数据完整刻画了中国城市间信息流动和人口流动的图景，这是传统城市规划工具箱难以实现的。

因此，社交网络提供了前所未有的机会来评估城市资源的联合利用水平和跨层资源集聚能力，进而支撑我们重新思考当前城市规划政策中存在的问题。

7.6　本章小结

人们越来越意识到城市网络是一个复杂的多层网络，其特征体现于城市在不同层次之间的动态时空交互。因此国家层面的城市规划政策应重视这一复杂性。本章利用微博收集的数据，构建了双层城市间网络开展研究。

首先，我们探讨了双层城市间网络的拓扑特性，以及信息流动网络层和人口流动网络层之间的交互关系。研究结果发现了信息流动和人口流动之间的高度相关性，证实了现有经济学文献的相关结论。研究结果进一步揭示了这两类资源之间存在突出的彼此增强的作用。其中，人口流动对信息流动的强化力度大于信息流动对人口流动的强化力度，而且两类资源流动的彼此增强作用也会受到城市间地理距离、经济水平和连接强度因素的影响。因此对于城市管理者而言，需要重视人口资源和信息资源的关系，并充分利用两种资源彼此间的增强关系，加强城市对于这两种生产要素的拥有量，从而促进城市经济发展。

其次，我们进一步研究了双层网络结构对城市中心地位联合作用的度量指标，揭示了信息资源和人力资源的联合作用对复杂城市系统的重要意义，为评价城市经济发展模式提供了新的视角。研究结果表明，联合利用能力较强的城市多为国家中心城市和区域中心城市。但也有一些意外的结果，如嘉兴、东莞和青岛虽非省会城市却表现突出，而沈阳、哈尔滨和长春作为东北三省的省会城市，联合利用能力却较为薄弱。因此城市管理者在评价和监测城市发展情况时，有必要考虑城市对两种资源的联合利用水平，从而有效地发现城市发展过程中存在的问题。特别地，针对沈阳、哈尔滨和长春等存在问题的城市，管理者需要深入思考如何提升其对信息资源和人力资源的联合利用水平，进而促进经济发展。

再次，我们讨论了城市跨层资源集聚能力，通过对城市的评价重新审视了当前的城市定位策略。虽然国务院批复的城市总体规划中大部分城市的定位与我们的指标分析结果一致，但是仍有一些城市需要重新考虑它们的现行定位。例如，重庆作为国家中心城市，其在信息资源和人力资源的跨层集聚能力方面与其他国家中心城市存在一定的差距，甚至弱于其“兄弟”城市成都。此外，东莞和嘉兴在指标评价中表现突出，然而在国家现行城市总体规划中并没有明确的定位。因此，管理者需要重视重庆的国家中心城市定位和资源跨层聚集能力的差距，思考如何加强重庆对周边城市的资源聚集，从而发挥重庆对周边地区的经济带动作用。而对于东莞和嘉兴等表现优秀的城市，管理者需要重新审视这些能力突出的城市，制定相应的城市定位规划政策，充分利用这些城市的资源聚集能力促进区域发展。

最后，本章为制定城市规划政策的传统工具箱提供了一种新视角，即基于社交网络的双层城市间网络分析方法。该方法能够疏解传统城市规划和定位方法受到时间和效率等制约的问题。伴随着社交网络的广泛使用，网络科学的思维方法也可以很容易地扩展到其他国家，从而加深我们对城市系统运转的理解。

参考文献

[1]Gomez S, Diaz-Guilera A, Gomez-Gardenes J, et al. Diffusion dynamics on multiplex networks[J]. Physical Review Letters，2013，110（2）：028701.

[2]Burger M J，van der Knaap B，Wall R S. Polycentricity and the multiplexity of urban networks[J]. European Planning Studies，2014，22（4）：816-840.

[3]Zhen F，Qin X，Ye X，et al. Analyzing urban development patterns based on the flow analysis method[J]. Cities，2019，86（MAR.）：178-197.

[4]Bertolini L, Dijst M. Mobility environments and network cities[J]. Journal of Urban Design, 2003, 8（1）：27-43.

[5]Laprie J C，Kanoun K，Kaâniche M. Modelling interdependencies between the electricity and information infrastructures[C]. International Conference on Computer Safety，Reliability，and Security，Nurmberg，2007：54-67.

[6]Rinaldi S M，Peerenboom J P，Kelly T K. Identifying，understanding，and analyzing critical infrastructure interdependencies[J]. IEEE Control Systems，2001，21（6）：11-25.

[7]Dong L，Li R，Zhang J，et al. Population-weighted efficiency in transportation networks[J]. Scientific Reports，2016，6：26377.

[8]Farahani R Z，Miandoabchi E，Szeto W Y，et al. A review of urban transportation network design problems[J]. European Journal of Operational Research，2013，229（2）：281-302.

[9]Krings G，Calabrese F，Ratti C，et al. Urban gravity：A model for inter-city telecommunication flows[J]. Journal of Statistical Mechanics：Theory and Experiment，2009，2009（7）：L07003.

[10]Zhao M，Derudder B，Huang J. Examining the transition processes in the Pearl River Delta polycentric mega-city region through the lens of corporate networks[J]. Cities, 2017, 60（PT.A）：147-155.

[11]Li R，Wang W，Di Z. Effects of human dynamics on epidemic spreading in Côte d'Ivoire[J]. Physica A：Statistical Mechanics and its Applications，2017，467：30-40.

[12]Jinghu P, Jianbo L. Research on spatial pattern of population mobility among cities：A case study

of "Tencent Migration" big data in "National Day-Mid-Autumn Festival" vacation[J]. Geographical Research，2019，38（7）：1678-1693.

[13]Gallotti R，Barthelemy M. Anatomy and efficiency of urban multimodal mobility[J]. Scientific Reports，2014，4：6911.

[14]Morris R G，Barthelemy M. Transport on coupled spatial networks[J]. Physical Review Letters，2012，109（12）：128703.

[15]Strano E，Shai S，Dobson S，et al. Multiplex networks in metropolitan areas：Generic features and local effects[J]. Journal of the Royal Society Interface，2015，12（111）：20150651.

[16]Smith D A，Timberlake M. Cities in global matrices：Toward mapping the world-system's city system//World Cities in a World-system[M]. New York：Cambridge University Press，1995.

[17]Derudder B. Mapping global urban networks：A decade of empirical world cities research[J]. Geography Compass，2008，2（2）：559-574.

[18]Barthélemy M. Spatial networks[J]. Physics Reports，2013，499（1）：1-101.

[19]de Goei B，Burger M J，van Oort F G，et al. Functional polycentrism and urban network development in the Greater South East，United Kingdom：Evidence from commuting patterns，1981–2001[J]. Regional Studies，2010，44（9）：1149-1170.

[20]Hubert J P，Toint P L. From average travel time budgets to daily travel time distributions：Appraisal of two conjectures by koelbl and helbing and some consequences[J]. Transportation Research Record，2006，1985（1）：135-143.

[21]Kivelä M，Arenas A，Barthelemy M，et al. Multilayer networks[J]. Journal of Complex Networks，2014，2（3）：203-271.

[22]Cozzo E，Banos R A，Meloni S，et al. Contact-based social contagion in multiplex networks[J]. Physical Review E，2013，88（5）：050801.

[23]de Domenico M，Solé-Ribalta A，Gómez S，et al. Navigability of interconnected networks under random failures[J]. Proceedings of the National Academy of Sciences of the United States of America，2014，111（23）：8351-8356.

[24]Arinik N，Figueiredo R，Labatut V. Multiple partitioning of multiplex signed networks：Application to European parliament votes[J]. Social Networks，2020，60：83-102.

[25]Mucha P J，Richardson T，Macon K，et al. Community structure in time-dependent，multiscale，and multiplex networks[J]. Science，2010，328（5980）：876-878.

[26]Gómez-Gardenes J，Reinares I，Arenas A，et al. Evolution of cooperation in multiplex networks[J]. Scientific Reports，2012，2：620.

[27]Nicosia V，Valencia M，Chavez M，et al. Remote synchronization reveals network symmetries and functional modules[J]. Physical Review Letters，2013，110（17）：174102.

[28]Szell M，Thurner S. Measuring social dynamics in a massive multiplayer online game[J]. Social Networks，2010，32（4）：313-329.

[29]Szell M，Lambiotte R，Thurner S. Multirelational organization of large-scale social networks in an online world[J]. Proceedings of the National Academy of Sciences of the United States of America，2010，107（31）：13636-13641.

[30]Barigozzi M, Fagiolo G, Garlaschelli D. Multinetwork of international trade: A commodity-specific analysis[J]. Physical Review E, 2010, 81（4）: 046104.

[31]Barigozzi M, Fagiolo G, Mangioni G. Identifying the community structure of the international-trade multi-network[J]. Physica A: Statistical Mechanics and its Applications, 2011, 390（11）: 2051-2066.

[32]Ducruet C. Network diversity and maritime flows[J]. Journal of Transport Geography, 2013, 30: 77-88.

[33]Bargigli L, Iasio G D, Infante L, et al. The multiplex structure of interbank networks[J]. Quantitative Finance, 2015, 15（4）: 673-691.

[34]Martinčić-Ipšić S, Margan D, Meštrović A. Multilayer network of language: A unified framework for structural analysis of linguistic subsystems[J]. Physica A: Statistical Mechanics and its Applications, 2016, 457: 117-128.

[35]Baggio J A, Burnsilver S, Arenas A, et al. Multiplex social ecological network analysis reveals how social changes affect community robustness more than resource depletion[J]. Proceedings of the National Academy of Sciences of the United States of America, 2016, 113（48）: 13708-13713.

[36]Poledna S, Molinaborboa J L, Martinezjaramillo S, et al. The multi-layer network nature of systemic risk and its implications for the costs of financial crises[J]. Journal of Financial Stability, 2015, 20: 70-81.

[37]Euler L. Solutio problematis ad geometriam situs pertinentis[J]. Commentarii Academiae Scientiarum Petropolitanae, 2018, 1736: 128-140.

[38]Barabási A L. Network Science[M].Cambridge: Cambridge University Press, 2016.

[39]Short J R, Kim Y H. Globalization and the City[M]. Harlow: Longman, 1999.

[40]Taylor P J. Specification of the world city network[J]. Geographical Analysis, 2001, 33（2）: 181-194.

[41]Derudder B. On conceptual confusion in empirical analyses of a transnational urban network[J]. Urban Studies, 2006, 43（11）: 2027-2046.

[42]Guimera R, Mossa S, Turtschi A, et al. The worldwide air transportation network: Anomalous centrality, community structure, and cities' global roles[J]. Proceedings of the National Academy of Sciences of the United States of America, 2005, 102（22）: 7794-7799.

[43]Gallotti R, Barthelemy M. The multilayer temporal network of public transport in Great Britain[J]. Scientific Data, 2015, 2: 140056.

[44]Derudder B, Neal Z. Uncovering links between urban studies and network science[J]. Networks and Spatial Economics, 2018, 18（3）: 441-446.

[45]Hajrasouliha A, Yin L. The impact of street network connectivity on pedestrian volume[J]. Urban Studies, 2015, 52（13）: 2483-2497.

[46]Bielik M, König R, Schneider S, et al. Measuring the impact of street network configuration on the accessibility to people and walking attractors[J]. Networks and Spatial Economics, 2018, 18（3）: 657-676.

[47]Wang Y, Deng Y, Ren F, et al. Analysing the spatial configuration of urban bus networks based on the geospatial network analysis method[J]. Cities, 2020, 96: 102406.

[48]Meijers E J, Burger M J, Hoogerbrugge M M. Borrowing size in networks of cities: City size, network connectivity and metropolitan functions in Europe[J]. Papers in Regional Science, 2016, 95（1）: 181-198.

[49]Liu X, Derudder B, Wu K. Measuring polycentric urban development in China: An intercity transportation network perspective[J]. Regional Studies, 2016, 50（8）: 1302-1315.

[50]Hui E C, Li X, Chen T, et al. Deciphering the spatial structure of China's megacity region: A new bay area—The Guangdong-Hong Kong-Macao Greater Bay Area in the making[J]. Cities, 2018, 105: 102168.

[51]Marshall A. Principles of economics: Unabridged eighth edition[M]. New York: Cosimo, Inc., 2009.

[52]Raspe O, van Oort F. Growth of new firms and spatially bounded knowledge externalities[J]. Annals of Regional Science, 2011, 46（3）: 495-518.

[53]Faggian A, Rajbhandari I, Dotzel K R. The interregional migration of human capital and its regional consequences: A review[J]. Regional Studies, 2017, 51（1）: 128-143.

[54]Trippl M. Scientific mobility and knowledge transfer at the interregional and intraregional level[J]. Regional Studies, 2013, 47（10）: 1653-1667.

[55]Watts D J, Strogatz S H. Collective dynamics of 'small-world'networks[J]. Nature, 1998, 393（6684）: 440.

[56]Saramäki J, Kivelä M, Onnela J P, et al. Generalizations of the clustering coefficient to weighted complex networks[J]. Physical Review E, 2007, 75（2）: 027105.

[57]Noulas A, Scellato S, Lambiotte R, et al. A tale of many cities: Universal patterns in human urban mobility[J]. PloS one, 2012, 7（5）: e37027.

[58]Simini F, Gonzalez M C, Maritan A, et al. A universal model for mobility and migration patterns[J]. Nature, 2012, 484（7392）: 96-100.

[59]Bettencourt L M A, Lobo J, Helbing D, et al. Growth, innovation, scaling, and the pace of life in cities[J]. Proceedings of the National Academy of Sciences of the United States of America, 2007, 104（17）: 7301-7306.

[60]Battiston F, Nicosia V, Latora V. Structural measures for multiplex networks[J]. Physical Review E, 2014, 89（3）: 032804.

[61]Miguelez E, Moreno R. What attracts knowledge workers? The role of space and social networks[J]. Journal of Regional Science, 2014, 54（1）: 33-60.

[62]de Haas H. Migration and development: A theoretical perspective[J]. International Migration Review, 2010, 44（1）: 227-264.

[63]Nicola G, Rafael L P, Florencio L D S, et al. Human capital and regional development[J]. Quarterly Journal of Economics, 2013, 128（1）: 105-164.

[64]van Oort F G. Urban growth and innovation: Spatially bounded externalities in the Netherlands[M]. New York: Routledge, 2017.

[65]Li R，Dong L，Zhang J，et al. Simple spatial scaling rules behind complex cities[J]. Nature Communications，2017，8（1）：1-7.

[66]Zhao P. The evolution of the urban planning system in contemporary China：An institutional approach[J]. International Development Planning Review，2015，37（3）：269-287.

[67]Liu Y，Sui Z，Kang C，et al. Uncovering patterns of inter-urban trip and spatial interaction from social media check-in Data[J]. PloS one，2014，9（1）：e86026.

[68]Melitz J. North，South and distance in the gravity model[J]. European Economic Review，2007，51（4）：971-991.

[69]Narayan S，Nguyen T T. Does the trade gravity model depend on trading partners? Some evidence from Vietnam and her 54 trading partners[J]. International Review of Economics & Finance，2016，41：220-237.

[70]Fang C，Yu D. Urban agglomeration：An evolving concept of an emerging phenomenon[J]. Landscape and Urban Planning，2017，162：126-136.

[71]Frideman J. The world city hypothesis：Development and change[J]. Urban Studies，1986，23（2）：59-137.

[72]Portnov B A，Erell E. Urban clustering：The benefits and drawbacks of location[M]. Hampshire：Ashgate Pub Ltd，2001.

[73]Zhang W. The basic concept，characteristics and planning of metropolitan regions in JiangSu[J]. City Planning Review，2003，27（6）：47-50.

[74]Li L，Stough R. Development of metropolitan areas—Theoretical evolution//International Experiences and Chinese Characteristics[M]. Beijing：Science Press，2007.

[75]Yu G，Li M，Xu L，et al. A theoretical framework of urban systems and their evolution：The GUSE theory and its simulation test[J]. Sustainable Cities and Society，2018，41：792-801.

[76]Arefiev N，Terleev V，Badenko V. GIS-based fuzzy method for urban planning[J]. Procedia Engineering，2015，117：39-44.

[77]Rahayu H，Haigh R，Amaratunga D. Strategic challenges in development planning for Denpasar City and the coastal urban agglomeration of Sarbagita[J]. Procedia Engineering，2018，212：1347-1354.

[78]Blumenstock J，Cadamuro G，On R. Predicting poverty and wealth from mobile phone metadata[J]. Science，2015，350（6264）：1073-1076.

[79]Jerven M. Benefits and costs of the data for development targets for the Post-2015 Development Agenda[R]. Copenhagen：Data for Development Assessment Paper Working Paper，2014.

[80]Yeh A G O. Urban planning and GIS[J]. Geographical Information Systems，1999，2（877-888）：1.

索　引